Über dieses Buch Nach der Erkenntnis von Ella Freeman Sharpe, einer Schülerin Sigmund Freuds, folgt die Traumarbeit derselben Ordnung wie die grammatische Struktur der Sprache. Diese Erkenntnis hat Jacques Lacan später in die Worte gekleidet: »Das Unbewußte ist strukturiert wie eine Sprache.« Von diesem Grundgedanken ausgehend, entwickelte Ella Freeman Sharpe eine Art »Technik der Traum-Lektüre«. Die Fülle des Materials, das Sharpe im Verlauf ihrer analytischen Arbeit gesammelt hat, und die Klarheit ihrer Deutungen machen das Buch zu einem Standardwerk der Traumanalyse, das nicht allein für den praktisch tätigen Psychoanalytiker, für Studierende und Ausbildungskandidaten von hohem Nutzen ist, sondern auch für Laien, die sich in die Denk- und Arbeitsweise der Psychoanalyse einführen lassen wollen.

Die Autorin Ella Freeman Sharpe, eine der bedeutendsten Laienanalytikerinnen, kam erst spät, als Frau über Fünfzig, zur Psychoanalyse. In den zwanziger Jahren ging sie, als Sprach- und Literaturwissenschaftlerin, nach Wien, um Freuds Psychoanalyse kennenzulernen. Sie hat nach Masud Khan als erste erkannt, daß die Grammatik der Sprache mit der Grammatik der Traumarbeit übereinstimmt. Ab Mitte der dreißiger Jahre lehrte Ella Freeman Sharpe in London Psychoanalyse.

Ella Freeman Sharpe

Traumanalyse

Aus dem Englischen von
Ulrike Stopfel

Fischer Taschenbuch Verlag

Geist und Psyche
Herausgegeben von Willi Köhler
Begründet von Nina Kindler 1964

Ungekürzte Ausgabe
Veröffentlicht im Fischer Taschenbuch Verlag GmbH,
Frankfurt am Main, April 1994

Lizenzausgabe mit freundlicher Genehmigung
des Klett-Cotta Verlags, Stuttgart
Die Originalausgabe mit dem Titel ›Dream Analysis‹
erschien 1937 im Verlag Hogarth Press Ltd., London

Umschlaggestaltung: Buchholz/Hinsch/Hensinger
Druck und Bindung: Clausen & Bosse, Leck
Printed in Germany
ISBN 3-596-11818-2

Gedruckt auf chlor- und säurefreiem Papier

Editorische Vorbemerkung

Sind Träume lediglich sinnlose »Leerläufe«, in denen sich das Gehirn der Tagesreste entledigt, sich also sozusagen »entschlackt«? Oder sind sie, wie Sigmund Freud meinte, die »via regia zur Kenntnis des Unbewußten im Seelenleben«, weil sie sich der bewußten, verstandesmäßigen Kontrolle entziehen und folglich unbewußten, wenngleich »zensierten« Impulsen Raum geben, die sich bei entsprechender Kenntnis der Verarbeitungsmechanismen entziffern lassen? Die Engländerin Ella Freeman Sharpe, zur ersten Psychoanalytiker-Generation gehörig, hält den Traum sogar für ein der Sprache vergleichbares Gebilde mit ähnlicher grammatischer Struktur und hat, von dieser Vorstellung ausgehend, eine Art Technik der Traumlektüre entwickelt. Ihre Erkenntnis hat der französische Analytiker Jacques Lacan Jahrzehnte später mit den Worten umschrieben, das Unbewußte sei strukturiert wie eine Sprache. Ella Freeman Sharpe gelangte von dem Vergleich Traum – Sprache zwangsläufig zu der Vorstellung, die Gesetze der Dichtkunst und die von Freud entdeckten Gesetze der Traumbildung kämen aus den gleichen unbewußten Regionen im Seelenleben des Menschen. Obwohl vor mehr als fünfzig Jahren geschrieben, ist das Buch von einem Gedankenreichtum, der die Lektüre allemal lohnt. *wk*

Inhalt

Einführung

She had green translucent eyes
and an enveloping gaze.
Sylvia Payne

Ella Sharpe war so wenig zu erschüttern wie Mohammed: Wenn der Berg nicht zu ihr kommen wollte, mußte sie zum Berge gehen. Und so ging sie, eine Frau über fünfzig, in den zwanziger Jahren unseres Jahrhunderts nach Wien, um die Psychoanalyse kennenzulernen; und sie war beileibe keine unerfahrene Mitläuferin, sondern eine Persönlichkeit, die in ihrem eigenen Fach, der Literaturwissenschaft, Rang und Namen hatte. Wie Hanns Sachs, ein ebenfalls nicht von der Medizin herkommender ausgezeichneter Analytiker in Freuds geistigem Umkreis, fand sie in Wien ihre wahre Berufung.

Ella Sharpe hat als erste erkannt, daß die Traumarbeit und die grammatische Struktur der Sprache ein und derselben Ordnung folgen. Gut zwanzig Jahre später äußerte sich Jacques Lacan im gleichen Sinne: »L'inconscient est structuré comme un langage.« Ella Sharpe definierte den Traum außerdem als Metapher, die Metapher, welche eine Collage aus Geist und Körper ist. Was ja auch Groddeck (1966) nur allzugut wußte!

Wie nur ganz wenige Menschen in Freuds Gefolgschaft verfügte Ella Sharpe über die Selbstsicherheit, sich darüber im klaren zu sein, daß sie nicht mehr, aber auch nicht weniger war als die bescheidene Trägerin eines großen Erbes. Obzwar durchaus überzeugt von ihrem Können, blieb sie doch stets im Hintergrund. Es ist eine große Ehre für mich, diese Einführung schreiben zu dürfen. Ich war Ella Sharpes letzter Analysand, und ich hoffe, daß die Leser des vorliegenden Buches meine Hochachtung für sie und ihr Werk teilen werden.

Ella Sharpe wußte intuitiv, daß alle Sprache vom Körper geboren ist, doch sie ging weiter und erkannte auch dies: Das, was der menschliche Geist als Sprache hervorbringt, kann den Körper hintergehen und verraten, wie umgekehrt der Körper das zu entstellen vermag, was der Geist als richtig erkennt und ihm zu verstehen gibt.

Der Mensch ist das einzige Lebewesen, das träumt, und er hat sowohl das Bedürfnis als auch die Fähigkeit, Träume hervorzubringen und wiederzugeben. Dazu bedarf er der Sprache, jener einzigartigen Errungenschaft, der alle menschliche Kultur und Zivilisation ihre Entstehung verdanken. Jahrhunderte hindurch träumten die Menschen und machten ihre Träume zu Verkündigungen von Untergang oder Sieg. Dann, gegen Ende des neunzehnten Jahrhunderts, trat ein Mensch auf, der seinen eigenen Traum deutete: Freud. Mit der ihm gegebenen Befähigung, im Denken neue Wege zu gehen, sagte er sich, dies sei *sein* Traum und schließe einen Sinn in sich, den es beharrlich zu erforschen gelte. Mystische Deutungsversuche waren nicht seine Sache, sie erschienen ihm allzu bequem.

Die Sprache ist das Vorrecht des Menschen, und Freud blieb es vorbehalten zu sagen, daß der Mensch zwar nach Darwin ein Tier sei, doch zugleich noch etwas mehr, denn er *träume*! Und Freud entzifferte die Grammatik, nach deren Regeln der Mensch träumt.

Ich kenne wenige Bücher, in denen Freuds Botschaft mit soviel Klarheit und Scharfsinn erfaßt worden ist wie in diesem Buch von Ella Sharpe. Sie zeigt uns (wie auch Lacan Jahrzehnte später), daß – um einen Satz von Coleridge aufzunehmen – die Grammatik der Sprache mit der Grammatik der Traumarbeit übereinstimmt.

M. Masud R. Khan

Ein Wort an den Leser

Mit diesem Buch erhalten meine in den Jahren 1934 und 1936 am Institute of Psycho-Analysis in London gehaltenen Vorlesungen zum Thema »Träume« ihre endgültige Fassung. Es wendet sich besonders an solche Psychoanalytiker, die in der praktischen Behandlung tätig sind. Die Theorie der Traumpsychologie wird hier nicht noch einmal vorgetragen, denn ich setze eine gewisse Kenntnis dieser Theorie auf seiten des Lesers voraus. Neben Freuds Veröffentlichung »Die Traumdeutung« empfahl ich den Studenten, welche die erwähnten Vorlesungen hörten, auch die Kapitel über »Freud's Theory of Dreams« und »The Theory of Symbols« aus Ernest Jones' »Papers on Psycho-Analysis« als dichteste Zusammenfassungen der Freudschen Beschäftigung mit dem Traum.

Im vorliegenden Buch findet sich die Theorie der Traumpsychologie am Beispiel von Traummaterial dargestellt, das sich im Verlauf meiner eigenen analytischen Arbeit mit Neurotikern und »normalen« Menschen angesammelt hat. In diesen Rahmen gehören die Aufhellung der Traummechanismen, die verschiedenen Methoden der Betrachtung und Bewertung von Träumen sowie die Technik der Trauminterpretation.

Bei dieser Gelegenheit möchte ich meinen Kollegen vom Training Committee für ihre nie versagende Hilfe und Unterstützung bei der Niederschrift des Buches danken. Vorsitzender des Training Committee war zwischen 1934 und 1936 Ernest Jones, Sekretär war Edward Glover. Ferner gehörten dem Komitee Sylvia Payne, John Rickman, Melanie Klein und ich an.

Besonderen Dank schulde ich Ernest Jones für seine unschätzbare wissenschaftliche wie auch literarische Kritik an der ursprünglichen Fassung.

Ella Freeman Sharpe

9 Kent Terrace, Regent's Park, London, N. W. 1

1 Der Traum als typische und individuelle Hervorbringung der Psyche

1. Der Traum als typisches psychisches Verhalten
2. Der Traum als individuelles psychisches Produkt. Intuition, Erfahrungswissen und Ausdruck sind Aspekte ein und desselben Faktums.
3. Das Unerkannte ist im Bekannten verborgen. Die Aufdeckung des Unerkannten aus dem Bekannten ist Grundlage aller gültigen Traumdeutung.
4. Die Grundsätze der Poetik und die Möglichkeit ihrer Ableitung aus den Traummechanismen – anhand ausgewählten Traummaterials
5. Grundlage der Sprache ist die implizierte Metapher. Die Bedeutung dieses Umstandes für die Traumdeutung. Anschauungsmaterial

Träumen ist ein universales psychisches Verhalten und unter primitiven und hochkultivierten Völkern gleichermaßen verbreitet. Es ist eine psychische Tätigkeit und untrennbar mit dem Leben verbunden, denn der einzige traumlose Zustand ist der Tod. Träume werden unter Umständen im Wachzustand nicht erinnert, aber die »unterirdische« psychische Aktivität ist, solange das Leben währt, ebenso unaufhörlich in Gang wie die physiologischen Prozesse, deren wir uns im tiefen Schlaf ja auch nicht bewußt sind. Wir können den Traum also als typisches Kennzeichen des menschlichen Geistes betrachten. Freud bezeichnete die unbewußten Gesetze, die alle Traumtätigkeit beherrschen, als Verdichtung, Verschiebung, Symbolisierung und sekundäre Bearbeitung. Neben diesen allgemeinen und unbewußten Gesetzen, die für die Traumbildung verantwortlich sind, sprach er vom Unbewußten als der Quelle einer niemals endenden psychischen Aktivität, die während des Schlafes die unbewußten Wünsche in Form von Träumen zur Darstellung bringe.

Der Traum enthüllt jene unbewußten mentalen Mechanismen, wie sie im Laufe der Entwicklung mit dem Ziel entstanden sind, das primitive Triebselbst in der Weise zu kontrollieren und zu formen, daß es den jeweils geltenden Verhaltensnormen entspricht.

Vertrautheit mit dem Traum als einem typischen Verhalten der Psyche – das heißt also, Vertrautheit mit den Mechanismen des Traumes und mit der Theorie der unbewußten Symbolik – ist mithin eine unerläßliche Voraussetzung aller Traumdeutung. Die entsprechenden Kenntnisse lassen sich auf intellektuellem Wege aus der einschlägigen Literatur erwerben; eine echte gefühlsmäßige Bestätigung können wir allerdings nur aufgrund eigener analytischer Erfahrungen gewinnen.

Ich möchte mich zunächst mit den individuellen Aspekten des Traumes befassen. Neben den Kenntnissen, die ich als für das Bemühen um die Traumdeutung unerläßlich bereits genannt habe, muß man etwas über den Menschen wissen, dessen Träume gedeutet werden sollen. So typisch die Traummechanismen, die unbewußte Symbolik und die unausrottbaren primitiven Wünsche auch sein mögen, der Traum ist nun einmal der Schlüssel zur ganz individuellen psychischen Orientierung, die ihrerseits untrennbar mit der Reaktion des jeweiligen Menschen auf eine ganz spezifische Umgebung innerhalb einer ganz spezifischen Zeitspanne zusammenhängt – Lincoln (1935): Träume erweisen die kulturelle Umgebung des Menschen. Das Traumleben ist nicht nur Beweis für das Vorhandensein unserer Triebe und Instinkte und jener Mechanismen, durch welche diese Triebe in Dienst gestellt oder neutralisiert werden, sondern auch für alle tatsächlichen Erfahrungen, die wir bereits gemacht haben.

Träume müssen als individuelles psychisches Produkt betrachtet werden, das dem Lagerhaus ganz spezifischer Erfahrungen entstammt, an die der Träumer sich im Wachzustand unter Umständen nicht erinnert oder von denen er gar nicht weiß, daß er sie ja schon kennt. Das Material, das den jüngsten Inhalt des Traumes bildet, entstammt einer *Erfahrung* von bestimmter Art. Alles intuitive Wissen ist erfahrenes Wissen. So wie sich im Spiel des Kindes sowohl Wunsch als auch Erfahrung zeigen, so ist auch der Traum, mag er im Wachzustand auch noch so fremdartig erscheinen, doch Ausdruck persönlicher Erfahrungen. Ich schließe in den Ausdruck »Erfahrung« hier nicht nur die wirklichen bisherigen Geschehnisse ein, sondern auch die – schmerzlichen und lustvollen – emotionalen Zustände und körperlichen Sensationen, die jene Geschehnisse begleiteten.

In dieser Hinsicht können wir einen Vergleich zwischen Traum und Kunstwerk anstellen. Dem Künstler sind vergessene Erfahrungen offenbar in irgendeiner Weise doch zugänglich, so daß sie sich heranziehen lassen, obwohl er sich vielleicht nicht wirklich bewußt ist, daß in seine Schöpfung auch Erfahrungen aus der Vergangenheit Eingang gefunden haben. Man könnte beispielsweise annehmen, daß ein ganz bestimmtes Licht, wie es auf Rembrandts Bildern immer wieder auftaucht, von einer entsprechenden Vorliebe bestimmt ist, die in vergessenen Erfahrungen wurzelt. Turner malt auf seinen Landschaftsbildern immer wieder die gleiche Brücke, obwohl die Gegenden, die er darstellt, geographisch weit voneinander entfernt sind. Das folgende analytische Material soll diese Überlegungen veranschaulichen.

Ein Patient brachte mir eines Tages eine seiner Zeichnungen mit und sagte dazu, es sei insgesamt keine genaue Wiedergabe der Landschaft, die er gesehen hatte. Das waldige Gelände auf dem Blatt gab wohl wirklich die Szenerie wieder, an der er sich in seinen Ferien erfreut hatte, »aber«, so sagte er und zeigte dabei auf einen großen und ganz isoliert stehenden Felsen in der Mitte des Bildes, »das da gab es in diesem Tal nicht. Das habe ich dazuerfunden. In Wirklichkeit habe ich nichts Derartiges in jener Gegend gesehen.«

Zwölf Monate später arbeiteten wir miteinander an einer Reihe von Träumen, deren Einzelheiten hier nicht zu interessieren brauchen. In jedem dieser Träume traten zwei weibliche Gestalten auf. Nachdem wir uns mit der Bedeutung dieser Frauen in dem jeweiligen Traum näher beschäftigt hatten, sagte der Patient schließlich: »Die erste Begegnung mit einem kleinen Mädchen, an die ich mich erinnere, hatte ich mit vier Jahren. Sie war genauso alt wie ich. Ich kann mich nur insoweit an sie erinnern, als ich sie nicht leiden konnte.« Dann fügte er hinzu: »Ich habe jahrelang nicht mehr an die Gegend gedacht, in der wir damals Ferien machten. Jetzt fällt mir eine ganz seltsame Sache in diesem Zusammenhang ein: Es gab dort einen riesigen allein stehenden Felsen, und natürlich mußte jeder, der den Ort besuchte, sich auch diesen Felsen ansehen.«

Das vergessene Erlebnis aus der Zeit, da der Patient vier Jahre alt gewesen war, wurde also zunächst als der Impuls sichtbar, einen Felsen in das gemalte enge Tal zu setzen. Der Künstler »erfand« etwas. Seinem Bewußtsein war nicht bekannt, daß er diesen Felsen einmal gesehen hatte. Die weitere Analyse ergab dann, daß der Felsen selbst erinnert wurde, während die emotionale Erfahrung, die ihm das kleine Mädchen unsympathisch machte, vergessen war.

Das Bild auf der Traumleinwand enthält gleichermaßen immer auch Elemente der vergessenen Vergangenheit. Daß der Traum Assoziationen weckt, die ihrerseits vergessene Erfahrungen und die zugehörigen Emotionen wieder ins Bewußtsein rücken, macht ihn für die psychoanalytische Technik so besonders wichtig.

Eine geglückte Analyse hat die Erweiterung der Ichgrenzen zur Folge und bewirkt mithin eine komplizierte psychische Neuordnung, wie sie durch die Dynamismen der Übertragung zustande kommt. Wir können uns diese Erweiterung der Ichgrenzen auch als die gestärkte Fähigkeit des Ich vorstellen, seine Triebe und Impulse innerhalb der Gemeinschaft seiner Mitmenschen zu tolerieren und sie in rationaler und wirksamer Weise zu steuern – eine Leistung, die in ihrem Ausmaß an den Grad der Modifikation des unbewußten Überich gekoppelt ist.

In diesem ganzen Prozeß ist der Traum nicht nur insofern wertvoll, als er uns hilft, ganz bestimmte, in der Vergangenheit liegende emotionale Erfahrungen oder phantasierte Situationen zurückzugewinnen, sondern auch, weil er zur Erkenntnis der Zusammenhänge zwischen diesen Erfahrungen und Situationen einerseits und den Gefühlen andererseits beiträgt, die der Patient seinem Analytiker gegenüber hegt. Das Ich wird also durch die Wiedergewinnung einer Vergangenheit gestärkt, die zu leugnen oder zu ignorieren es gar nicht mehr nötig hat – weder vor sich selbst noch vor anderen. Die Vergangenheit wird durch das erneute emotionale Durchleben und Verstehen assimiliert und bewältigt, und die Persönlichkeit erfährt durch die Umwertung der alten Erfahrungen eine Bereicherung. Es ist nicht nur das psychische Ich erweitert worden, sondern es sind zugleich die physischen Möglichkeiten gestärkt, wiedergewonnen oder weiterentwickelt: Neue oder wiedergewonnene sexuelle Fähigkeiten etwa gehen einher mit der Möglichkeit, auch in psychischer Hinsicht jetzt gewissermaßen Bestleistungen in der realen Welt zu erzielen.

In Fällen einer Beeinträchtigung des Körperich – etwa psychogener Taubheit oder einer ausgeprägten psychogenen Sehschwäche – sind Träume nach meiner Erfahrung sehr nützlich, weil sie nämlich auf ganz spezifische Situationen in der Vergangenheit verweisen, in denen es aufgrund von Ängsten oder Befürchtungen nötig wurde, nichts zu hören oder zu sehen. Solche Träume sind eine unschätzbare Hilfe bei der Erkenntnis, daß die Vergangenheit sich hier in der Übertragungssituation wiederholt.

Der Traum zeigt uns die Zeitlosigkeit des Unbewußten. Er kümmert sich nicht um die zeitlichen oder räumlichen Gegebenheiten der Realität. Das Reservoir an Es-Energie, das uns die Kräfte liefert, die wir bei allen unseren Tätigkeiten einsetzen, weiß nichts von Zeit und Raum. Unser eigentliches Leben weiß nichts von Sterblichkeit. Dadurch erklärt sich der Umstand, daß Menschen mit einem intakten Seelenleben noch im hohen Alter »Vitalität« ausstrahlen und daß bei einem nicht intakten

Innenleben die psychischen Fixierungen auf frühe Entwicklungsstufen ihrerseits zeitlos und ubiquitär sind. Auch in diesem Zusammenhang ist der Traum ein sehr nützliches Werkzeug in der analytischen Behandlung, wenn es darum geht, das Entwicklungsstadium und die Art der Fixierung aufzudecken, an welche die Psyche gekettet ist.

Von dieser Betrachtung des Traumes als eines Mittels zum Verständnis des jeweils ganz spezifischen und eigenen Erfahrungsschicksals möchte ich nun zum eigentlichen Gegenstand meines Buches zurückkehren.

Ich werde nicht den Versuch machen, irgendeinen Traum vollständig zu deuten, nicht einmal dort, wo ich einem einzigen Traum ein ganzes Kapitel widme. Vielmehr werde ich mich streng auf eben das Material beschränken, das der Patient mir im Laufe der Sitzung jeweils lieferte. Ich möchte gewissermaßen Materialproben zeigen, wie sie im Verlauf der analytischen Arbeit gewöhnlich anfallen. Solche Sitzungen im Anschluß an einen Traum sind in der Regel so bedeutsam und so aufschlußreich, wie man sich dies als Analytiker nur wünschen kann, und – was nahezu ebenso wichtig ist – sie sind zugleich voller Obskuritäten, auf die wir in einem sich entfaltenden psychischen Muster unweigerlich stoßen.

Im Grunde können wir wohl sagen, daß die Assimilation von Wissen in bezug auf das Unbewußte, die im Ich bewirkt wird, einen wesentlichen Teil des psychischen Prozesses darstellt. Alle gültige Erklärung fußt auf dem Prinzip, daß das Unerkannte, das im Bekannten enthalten ist, im Blick auf den jeweiligen einzelnen Fall enthüllt werden muß. Diese Regel liegt auch aller soliden Traumdeutung zugrunde.

Eingedenk des Prinzips, das Unerkannte, welches im Bekannten enthalten ist, aufzudecken, möchte ich mich nun dem Thema der Traummechanismen zuwenden, und zwar auf dem Weg über die anerkannten Merkmale der Dichtersprache.

Die Gesetze der Poetik sind nicht etwa in erster Linie von den Kritikern mit dem erklärten Ziel aufgestellt worden, dem Dichter schöne Verse zu entlocken. Sie erfuhren ihre Formulierung und Kodifizierung aus der kritischen Betrachtung der Poesie selbst. Diese Gesetze sind Bestandteil und Wesensmerkmal der besten Dichtungen und können mithin als das Ergebnis des engsten Zusammenwirkens zwischen vorbewußter und unbewußter Aktivität gelten. »I do but sing because I must and pipe but as the linnets sing« (Ich singe wohl, weil ich singen muß, und pfeife nur, wie der Hänfling singt; aus Tennysons »In Memoriam«; Anm. d. Übers.). Die Gesetze der Poetik, von den Kritikern anhand großer Werke der Dichtkunst erarbeitet, und die Gesetze der Traumbildung, wie sie von Freud entdeckt wurden, entspringen den gleichen unbewußten Quellen und haben eine Vielzahl von Mechanismen gemeinsam.

Die Sprache des Dichters sollte »einfach, die Sinne ansprechend und leidenschaftlich« (Milton) sein, denn der Dichter soll ja *Erfahrungen* weitergeben. Seine wichtigsten Hilfsmittel sind dabei der Klang und, mit diesem verknüpft, die Macht, geistige Bilder hervorzurufen. Daher wählt die poetische Sprache lieber bildhafte Vorstellungen, als daß sie Fakten nüchtern aufzählt; sie vermeidet den allgemeinen Begriff und wählt statt dessen den einmaligen. Sie haßt Langatmigkeit, läßt die Konjunktion und das Relativpronomen beiseite, wo immer das möglich ist, und setzt Epitheta an die Stelle abgedroschener Wendungen. Durch solche Mittel spricht ein Gedicht gleichermaßen Ohr und Auge an, es wird zum lebenden Gemälde.

Die einfachste poetische Form ist jene rhetorische Figur, die als *Simile* oder Gleichnis bezeichnet wird. (Man beachte, gewissermaßen im Vorübergehen, den Ausdruck »rhetorische Figur«. Ich werde an anderer Stelle in diesem Kapitel noch auf die Metapher zu sprechen kommen.) Unter einem Simile versteht man die Gleichsetzung zweier ungleicher Dinge mit Hilfe eines ihnen beiden gemeinsamen Attributs, wobei die »Gleichheit« durch die Heranziehung von Wörtern wie »gleich« und »wie« zum Ausdruck kommt:

> Blue were her eyes as the fairy flax,
> Her cheeks like the dawn of day,

And her bosom white as the hawthorn buds
That ope in the month of May.
(Ihre Augen waren blau wie der Bergflachs,
ihre Wangen wie der junge Tag,
ihr Busen weiß wie Hagedornblüten im Mai.)

Durch das Simile kann beispielsweise die Gleichartigkeit einer Beziehung ausgedrückt werden, wie etwa: »Der Pflug pflügt die Scholle, so wie das Schiff die See durchfurcht.« Ein verdichtetes Simile heißt *Metapher*, und hier werden die Worte »gleich wie« oder »so wie« weggelassen. Die zwischen den beiden Teilen bestehende Beziehung läßt sich auf das jeweils andere Objekt übertragen, etwa: »Das Schiff durchpflügt die See.«

Lassen wir für einen Augenblick das wichtige Problem der echten Symbolik in der Theorie der Traumbildung beiseite und denken wir nur in den Begriffen von Simile und Metapher, wie sie uns aus der Dichtersprache bekannt sind; vor diesem Hintergrund möchte ich jetzt einen Traum anführen, der diese Sprachfiguren auf sehr einfache Weise illustriert. Sie finden sich sowohl in dem Traum als auch in der Bearbeitung des Trauminhaltes durch die Träumerin.

> »Ich war im Konzert, und das Konzert war zugleich wie ein Essen. Irgendwie konnte ich die Musik wie Bilder vor meinen Augen vorüberziehen sehen. Die Musikbilder glitten vorbei wie Schiffe, die einander in der Nacht begegnen und grüßen. Es waren zwei Arten von Bildern: weiße Berge mit sanft gerundeten Gipfeln und dann noch andere, die ihnen folgten und hoch und spitz waren.«

In diesem Traum haben wir zunächst einmal das Simile (»Das Konzert war wie ein Essen«, »Die Musik glitt vorbei wie Bilder«). Wir haben die Metapher in der Wendung »Schiffe, die einander begegnen und grüßen«. Die Schiffe deuten auf menschliche Wesen (sie sprechen), und die Träumerin weiß das, obwohl es nicht ausdrücklich erwähnt wird.

Nur in einem einzigen Punkt müssen wir tatsächlich unsere Kenntnis der unbewußten Symbolik zu Hilfe nehmen, um diesen Traum deuten zu können, nämlich was die Bilder der gerundeten und der spitzen Berge betrifft. Alles übrige wird uns in Simile und Metapher gesagt.

Ich möchte im Zusammenhang mit diesem Traum noch einige Dinge erwähnen, die zwar recht einfach aussehen, aber nichtsdestoweniger bedeutungsvoll sind und eben wegen ihrer Offenkundigkeit um so leichter übersehen werden können. Zunächst einmal legt dieser Traum Zeugnis davon ab, daß gewisse Dinge in der Tat erlebt, daß nämlich runde und spitzige Berge auf Bildern oder in der Landschaft gesehen worden sind und daß die Beobachterin beim ersten Anblick solcher Bilder einen Zusammenhang mit dem Anblick wirklicher Brüste und eines wirklichen Penis hergestellt hat. Sodann bezeugt der Traum, daß das Kind zu nächtlicher Stunde nach Nahrung verlangte und sich beim Anblick des väterlichen Gliedes vorstellte, daß auch dies ein Platz sei, an dem es Nahrung bekommen könne. »Schiffe auf nächtlicher Fahrt begegnen und grüßen einander«: Darin erkennen wir den Traumwunsch. Die großen Eltern, die Schiffen in der Nacht gleichen, sind freundlich zueinander. Das Kind weiß sich sicher in der Fülle dessen, was ihm von beiden zukommt. Die bittere Aktualität des Traumes lag in der Tatsache, daß die Patientin gerade um einen geliebten Menschen trauerte, der ihr durch den Tod entrissen worden war. Dieser Verlust hatte alle möglichen Erinnerungen bis hin zu frühesten Wünschen und Enttäuschungen in ihr aufgerührt. Übrigens ist auch die Musik hier bedeutsam – als die unbewußte Entscheidung für eine mögliche Sublimierung, nachdem den oralen Wünschen die Erfüllung versagt worden war. Der Dichter drückt es so aus:

> If music be the food of love, play on.
> (Wenn die Musik der Liebe Nahrung ist, spielt weiter!
> Aus Shakespeare: »Was ihr wollt«,
> Übertragung von Erich Fried; Anm. d. Übers.)

Als nächstes möchte ich die Aufmerksamkeit des Lesers auf einen Kunstgriff lenken, der in der Literatur als *persönliche*

Metapher bekannt ist. Dabei werden persönliche Beziehungen auf ein unpersönliches Objekt übertragen. So sprechen wir etwa von einem »geschwätzigen Buch«, vom »seufzenden Eichbaum«, vom »zürnenden Berg«, das heißt, wir benutzen Wendungen, in denen menschliches Tun auf die nichtmenschliche Ebene übertragen wird. Dieser literarische Kunstgriff leitet sich aus den unbewußten Mechanismen des Traumes her – ein Strömen und Fließen im Traum läßt in den Assoziationen sowohl an das Strömen von Urin als auch an den Fluß der Worte denken. Bäume im Traum sind Objekte, auf die häufig persönliche Attribute übertragen werden. Je nach dem Zweck des Traumes wird der Träumer sich dann einen ganz bestimmten Baum aussuchen. So würden zum Beispiel »*bay* trees« (Lorbeerbäume) und »*beech* trees« (Buchen; »*bay*« und »*beech*« erinnern zudem beide an »*beach*« = Strand) deshalb gewählt, weil der Träumer den Menschen, für den der Baum in dem betreffenden Traum stand, irgendwann einmal an einer Bucht oder am Meeresstrand gesehen hatte. »*Yew* trees« (Eiben; das »*yew*« erinnert an »*you*« = du, Sie) deuten nach meiner Erfahrung auf die Übertragung einer unbewußten Imago (you) auf den Analytiker. Ein »*pine* tree« (Kiefer, Föhre, Pinie; zugleich bedeutet »*to pine*« sich sehr sehnen, schmachten nach...) deutet auf unbewußte Sehnsucht nach dem Menschen, den der Baum repräsentiert, »*birch* tree« (Birke) steht für den strafenden Vater oder die strafende Mutter (der oder die mit der Rute züchtigt = »*to birch*«), während »*a Scotch fir*« nicht nur die (schottische) Nationalität des Vaters bzw. der Mutter, sondern auch eine verdrängte Erfahrung anzeigt: Das Kind hat auf dem Körper des Vaters/der Mutter Haar gesehen, das unbewußt mit Pelz (»*fur*«; gleiche Aussprache wie »*fir*« = Tanne) verglichen wurde.

Die literarische Form der *Metonymie* bedeutet wörtlich »Änderung des Namens«. Hier wird ein Name, der in üblichem oder auch nur zufälligem Zusammenhang mit einer bestimmten Sache steht, zur Bezeichnung dieser Sache selbst angewandt. Wir sprechen beispielsweise von »the bench« (»die Bank«, Richterbank) und »the bar« (»die [Gerichts-]Schranke«), wenn wir Richter und Anwälte meinen. Andere Beispiele unter vielen sind »the Woolsack« (Sitz des Lordkanzlers im Oberhaus, also »der Lordkanzler«; Anm. d. Übers.), »the Chair« (»der Stuhl«, Sammelbezeichnung für die Vorsitzenden der Ausschüsse von Ober- und Unterhaus; Anm. d. Übers.), »the Crown« (»die Krone« = das Königshaus; Anm. d. Übers.). Die Metonymie verkürzt die Aussage und schafft zugleich eine bildliche Vorstellung. Im Traum unterstützt sie die Arbeit der Zensurinstanz, da der latente Inhalt ja die Sache selbst und der manifeste Inhalt das mit ihr in Zusammenhang stehende Ding betrifft. In dem Traum: *»I take a piece of silk from a cupboard and destroy it«* (Ich nehme ein Stück Seide aus einem Schrank und zerreiße es), rief die »Seide« als »Seide« keine irgendwie bedeutsamen Assoziationen hervor, während die Wendung »to take silk« (d. h. wörtlich: Seide nehmen; Anm. d. Übers.) eine echte emotionale Erkenntnis brachte, denn »to take silk« ist eine Metonymie und bedeutet soviel wie »zum Gericht zugelassen werden«, also Anwalt werden*. Die erste, eher oberflächliche Bedeutung des Traumes lag in dem Haß, den der Träumer gegen seinen eigenen Berufsstand hegte, und im Fortgang der Analyse enthüllte der Traum dann auch die verdrängte Feindseligkeit gegenüber dem Vater des Träumers, der ebenfalls Anwalt war. Noch ein weiteres Beispiel einer Metonymie sei genannt: Die Träumerin war der Meinung, daß in ihrem Traum *soeben ein Baby geboren worden war, dessen obere Gesichtshälfte schieferfarben war.* Wegen dieses zuletztgenannten Umstandes empfand sie im Traum eine starke Beunruhigung. Die ersten Assoziationen betrafen ihre Erfahrungen im Zusammenhang mit den Wehen und der Entbindung, aber diese Assoziationen riefen keinerlei Affekte hervor. Affekte tauchten dagegen im Anschluß an die einfache Feststellung auf, daß »schieferfarben« aller normalen Erfahrung nach zunächst einmal ja mit Schiefer

* Genau: den (Seiden-)Talar des Barristers nehmen, eines vor den englischen Obergerichten plädierenden Anwalts; Anm. d. Übers.

assoziiert wird (Metonymie). »Schiefer« brachte ihr ein Puppenbegräbnis wieder ins Gedächtnis, bei dem eine Schieferplatte als Grabstein gedient hatte. Diese Erinnerung war mit einem wahren Gefühlsausbruch verbunden, und der unerkannte Traumwunsch wurde erkennbar, als die Patientin sich nun auch noch an die Grabsteine zweier kleiner Kinder erinnerte, welche ihrer Mutter schon vor ihrer, der Patientin, Geburt wieder gestorben waren, und ihr die Phantasien wieder ins Gedächtnis kamen, die sie im Zusammenhang mit dem Schoß der Mutter gehegt hatte.

Ein anderes, verbreitetes Beispiel für diese Sprachfigur der Metonymie haben wir im Gebrauch des Wortes »table« (Tisch, Tafel). Wir sprechen etwa davon, daß jemand eine »ausgezeichnete Tafel« (a good table) führt, und meinen damit die Mahlzeiten in seinem Haus und nicht den eigentlichen Tisch oder Eßtisch. Auch wenn wir die Symbolik einmal beiseite lassen, wird uns unsere Kenntnis des gewöhnlichen Sprachgebrauchs schon richtig leiten in der Annahme, daß ein Traum, in dem ein Tisch vorkommt, zumindest einen Bezug zur Nahrungsaufnahme enthält. Der erste »Tisch«, der Nahrung hergibt, ist der mütterliche Körper. – Ein Regenmantel (mackintosh) im Traum wird unsere Aufmerksamkeit wohl auf den Zusammenhang mit Wasser lenken. Der Anblick von Wasser im Traum, das der Patient als »a sheet of water« (Ströme von Regen; »sheet« bedeutet daneben auch Laken; Anm. d. Übers.) bezeichnet, sollte uns auf die Verbindung von Wasser mit Laken aufmerksam machen. Ein »Stuhl« muß uns die Person finden lassen, die damit assoziiert wird, nämlich darin *sitzt;* ein »Kleid« weist auf den *Körper* der Person, die es trägt. Ein hübsches und einfaches Beispiel für diesen Kunstgriff haben wir im folgenden Traum: *»Sie saßen auf einem Stuhl an Deck und hatten einen Seemannshut auf.«* Wir wollen für den Augenblick einmal die unbewußte Symbolik vergessen und uns nur mit dieser Metonymie beschäftigen. »Ein Seemannshut«, sagte meine kleine Patientin mit der Direktheit und Aufrichtigkeit des Kindes, »ist halt ein Hut, der einem Seemann gehört, und da Sie in einem Stuhl auf Deck gesessen haben, sind Sie eben ein Seemann gewesen.« »Was für ein Seemann?« fragte ich nach. »Also, ich habe schon zu meiner Mutter gesagt, daß Sie aussehen wie ein Pirat.« »Wie welcher Pirat?« fragte ich wieder. »Oh, wahrscheinlich Käpt'n Hook« (Käpt'n Hook ist eine Figur aus Barries Theaterstück »Peter Pan«; »hook« bedeutet daneben Haken, Nagel, Finger, Klaue; Anm. d. Übers.). Das gab den Anstoß zu einer Fülle von Phantasien über das ruchlose Tun von Piraten, im Vergleich zu denen die kühne Deutung, der Seemannshut sei unbewußt mit einem Phallus gleichgesetzt worden, sich geradezu ärmlich ausgenommen hätte. Zwei Tage nach diesem Traum war die Patientin ganz und gar in den Gedanken versunken, daß sie sich mit ihren Fingernägeln doch wohl schützen könne, und hatte plötzlich die fürchterliche Vorstellung von langen Krallen, die überall hineinlangen konnten. »Käpt'n Hook« diente ihrem Phantasieleben noch immer als ein sehr lebendiger Anreiz.

Hier möchte ich ein paar Worte zur Technik der Traumdeutung einfügen. Der Leser wird bemerkt haben, welche Fragen ich meiner Patientin stellte: »Was für ein Seemann?«, »Welcher Pirat?« Daß man den Einzelheiten des Traumes in dieser Weise nachfragt, erklärt sich aus dem Grundsatz, wie er explizit in den Regeln der Poetik, implizit in den unbewußten Traummechanismen enthalten ist: Die Dichtersprache bevorzugt den einmaligen und besonderen gegenüber dem allgemeinen Ausdruck, und in der Traumdeutung gelangen wir zum Verständnis der Dinge dadurch, daß wir uns von irgendeinem allgemeinen Ausdruck aus auf die Suche nach dem machen, was hier eigentlich angedeutet worden ist. Das heißt, der Analytiker gibt sich nicht mit der Assoziation »Seemann« oder auch »Pirat« zufrieden, die im beschriebenen Fall als nächstes folgte, sondern er muß eine gezielte Frage nachschieben: »Welcher Pirat?« Wir müssen uns vor Augen halten, daß es ja das latente Material ist, das für den jeweiligen Menschen typisch ist, und daß da, wo wir es mit Symbolen zu tun haben, auch die jeweils gewählten Symbole auf eine ganz spezifische Umgebung deuten.

Die *Synekdoche* ist eine rhetorische Figur, in der ein Teil gewissermaßen die Aufgabe des Ganzen übernimmt. Wir sprechen beispielsweise von einer Flotte von soundso vielen »Segeln« oder davon, daß eine Familie aus fünf »Köpfen« besteht. »Oh, is it fish, or weed, or maiden's hair?« (Ist es Fisch, sind es Wasserpflanzen, oder ist es Mädchenhaar?), fragt der Dichter und meint damit, daß, wenn es denn Haar ist, hier wohl ein *Mädchen* ertrunken sei. In dem schon zitierten Musiktraum kennzeichneten die »Teile« das »Ganze«. Brüste und Penis waren symbolisch repräsentiert, aber auch der ganze Körper war angedeutet, nämlich in dem Bild von den »Schiffen, die in der Nacht vorübergleiten«. Sowohl die Metonymie als auch die Synekdoche werden im Falle des Schuhfetischs erkennbar: Auf den Schuh wird die Bedeutung von »Fuß« übertragen, aber im Verlauf der Analyse stellt sich dann heraus, daß der Fuß als Teil des Körpers nicht nur die Attribute anderer Körperteile annehmen, sondern auch den ganzen Körper repräsentieren kann. Auch die nachstehend genannten Beispiele stammen aus Traummaterial: Ein »scarlet pimpernel« (Pimpinelle, Wiesenknopf) rief latente Vorstellungen bezüglich des »nipple« (Schnuller, Sauger; aber auch Brustwarze) hervor. Ein »tangle of thorn bushes« (dorniges Gestrüpp) bzw. eine »box hedge« (Buchsbaumhecke) repräsentierten Schamhaar, und dieses selbst rief latente Phantasien in bezug auf das verborgengehaltene weibliche Genitale hervor. Die »box hedge« bietet sich hier in besonderem Maße an, weil »box« (Schachtel) ein bekanntes Symbol der Vulva ist.

Die *Onomatopöie* (Lautmalerei, Nachahmung von Lauten, Geräuschen, Tönen in Schallwörtern, z. B. gluckern, klirren, tuckern, Wauwau usw.) findet in der Poesie Anwendung, wenn der Klang der verwandten Wörter den Sinn wiedergibt. Unsere Sprache ist reich an solchen Wörtern, und der Traum macht sie sich häufig zunutze, weil die Psyche ja über eigene Erfahrungen aus jener frühen Zeit verfügt, als der Klang noch mit der Bedeutung verschmolz. In unserem individuellen Erwerb der Sprache wiederholen wir einen Teil der Entwicklung, welche die Sprache selbst genommen hat. Einzelne Buchstaben können im Traum ganz elementare Klänge und Geräusche bedeuten, die mit frühesten Erfahrungen verbunden sind. So verdanke ich beispielsweise einer meiner Patientinnen das folgende interessante Traummaterial, das diesen Gedanken erhärtet: *»Im Traum«*, so erzählte sie, *»war eine Kombination von Buchstaben ›K OH‹ enthalten, die irgendeine chemische Bedeutung hatte.«* Als sie mir den Traum erzählte, sagte sie »SOS« anstatt »K OH« und verbesserte sich dann gleich in folgender Weise: »Ich habe aus Versehen SOS gesagt, ich meinte aber K OH.« Die Formel K OH aus dem Traum erbrachte schließlich auf assoziativem Wege den Sinn von »Kaka«, dem Ausdruck, den das Kind zur Bezeichnung von Kot gebraucht hatte. Es war das unabsichtlich vorgebrachte SOS, das sich schließlich als ganz besonders interessant erwies, denn SOS ist ja ein heute (1937! Anm. d. Übers.) ganz übliches Signal dafür, daß man sich in einer schwierigen Situation befindet. »S« stellte sich als das zischende Geräusch heraus, das verursacht wird, wenn Urin unbeabsichtigt abgeht, und das »O« ist der unwillkürlich ausgestoßene Laut des Mißbehagens, den das Kind häufig von sich gibt, wenn ihm ein solches Malheur widerfährt. Etymologische Untersuchungen haben zu der Annahme geführt, daß das Präsens des Verbs »to be«, nämlich »is« – wohl eines unserer allerwichtigsten Wörter überhaupt –, ursprünglich das Geräusch von fließendem Wasser nachahmte und mithin »Leben, Sein« bedeutete. Wir hatten also in diesem Traum mit dem unabsichtlichen SOS die rein verbale Dramatisierung einer vergessenen angstbewirkenden Situation aus der Kindheit. Unser heutiges Notsignal, wie es von Schiffen in Seenot ausgesandt wird, nämlich »SOS«, kurz und sinnreich in elementaren Notsituationen auf See, enthält also auch eine Fülle ungeahnter Bedeutungen.

Die *Parallele* und die *Antithese* sind im Traum mit Hilfe von Bildern ebenfalls möglich. Die Antithese etwa läßt sich durch eine entsprechende räumliche Anordnung übermitteln: »Ich saß ihr gegenüber.« Parallelen lassen sich durch die Gleichartigkeit der Position andeuten: »Sie saßen auf einem Stuhl, und neben Ihnen saß X.« Schon diesen doch recht simplen »Kunstgriff« zu verstehen kann für die Interpretation höchst nützlich sein, denn wenn das »Sie« den Analytiker bedeutet und »X« jemand ist, der dem Analytiker nicht bekannt ist, dann wird in diesem Fall alles, was der Patient über X vorbringt, sich irgendwie auch auf »Sie« beziehen.

Die Wiederholung bestimmter Wendungen dient in der Literatur dazu, Emphase zu schaffen und zu wahren. Im Traum besteht das entsprechende Vorgehen darin, daß ein bestimmtes Traumelement immer und immer wieder erscheint.

Ich möchte mich jetzt eingehender mit der rhetorischen Figur befassen, die wir als verdeckte Metapher bezeichnen. Unsere Alltagssprache besteht zu einem erheblichen Teil aus solchen Metaphern. Dinge, die nicht greif- oder sichtbar sind, werden auf dem Weg über ihren Zusammenhang mit anderen Dingen beschrieben, die man sehr wohl anfassen und sehen kann. Wörter und Wendungen, mit denen mentale oder moralische Zustände ausgedrückt werden, basieren darauf, daß eine Analogie zwischen Geist und Körper hergestellt wird. Einige wenige Beispiele mögen genügen: der »zündende Gedanke«, die »Fülle von Wissen«, ein »makelloser Charakter«, »geistige Nahrung«, ein »hitziges Naturell«. Unser Gehör ist weniger stark ausgebildet als unser Geschmackssinn, unser Tast- und Sehvermögen, und so macht der dürftiger ausgebildete Sinn gewissermaßen Anleihen bei den üppiger bedachten Sinnen, wenn schmückende Beiwörter herangezogen werden, um den Klang zu beschreiben – daher die Metapher in Klangbeschreibungen, wie etwa »eine süße Stimme«, »ein durchdringender Schrei«. Unsere Wörter haben mannigfache Sinnverschiebungen – auf der individuellen wie auf der kulturellen Ebene – hinter sich, seitdem wir sie zum ersten Mal in einem bestimmten Zusammenhang hörten, in welchem sie ein ganz bestimmtes sinnlich zu fassendes Bild bezeichneten. Sie nehmen eine zweite Bedeutung an und übermitteln abstrakte Ideen, aber für das unbewußte Lagerhaus unserer Vergangenheit verlieren sie nicht die konkrete Signifikanz, die sie besaßen, als wir sie zum ersten Mal hörten und selbst anwandten. Die Einmaligkeit und Einzigartigkeit eines Wortes besteht in der Summe seiner früheren und gegenwärtigen Bedeutungen. Wert und Sinngehalt eines Traumes sind also nicht allein dadurch herauszufinden, daß wir das latente Material mit Hilfe des manifesten Inhalts aufdecken; auch die Sprache, in der der Traum berichtet wird und die Assoziationen vorgetragen werden, trägt zur Aufhellung bei. Ganz abgesehen vom Nutzen der Selbstäußerung als solcher ist schon die Sprache, in der Selbstäußerung erfolgt, in sich bedeutsam. Um uns diesen Umstand voll zunutze zu machen, müssen wir daran denken, daß Wörter nicht nur eine sekundäre, sondern implizit auch eine primäre Bedeutung besitzen. Wir müssen ein Gespür für ihre geschichtliche Vergangenheit und für die Tatsache entwickeln, daß diese Vergangenheit häufig auch den Werdegang des Sprechenden in sich trägt. Zwei einfache Beispiele mögen dies belegen: *»I dreamt of X; she is her mother's spoiled darling«* (Ich habe von X geträumt, diesem verzogenen Mamakind). Die Patientin meinte damit, daß X verhätschelt worden sei. Sie bediente sich des englischen Wortes »spoiled« in seiner sekundären Bedeutung. Seine andere Bedeutung ist – jedem englischen Kind geläufig – *»marred«*, *»dirtied«*, *»ruined«* (verdorben, beschmutzt, ruiniert, verschandelt), und etymologisch bedeutet das Wort das gleiche wie »to skin«, »to mar«, also zugrunde richten, entstellen, verstümmeln, verderben. Ein Analytiker, der sich dies vor Augen hält, wird die Bedeutung des Traumes rascher erfassen als ein anderer, dem diese Zusammenhänge nicht gegenwärtig sind. Ein weiteres Beispiel: *»I dreamt I was speculating on the Stock Exchange«* (Ich träumte, daß ich an der Börse spekulierte). Die Assoziationen des Patienten werden sich in erster Linie mit dem Thema von Aktien und Anteilen befassen, aber das Wort »speculating« sollte dem Analytiker doch auch die fundamentale *primäre* Aktivität nahebringen, die hier indiziert ist, nämlich die des Hinsehens. Auch *Stock Exchange* ist dann vielleicht eine weitere Untersuchung in dieser Weise wert. Ich möchte also wiederholen, daß es schon deshalb von ganz großem Vorteil ist, den Patienten zur Bearbeitung seiner Träume anzuregen, weil der Analytiker dann die Träume umfassender aus eben den Wörtern zu deuten vermag, die der Patient gewählt hat. Die »gedanklichen Brücken« (George Willis, 1919) werden in beiderlei Richtung von Namen und Bezeichnungen überquert, und Namen machen vielfältige Wandlungen durch. Wir müssen daran denken, daß der Traum Wörter hervorruft, die viele Bedeutungen besitzen und erkennen lassen, im Gegensatz zu unseren wissenschaftlichen Begriffen, die eine sehr enggefaßte Aussagekraft haben. Der Traum, der in abstrakter Weise zum Ausdruck kommt, kann uns in der Analyse nur etwas bringen, wenn er sich in Bilder übersetzen läßt. Wir müssen zur primären Bedeutung der Wörter vordringen, die unter der sekundären angesiedelt ist. Konkrete Ausdrücke führen auf dem Weg über ihren Ursprung zu unendlich vielfältigeren Assoziationen, als abstrakte Wörter dies je könnten.

Ich wende mich jetzt von der verdeckten Metapher, deren Kenntnis uns den Schlüssel für die Analyse abstrakter Wendungen liefert, ab und der Betrachtung der konkreten Begriffe zu. Dabei möchte ich die Aufmerksamkeit des Lesers zunächst auf die bekannte Fähigkeit des Unbewußten zum Spiel mit den Wörtern lenken. Vielleicht täten wir sogar gut daran, wenn wir in dieser Fähigkeit, die sich ja sowohl im Traum als auch im realen Gespräch zeigt, einen Hinweis darauf erblickten, in welcher Weise, nämlich rein phonetisch, wir die Wörter zunächst erlernt haben. Es geschieht sehr selten – eben im Traum oder aufgrund seltsamer und vager Erinnerungen –, daß uns eine entfernte Ahnung von solchen phonetischen Verzweigungen beschleicht, durch die Vorstellungen von einer bestimmten Signifikanz auf neue Wörter übertragen werden, welche ähnlich wie diejenigen *klingen*, die wir in unserem frühesten Leben vernommen haben. Auf diesem Gebiet gibt es zweifellos noch sehr viel Forschungsarbeit zu leisten. Wir müssen bedenken, daß der Klang eines Wortes und seine erste Bedeutung in einem anderen Wort (oder einer anderen Wendung) von gleichem Klang, aber unterschiedlicher Bedeutung implizit vorhanden ist. Ein Beispiel: *»I dreamt of Iona Cathedral«* (Ich träumte von der Iona-Kathedrale; Iona ist eine kleine Insel der Inneren Hebriden; Anm. d. Übers.). Dabei handelt es sich nicht einfach um ein Wortspiel. Wir haben es hier vielmehr mit einem Bruchstück aus dem Prozeß des Spracherwerbs zu tun: Als der Träumer als Kind zum ersten Mal das Wort »Iona« hörte, klang und bedeutete es für ihn »I own a . . .« (ich besitze eine . . .). Demselben Patienten verdanke ich auch die nachfolgende Erinnerung: Sein Vater hatte versprochen, ihm »The Lays of Ancient Rome« (das Lied, die Gesänge vom alten Rom; »lay« ist zugleich das Gelege, das, was die Hühner produzieren) mitzubringen, und der Sohn glaubte, der Vater wolle ihm Hühnereier schenken.

Ich möchte noch anhand einiger weiterer Beispiele zeigen, welch große Bedeutung der Art der verbalen Äußerung zukommt und daß uns bei der Suche nach dem Sinngehalt der Wörter, die der Patient benutzt, die Erkenntnis sehr zustatten kommt, daß wir unsere Sprache zunächst auf phonetischem Wege erlernt haben. Wir dürfen auch nicht vergessen, daß Ausdruck einerseits und erfahrenes Wissen andererseits zwei Aspekte des gleichen Umstandes sind. Dafür sei hier ein besonders schönes Beispiel angeführt:

> »I was with dogs and about to go on an allotment but I was warned that it was dangerous. It seemed it was dangerous to tread on the ground as if it were infectious« (Ich hatte Hunde um mich und war im Begriff, zu einer Verlosung zu gehen, aber man sagte mir, es sei gefährlich. Es war anscheinend gefährlich, auf den Boden zu treten, so als ob man sich dadurch irgendwie infizieren könnte).

Hierzu will ich nur einige wenige Assoziationen nennen. Die mögliche Infektion brachte die Patientin auf die »Maul- und Klauenseuche«. Einer der Hunde in dem Traum war offenbar ein »greyhound« (Windhund). Als kleines Kind hatte die Patientin nacheinander zwei Spieltiere gehabt, die »Grey Bunny« und »Long Dog« hießen. »Maul- und Klauen«(-seuche) brachte sie sogleich darauf, daß sie damals immer versucht hatte, sich den Fuß in den Mund zu stecken. Dann erzählte mir die Patientin, daß sie an Verstopfung gelitten habe. Allein aus dieser einen

Bemerkung über gewisse körperliche Vorgänge und aus den Assoziationen, die ich hier in Auswahl wiedergegeben habe, kann man einigermaßen rasch auf tatsächliche Erfahrungen und phantasierte Episoden aus der vergessenen Kindheit dieser Patientin schließen. Hört man sich das Wort »a-llot-ment« langsam an, anstatt an jene spezielle Sache zu denken oder sie sich vorzustellen, die wir heute mit diesem Wort verbinden, dann läßt sich der Traum durch dieses eine Wort ganz leicht begreifen (»It meant a lot [to her]« = Es bedeutete ihr viel; Anm. d. Übers.). Ein weiteres Beispiel soll hier angeführt werden: *»Im Traum«*, sagte mir die Patientin, *»gab es einen Hof (courtyard).«* Ich lasse viele Einzelheiten aus diesem Traum absichtlich weg, um mich ganz meinem augenblicklichen Anliegen zu widmen, nämlich dem, aufzuzeigen, wie wichtig der unterschiedliche Sinngehalt eines einzigen Wortes sein kann. Hier beispielsweise wird »court« (»to court« = jmd. den Hof machen, ihn umwerben, um ihn freien) zumindest »to woo« (ebenfalls werben, freien) nahelegen, aber der *Klang* von »court« läßt auch an das Wort »caught« (gefangen, gefaßt) denken. Das Wort »courtyard« (Hof, Hofraum) brachte der Patientin keine dieser Bedeutungen ins Gedächtnis. Es muß kaum gesagt werden, daß auch die Analytikerin sie nicht ins Spiel brachte, bis die Patientin schließlich im Laufe der analytischen Sitzung folgendes vorbrachte: »Am letzten Wochenende habe ich X in ... shire (der Grafschaft Y) besucht. Er hat einen kleinen umzäunten Garten, in den man durch ein eigenes Tor hineingelangt. Ich ging hinein und machte das Tor hinter mir zu. Als ich wieder gehen wollte, fand ich es verschlossen; mir blieb nichts anderes übrig, als über die Mauer zu klettern, und die war oben auch noch mit Nägeln bespickt.« Damit war der Zugang zu den unbewußten Phantasien im Zusammenhang mit den Gefahren des »courting« (Werbens) gegeben.

Kürzlich eröffnete einer meiner Patienten die Sitzung mit der Bemerkung, er empfinde ein »feeling of depression« (ein Gefühl der Niedergeschlagenheit). In der Sitzung ging es dann um seine Ängste und Besorgnisse im Zusammenhang mit den weiblichen Genitalien. Schließlich sagte ich ihm unumwunden, daß er sich mit verdrängten Emotionen im Zusammenhang mit einem Vorfall in seiner Kindheit herumschlage, als er *buchstäblich* die »depression« (Einsenkung, Vertiefung) der Genitalien eines kleinen Mädchens gefühlt habe. »Wenn ich an das Essen zurückdenke«, sagte mir ein anderer Patient (in Reaktion auf den Anreiz durch einen Traum, in dem es um Essen gegangen war), »so fühle ich, daß irgend etwas Kotiges daran war.« »Wo *fühlen* Sie das denn?« fragte ich. »Ja nun, ich habe so darüber nachgedacht, wissen Sie«, erwiderte er. Aber während er sprach, bewegte er, ohne es zu wissen oder zu bemerken, seine Finger übereinander. Die Erfahrung saß *in seinen Fingern*, die Finger bewahrten das frühe Erlebnis der Berührung von Kot. – Bei einer Patientin, die immerzu mit äußeren Interessen und Anliegen beschäftigt ist, muß ich mich, um Phantasien und Erinnerungen zu wecken, welche im Bewußtsein zwar vorhanden, aber unerkannt sind, an Sätze wie den folgenden halten: »Ich muß jetzt darangehen, dieses Kleid zu nähen, aber ehrlich gesagt, der Gedanke *erfüllt mich mit Schrecken.*« Die Worte »erfüllt ... mit Schrecken« wiesen auf fürchterliche Dinge im Innern des Körpers hin, das heißt auf erschreckende Gedanken an die Zeugung. *»In meinem Traum«*, sagte eine andere Patientin, *»zog ich Reißzwecken* (tin-tacks) *heraus.«* Nach vielen Umwegen und Abschweifungen kam sie wieder auf den Traum zu sprechen und verweilte des längeren bei dem Wort »tin-tack« (Reißzwecke). »Wie nennt man die Dinger denn sonst noch?« »Screws (Schrauben)?« »Nein.« Sie meinte nicht »tin-tacks« (Reißzwecken), nicht »screws« (Schrauben) und nicht »rivets« (Nieten). Nach einer Pause meinte sie zögernd, vielleicht hießen sie »nails« (Nägel). Nun wurde erkennbar, daß sie irgendwann in der Vergangenheit zum ersten Mal gehört hatte, die kleinen spitzen Dinger aus Eisen würden »nails« (Nägel) genannt, und dann wurden auf diese Gegenstände Affekte, Phantasien und Handlungen übertragen, die mit ihren eigenen Nägeln, nämlich den Fingernägeln zu tun hatten. Aus diesem Grunde konnte sie sich an das Wort »nails« nicht erinnern.

Eine gewisse Hemmung im Zusammenhang mit der Lektüre der Tageszeitung wurde mir verständlich, als eine Patientin wiederholt klagte: »Ich habe in dieser Woche die Zeitung nicht gelesen (I have not *read* the paper this week). Ich weiß überhaupt nicht, was passiert ist. Ich habe die Zeitung nicht einmal angeschaut.« Während der analytischen Sitzung brachten ihre scheinbar zufälligen Assoziationen sie schließlich auf den Umstand, daß sie ihre Periode hatte. Daraufhin kam mir das Thema, mit dem sie die Sitzung begonnen hatte, wieder in den Sinn: »Ich habe die Zeitung nicht gelesen (I have not *read* the paper). Ich weiß nicht, was passiert ist.« Ich vergegenwärtigte mir, daß der Klang von *»red«* (rot) dem kleinen Kind zunächst im Zusammenhang mit der Wahrnehmung der Farbe Rot bekannt wird und daß der spätere Gebrauch des Wortes »read« (las, gelesen) als Imperfekt oder Partizip des Verbs »to read« auch jene erste Bedeutung einschließt. Das brachte mich auf die Spur einer wirklichen Erfahrung, nämlich des Anblicks von Menstruationsblut auf der Toilette (am Toiletten*papier;* »paper« = Papier, aber auch Zeitung; Anm. d. Übers.) und der Ängste, die dieser Anblick ausgelöst hatte. Wir können also einen tieferen Sinn in den Worten: »Ich weiß nicht, was in der Welt vorgeht, was passiert ist«, entdecken.

Ein Patient erzählte mir, er habe von einer *»Mahlzeit (geträumt), bei der ein Lendensteak (sirloin) tranchiert wurde«.* Dieser Patient war in einer Familie und in einer Zeit aufgewachsen, in der die höfliche Anrede »Sir« noch durchaus üblich war, und so bezweifelte ich kaum, daß ein »sirloin« für ihn einst »loin of a sir« (die Lende eines Herrn) bedeutet hatte.

Wenn der Patient von »the sea«, also von der See bzw. vom Meer träumt, dann ist nicht nur das Wasser ein signifikantes Element. Man sollte auch daran denken, daß »sea« (Meer) und »see« (sehen) den gleichen Klang haben und daß hier wohl auch der Vorgang des Sehens von Wichtigkeit ist. Wer mit den Symbolen vertraut ist, könnte unter Umständen annehmen, daß ein »pier« (Pfeiler) im Traum wohl soviel wie Phallus bedeutet. Aber nach meinen Erfahrungen stößt man oft rascher auf die

Erlebnisse und Erfahrungen des betreffenden Menschen, wenn man daran denkt, daß »pier« (Pier, Landungsbrücke, Hafendamm, Mole) und »peer« gleich klingen, daß »to peer« soviel wie spähen, suchend schauen bedeutet und daß man »piers« am Meeresufer findet, wo es viel zu sehen und zu betrachten gibt.

»Sandwich«, ein ebenfalls interessantes Wort, ist manchmal insofern nützlich, als es auf jene Zeit verweist, da das Kind noch zwischen seinen Eltern in deren Bett lag. Nach meiner Feststellung kann ein »Fischpasten-Sandwich« uns verraten, was das Kind damals zwischen seine Eltern plazierte. »Ein Sandwich essen« kann die Einverleibung beider Eltern symbolisieren. Aber nach meiner Erfahrung läßt sich das »Sandwich« im Traum nur dann adäquat erklären, wenn die Assoziationen gewisse Erinnerungen an den Sand des Meeresufers heraufgebracht haben. Die Silbe *wich* repräsentiert nicht nur die Neugierde hinsichtlich der Genitalien, der Unterschiede zwischen Mädchen und Jungen (which = welcher), sondern sie steht auch für die Möglichkeit, daß das kleine Mädchen so etwas wie eine »witch psychology« (witch = Hexe) entwickelt, daß es sich also mit Hexenkräften begabt glaubt.

Eine Patientin erzählte mir einen interessanten Traum, in dem sie sich sehr davor gefürchtet hatte, daß *»bats in a lavatory pan over which I wanted to sit should fly into my anus«* (daß Fledermäuse in dem Toilettenbecken, auf das ich mich setzen wollte, mir in den Anus fliegen könnten). Mein Augenmerk gilt hier nicht so sehr dem Symbolgehalt dieser Vorstellung, sondern eher dem Umstand, daß es aufgrund der Assoziationen zu diesem Traum möglich wurde, die ängstigende Vorstellung sicher zu datieren; sie war nämlich zeitlich mit einer wirklichen Krankheit zusammengefallen. Die Patientin war als Kind einmal an »influenza« (Grippe) erkrankt und hatte, so konnte ich feststellen, zugleich an einer Angstneurose gelitten. Zu diesem Zeitpunkt richtete ihre bewußte Furcht sich darauf, daß sie vom aufspritzenden Wasser benäßt werden könnte, während sie noch auf dem Toilettenbecken saß. Sie litt an »influenza«, und von diesem Wort, das dem Kind damals offensichtlich noch unbekannt war, verstand es nichts als den Klang von »flu« (Aussprache wie bei »flew« = flog, geflogen). »Influenza« wurde so zum Vehikel ihrer unbewußten Phantasien. In dem Traum kommt die Furcht auf, »bats« (Fledermäuse) würden ihr *in* den Anus *fliegen* (in flew »enza«); wir können also schließen, daß »enza« für das Kind den Sinn von »bats« hatte und daß mit »bats« erschreckende unbewußte Phantasien assoziiert waren.

In Familien, in denen die Kinder christlich erzogen werden, muß das Wort »hymn« (Hymne, Kirchenlied, Lobgesang) in erster Linie an eine männliche Gestalt denken lassen. Ein Patient begeisterte sich im Alter von sechzehn Jahren für Tennysons »In Memoriam«. Ein Traum enthüllte, daß der Aufbau des Gedichtes, seine Einteilung in Gruppen oder Abteilungen von Strophen, unbewußt mit der typografischen Gestaltung eines »hymn-book« (Gesangbuchs) assoziiert worden war. »Hymn«, wie er das Wort als Kind verstanden hatte, war Lob und Ehre für den geliebten und gütigen Vater. Jenes »In Memoriam«, das ihn in seinen Jugendjahren so gefangengenommen hatte, war ein Loblied auf ein gutes Objekt, welches verlorengegangen ist, und repräsentierte mithin den nichtendenden »inneren Besitz« an diesem guten Objekt.

Eine »laufende« Gestalt im Traum kann immer als symbolisch für die Erfahrung des Harnlassens gedeutet werden, die ja der Fähigkeit des Kindes, auf seinen eigenen Beinen zu laufen, zeitlich vorangeht, also für jene körperliche Beweglichkeit oder Bewegung, die lange vor der wirklichen Fortbewegung im Raum erfahren wird. Wenn ein Patient gewisse Ängste im Zusammenhang mit seinem Liebesleben dadurch preisgibt, daß er immer wieder von »*falling* in love« (vom Sichverlieben) spricht, so hat man in dieser Wendung den Schlüssel zu einer Fülle von Phantasien, denn das »falling« (Fallen) läßt sich als die Furcht vor einem tatsächlichen Hineinfallen nehmen. Wenn der Vogel »swallow« (Schwalbe) im Traum auftaucht, dann mag man sich daran erinnern, daß der Träumer das Wort »swallow« (das auch »schlucken, hinunterschlucken« bedeutet) in erster Linie im

Zusammenhang mit der Nahrungsaufnahme gehört hat. Auch das Wort »stroke« hat viele Bedeutungen, u. a. sowohl einen liebevollen (Streicheln, Liebkosung) als auch einen wilden und schrecklichen (Schlag, Anfall, Herzschlag) Sinn. Drei meiner Patientinnen hatten als kleine Kinder selbst »strokes« erlitten bzw. bei anderen Menschen miterlebt. Eine Patientin hatte sich einen »sun stroke« (Sonnenstich) zugezogen, die beiden anderen hatten mit eigenen Augen gesehen, daß Erwachsene von plötzlichen »strokes« (Anfällen) heimgesucht wurden. In allen Fällen war das Wort »stroke« affektiv hochbesetzt. Im einen Fall wurde der entsprechende Affekt sehr früh auf die »up-strokes« und »down-strokes« (die Auf- und Abstriche) im Zusammenhang mit den ersten Schreibübungen verschoben, und so ging die Aneignung der Schreibfähigkeit nur langsam und unter großen Mühen vonstatten. Ich kenne übrigens auch Fälle, in denen das Schreiben deshalb mit Verspätung erlernt wurde, weil im Unterricht das Wort »pot-hooks« (Haken zum Anfassen heißer Kochtöpfe, hier: Schnörkel, besonders beim Schreibenlernen geübt; Anm. d. Übers.) fiel.

Ein Patient träumte von Himbeeren und erinnerte sich anschließend, als Kind nach dem Genuß von Himbeeren sich einmal erbrochen zu haben. Der Schlüssel zum Verständnis dieses Traumes – unabhängig von dem, was wir aufgrund unserer analytischen Erfahrung vielleicht annehmen würden – kam mit der Mitteilung, daß Himbeeren (raspberries) in der Familie dieses Patienten »rasps« (Kratzer, Raspeln) geheißen hatten. Das Wort »rasp« erbrachte dann eine Reihe von Erinnerungen an das Gefühl, das man hat, wenn man über eine Katzenzunge streicht, wenn man die Katze gegen das Fell streichelt, ferner an das Gefühl, das man beim Anfassen einer Raspel oder Feile (rasp) hat, und schließlich an die »Haarigkeit« der Himbeeren selbst. Aus diesen Assoziationen ließ sich die unbewußte Phantasie im Zusammenhang mit den »rasps«, auf die hin das Kind sich übergeben hatte, unschwer verstehen. Mehrere Patienten haben mir überdies versichert, daß ein Kind das Bild von der »pelzigen Zunge« wörtlich nimmt.

Wenn in einem Traum von einer Schaukel oder Wippe (seesaw) die Rede ist, dann bringt uns dies wegen der hier implizierten körperlichen Bewegung direkt auf das Thema der Masturbation, aber das »seesaw« deutet auch auf den Zusammenhang von Masturbieren und Zusehen, der in der jeweiligen sexuellen Vorgeschichte vielleicht von Bedeutung gewesen ist. Auch das nächste Beispiel vermittelt uns einen interessanten Einblick in das Zustandekommen gewisser Phantasien: Ein Kind begriff mit der Zeit, daß sein Vater jeden Tag in die Stadt fuhr, weil er »stockbroker« (Börsenmakler) war. Die erste Bedeutung, die dieser Ausdruck für den Jungen hatte, lautete, daß sein Vater mit »breaking stock« (dem Zerbrechen von Vorrat bzw. von Inventar) beschäftigt war. Dann hörte das Kind den Vater von »widows' insurance« (der Witwenversicherung) sprechen. Der Ausdruck »widow« (Witwe) sagte ihm nichts. Die nächstliegende Bedeutung, die es finden konnte, war »window« (Fenster), und der logische Schluß aus dieser selbstgebastelten Kette von Fakten lautete für den Jungen, daß die Tätigkeit seines Vaters in der Stadt darin bestand, Fenster zu zerbrechen. Als die »widow« schließlich als Frau begriffen wurde, erfuhr die unbewußte Phantasie noch eine Verstärkung.

Wenn sich gewisse Dinge im Traum in einem »drawing-room« (Wohnzimmer) oder auch in einem »withdrawing-room« (einem Raum, in den man sich zurückzieht) abspielen, dann kann man annehmen, daß dieses »drawing« (»drawing« allein bedeutet Zeichnen, Ziehen, Herausziehen) möglicherweise von Bedeutung ist. Der erste erreichbare Sinn ist häufig der des Zeichnens mit einer Feder oder einem Stift, aber am Ende können wir doch wohl annehmen, daß der Traum im Grunde körperliche Vorgänge meint, nämlich das (ziehende) Saugen an etwas oder das Aussaugen. Es ist übrigens auch im Falle konkreter Begriffe immer von Vorteil, sich nicht mit dem ersten Begriff, der angeboten wird, zufriedenzugeben.

Manchmal helfen uns auch die Namen der Örtlichkeiten, die der Traum »gewählt« hat, bei der Klärung des hier inszenierten Dramas weiter. Bournemouth, Barmouth (mouth = Mund, Öffnung), Maidenhead (Mädchenkopf, aber auch: Hymen; Anm. d. Übers.), Virginia Water, Covent Garden, Hyde Park Corner sind typische Beispiele dafür.

Als ebenso nützlich erweisen sich oft auch Namen, und zwar sowohl Vor- als auch Familiennamen. Manchmal tragen sie direkt zur Klärung bei, wenn sie nämlich im manifesten Inhalt auftreten, manchmal indirekt, nämlich als Gegenteil des manifesten Inhalts. Der Name »Sharpe« beispielsweise (der an »sharp« = scharf, spitz, denken läßt) wird im Traum oft durch »a flat« oder »a block of flats« (flat = Wohnung, aber auch: stumpf, platt; Anm. d. Übers.) angedeutet.

Der Traum ist nach all dem von zweifachem Wert für uns: Zum einen liefert er den Schlüssel zum Verständnis der unbewußten Phantasien, zum anderen bietet er uns Zugang zum »Lagerhaus« der Erinnerungen und Erfahrungen. Unsere unbewußten Wünsche und Phantasien können sich des gesamten Arsenals unserer Erfahrungen seit der frühesten Kindheit nach Belieben bedienen. Um den Mechanismen näherzukommen, die aus den latenten Gedanken und dem unbewußt vorhandenen Vorrat an Erfahrung und Impulsen den manifesten Traum herstellen, habe ich mich zunächst mit den Grundsätzen und Kunstgriffen beschäftigt, wie sie in der Literatur und besonders in der Poesie angewendet werden, denn sie sind ganz offensichtlich gleichen Ursprungs wie die Traummechanismen. Ich habe dargelegt, wie uns bei der Klärung der Träume unserer Patienten die schlichte Tatsache zustatten kommt, daß Namen und Bezeichnungen »die Brücken des Denkens« in beiderlei Richtung überqueren, daß die Grundlage der Sprache die Metapher ist und daß wir alle unsere Muttersprache auf phonetischem Wege erlernt haben.

2 Die Mechanismen der Traumbildung

1. Die Verdichtung
a) Der zugrundeliegende seelische Konflikt und seine Fähigkeit, das »passende« Material auszuwählen
b) Die Bedeutung des Gesetzes der Verdichtung für alle mentale Tätigkeit
c) Der Vorteil einer Bearbeitung der Verdichtung
2. Die Verschiebung
Unterschiedliche Methoden der Verschiebung anhand von Beispielen
3. Die Symbolisierung
a) Typische und individuelle Symbole
b) Symbole im Dienst von Haß- und Liebesimpulsen
4. Die Dramatisierung
Spiel, Träume und Drama. Träume als Versuch der Psyche, Angst und Beunruhigung zu projizieren und zu bewältigen
5. Die sekundäre Bearbeitung

Die Umwandlung von latentem in manifesten Trauminhalt kommt durch ganz spezifische Mechanismen zustande. Freud nennt sie Verdichtung, Verschiebung, Dramatisierung, Symbolisierung bzw. Darstellung durch Symbole und schließlich sekundäre Bearbeitung. Wir wollen nun jeden dieser Mechanismen im einzelnen betrachten.

Verdichtung

Der Traum erweckt nicht nur Assoziationen zu den Geschehnissen und Gefühlen des Tages, sondern ruft auch Ereignisse, Phantasien und Emotionen wieder ins Leben, die unterschiedlichen Zeitpunkten und Umständen in der Vergangenheit zugehören. Ein einfaches Beispiel: Ein Mann träumte, daß er *ein Feuerschiff, mit einem Walroß (walrus) als Galionsfigur, sah.*

Die durch den Traum hervorgerufenen Assoziationen brachten ihm zunächst eine stürmische Seefahrt ins Gedächtnis, die er am vergangenen Wochenende unternommen hatte. Dabei hatte er Feuerschiffe und Rettungsbojen gesehen. Bei dem stürmischen Wetter hatten sie einen phantastischen Eindruck auf ihn gemacht, weil die schweren Wellen immer wieder darüber hinweggerollt waren. Sie wirkten wie Köpfe, und das Wasser strömte gewissermaßen aus ihren Nasenlöchern heraus. Die Gefahren der Seefahrt in einem Abschnitt, der zahlreiche Sandbänke aufwies, waren das erste, woran der Patient dachte. Er war während dieser stürmischen Fahrt mit Recht froh darüber gewesen, daß er die Navigationskarte auswendig kannte, denn er war der Kapitän des Schiffes.

Das spezifische Detail des »walrus« rief ihm eine Schautafel ins Gedächtnis, die früher an der Wand seines Kinderzimmers gehangen hatte. Darauf waren verschiedene Tiere abgebildet gewesen, und er erinnerte sich deutlich, daß eines davon ein Walroß (walrus) war. Es hatte zwei mächtige Hauer. Die Tafel war mit Rollstäben zum Aufwickeln versehen, wie das auch bei Landkarten der Fall ist, so daß Schautafeln und Landkarten für das Kind miteinander assoziiert waren. Das gemalte Walroß hatte übrigens ein lebendes Gegenstück. Die Geschwister nannten eine alte Dienerin der Familie »das Walroß«: Sie hatte zwei riesige Eckzähne, die, wie die Kinder einander zuflüsterten, ständig weiterwuchsen, so daß sie regelmäßig zum Zahnarzt gehen mußte, um sie von ihm absägen zu lassen. Die äußere Gefahr, die der Patient erwiesenermaßen bestanden und überlebt hatte, war die Bewältigung des »Mundes« (der Mündung) der Themse bei stürmischem Wetter.

Ich habe hier keine Deutung dieses Traumes gegeben. Er enthielt noch weitere Elemente, aber ich wollte nur zeigen, was alles an verdichteten Erinnerungen in dem einen Detail des »walrus« enthalten war: (kürzlich gesehene) Feuerschiffe und Bojen, (kürzlich studierte) Navigationskarten, ferner Landkarten im Klassenzimmer, das Schaubild mit den gemalten Tieren und die alte Dienerin mit dem Spitznamen »das Walroß«!

In dem Traum sind noch unerkannte latente Bedeutungen verborgen. Da kommt zum Beispiel das »wal« bzw. »wall« immer wieder vor, nämlich in wall-map (Landkarte), wall-chart (Wandtafel), walrus (Walroß). Und welcher Sinn steckt in dem Wort »figure-head« (Galionsfigur)? Es ist klar ersichtlich, daß in dieser analytischen Sitzung eine Fülle latenter Bedeutungen noch unerforscht blieben.

Nicht alles, was ein Patient während der Sitzung sagt, in der er zunächst einen Traum erzählt hat, repräsentiert die latenten Gedanken, die zum manifesten Trauminhalt beigetragen haben. Der Analytiker muß das vom Patienten gelieferte Material sieben, er muß Zusammenhänge herausfinden, und er muß wiederkehrende Themen, die Abkehr von ihnen – beim Aufkommen von Widerstand – und die erneute Hinwendung zu ihnen nach der einen oder anderen Abschweifung erkennen.

Die Verdichtung einer Fülle von latenten Gedanken, Erinnerungen und Phantasien im Traum läßt sich an einem konkreten Bild veranschaulichen. Nehmen wir an, daß auf einem Tisch hundert verschiedene kleine Gegenstände aus verschiedenem Material ausgebreitet sind. Wenn wir durch diese in allen Richtungen einen Magneten ziehen, wird er nur das an sich ziehen, was aus Eisen hergestellt ist. Ähnlich wirkt auch jedes unbewußte dynamische Interesse als ein Magnet, der aus dem gesamten Reservoir früherer und gegenwärtiger Erfahrungen nur eben alle die Elemente zusammenliest, die zu ihm, jenem Magneten, in Beziehung stehen. Solche Erfahrungen entstammen zum Teil der Gegenwart, zum Teil reichen sie bis in die früheste Kindheit zurück – wenn es nur möglich wäre, sie ausfindig zu machen.

Dieser von Freud entdeckte Mechanismus der Verdichtung bei der Traumbildung ist noch in anderer Weise gültig und bedeutsam. Er ist nicht nur ein Kennzeichen der Traumtätigkeit, sondern untrennbar verbunden mit allem mentalen Verhalten, dem bewußten wie dem unbewußten.

Ich will diese meine Feststellung zunächst anhand eines Beispiels illustrieren, das einer anderen Sphäre mentaler Tätigkeit entstammt. Wir haben es dabei mit einem Gegenstück zur wissenschaftlichen Entdeckung einer Gesetzmäßigkeit zu tun. Coleridges balladenhafte Dichtung *The Rime of the Ancient Mariner* (Die Weise vom alten Seefahrer) floß dem Dichter innerhalb kurzer Zeit nahezu so vollkommen in Sprache und Konzeption aus der Feder, wie wir sie heute kennen. Dank der Tätigkeit des Coleridge-Forschers John Livingston Lowes (The Road to Xanadu, 1927) und der Tatsache, daß Coleridge Aufzeichnungen über die von ihm so gierig verschlungenen literarischen Werke hinterließ, kann man zwar nicht den Anlaß für ihn, dieses Thema zu wählen, wohl aber das Gesetz der Verdichtung aufspüren, das hinter der Gestaltung und Behandlung des Gegenstandes steht. Das ganze Gedicht ist eine ins Ungemessene gehende Verdichtung auf eine Gesamtheit von tausend Vorstellungsbildern und Gefühlstönen aus Dutzenden von Büchern, die Coleridge gelesen hatte. Die so erreichte Einheit kam durch den psychischen Mechanismus der Verdichtung zustande, der dem Magneten des unbewußten Interesses gehorcht, jener Quelle aller geistigen Aktivität. Daß das Gedicht in so kurzer Zeit entstanden ist, erweist die erstaunlichen Wirkungen dieses Gesetzes der Verdichtung unterhalb der Ebene der Bewußtheit. Die gleichen psychischen Prozesse sind bei der Arbeit des Forschers am Werk. Seine Tätigkeit bezieht ihre Dynamik aus dem vorwärtsdrängenden Interesse der latenten Gedanken, die sich auf die Beobachtung irgendwelcher äußerer Phänomene richten. Aus Tausenden von Einzelheiten schält der Forscher schließlich eine Theorie oder eine Wahrheit in bezug auf das äußere Universum heraus, und zu diesem Endergebnis seiner Arbeit hat der Mechanismus der Verdichtung ebenso beigetragen, wie es bei dem Werk eines Dichters der Fall ist. Deshalb bin ich der Meinung, daß Freuds Entdeckung von sogar noch größerer Tragweite ist, als wir zunächst angenommen hatten. Wir haben es mit einem Prozeß zu tun, der in aller geistigen Tätigkeit, sei sie unbewußt oder bewußt, notwendig am Werk ist.

Als nächstes möchte ich auf eine Reihe von Folgerungen aufmerksam machen, die sich aus dieser Erkenntnis ergeben. Wissenschaftliche Theorien über Natur und Wirkungsweise des Universums werden von Zeit zu Zeit fallengelassen, modifiziert oder stark verändert. Dies hat seine Ursache darin, daß aufgrund von Fakten, welche bisher nicht bekannt gewesen waren und nun Berücksichtigung finden müssen, die vordem gezogenen Schlüsse sich als ungültig erweisen oder einer Neuformulierung bedürfen. Mit der Anzahl beobachtbarer Daten wächst die Möglichkeit, gültige Schlüsse zu ziehen. Nun ist die Zahl der Fakten, die ein Mensch zu beobachten vermag, von Natur aus begrenzt; aber jene spezifische Begrenzung, wie sie im Augenblick sowohl in bezug auf die Wahrnehmung der Fakten als auch auf deren Akzeptanz gilt, rührt von einem emotionalen Dilemma her: Bei den Schlüssen, die der Mensch zieht, und den Ableitungen, die er vornimmt, greift er auf solche Fakten zurück, die *ihm* zugänglich sind – nicht auf die Gesamtheit der tatsächlich vorliegenden Fakten also, sondern auf eine von ihm getroffene Auswahl. In dieser Auswahl wird aber das Weggelassene so wesentlich sein wie das Einbezogene, genauso wie in den Formulierungen des Wissenschaftlers die Nichtbeachtung von Daten am Ende seine Schlüsse verfälschen kann. Das heißt, gerade die tatsächlich beobachteten Daten können zu falschen Folgerungen führen.

Das ist von erheblicher Bedeutung für unser Thema der Verdichtung. Im Traum sehen wir uns der Verdichtung latenter Gedanken, Erinnerungen und Erfahrungen gegenüber. Durch die Erkundung der latenten Gedanken heben wir einen Teil einer zusammenhängenden Kette von Phantasien, Erfahrungen und Emotionen ins Bewußtsein. Das Hervorlocken von Erinnerungen und Emotionen in das tatsächliche Erleben während der Analyse rückt auch die falschen Schlüsse, die wir einmal gezogen haben, und damit jene realen Fakten ins Bewußtsein, die wir nicht wissen oder nicht akzeptieren konnten. Das heißt, das Ich erfährt eine Erweiterung seiner Grenzen, was wiederum zur Folge hat, daß der unbewußte Mechanismus der Verdichtung auf einen weiter gefaßten Erfahrungsbereich einwirken kann und daß mithin unsere geistigen Aktivitäten weniger stark unter dem Einfluß einer subjektiven Datenauswahl stehen, wir uns also nicht zu hastigen Formulierungen gedrängt sehen, denn wir stehen dann nicht unter dem Diktat unserer unbewußten Wünsche und Befürchtungen.

Verschiebung

Verschiebung kommt dadurch zustande, daß im manifesten Trauminhalt ein Element in den Vordergrund des Interesses gerückt wird, welches sich als von allergeringster Bedeutung erweist, wenn die latenten Gedanken im Zusammenhang mit diesem Traum erkundet werden. Andererseits kann uns eine ganz unbedeutende Einzelheit im manifesten Inhalt zu den bedeutsamsten latenten Gedanken hinführen. Ebenso kann der Affekt im Traum den unwichtigsten Traumgedanken überhaupt begleiten, während Traumgedanken stark affektiver Natur im manifesten Inhalt des Traumes unter Umständen durch Elemente repräsentiert sind, deren affektive Tönung nur schwach ist. Freud (1900) spricht von diesem Phänomen als von der »Umwertung aller psychischen Werte«.

Die Verschiebung erklärt den häufig auftretenden bizarren Effekt eines Traumes, bei dem die Intensität des Affekts nicht mit dem intellektuellen Inhalt in Einklang zu bringen ist.

Ich möchte hier zwei oder drei Träume anführen, um an diesen Beispielen den Mechanismus der Verschiebung zu illustrieren. Ein Träumer berichtete folgendes: *»Ich befand mich am Strand von X. Offensichtlich war ich im Begriff, schwimmen zu gehen.«* Der Traum hatte einen angenehmen Gefühlston. In der Analyse kamen dem Patienten viele Erinnerungen an den Ort X wieder ins Gedächtnis, und alle diese Erinnerungen kreisten um die Tatsache, daß der Patient ein ausgezeichneter Schwimmer war. Während er von seinen Besuchen in X berichtete, sagte er immer wieder: »X liegt an der Ostseite der Bucht.« Nach der dritten Wiederholung dieser Feststellung fragte ich: »Warum sagen Sie immer wieder, daß X an der Ostseite liegt? Kennen

Sie auch die Westseite?« Nach einer Pause antwortete er, an der Westseite der Bucht gebe es einen Ort Y, aber er sei noch sehr klein gewesen, als seine Eltern mit ihm nach Y gegangen seien, und habe damals auch noch nicht schwimmen können. Später erfuhr ich noch, daß er im Alter von fünf Jahren zum erstenmal dort gewesen war. Dann erinnerte er sich an eine bedeutsame Tatsache im Zusammenhang mit Y: Zwei menschliche Leichen waren von den Wellen angeschwemmt worden, als er sich gerade am Strand befand.

Die Verschiebung von »West« nach »Ost« bewirkt folgendes: Im manifesten Traum gibt es kein unbehagliches Gefühl, denn der Patient ist ein gewandter Schwimmer und wird nicht ertrinken. Exhibitionismus in der sublimierten Form des Schwimmens ist legitim. Die latenten Gedanken enthüllten störende Erinnerungen an tote Körper. Damals konnte er noch nicht schwimmen. Diese Erinnerungen brachten ihm die Zeit ins Gedächtnis zurück, da er als kleines Kind sein Bett naßgemacht hatte. Die Aggressionsphantasien urethraler Prägung, wie sie mit dem Bettnässen assoziiert waren, wurden schließlich mit der Furcht des Patienten vor dem Ertrinken verbunden.

Im folgenden schildere ich eine andere Art der Verschiebung. Die Träumerin erwachte mit einem Gefühl ausgesprochenen Wohlbehagens, wobei ihr immer wieder die folgende Zeile durch den Kopf ging: *»And give to airy nothings a local habitation and a name«* (» . . . benennt das luft'ge Nichts und gibt ihm festen Wohnsitz«, aus Shakespeares »Sommernachtstraum«; Anm. d. Übers.). Endgültig wach, dachte sie einige Minuten lang über dieses Zitat nach und erkannte dann die zugehörigen latenten Gedanken: Der »feste Wohnsitz« war der Anus, und das »luftige Nichts« waren »Winde«. Die affektive Erinnerung während der Analyse aber lag auf dem Wort »fart« (Furz), und dieses Wort auszusprechen verursachte ihr soviel Scham wie die zuvor zitierten Worte ihr Freude bereitet hatten. Diese Art der Verschiebung wird in der Poetik als »Euphemismus« bezeichnet. Die weitergehende Analyse des Wortes »fart« führte uns dann zu einer noch früheren Verschiebung. Die Patientin erinnerte sich, daß sie als fünfjähriges Kind ihrer Mutter vor dem Schlafengehen immer laut das Vaterunser aufgesagt hatte. Einmal unterbrach die Mutter sie und sagte, sie solle bestimmte Worte noch einmal wiederholen. Das Kind wiederholte »Our Father which *chart* in heaven« und hörte von der Mutter, daß das falsch sei, fand aber die richtige Fassung »Our Father which *art*...« völlig unverständlich. In der Analyse rief das Wort »chart« (Tafel, Tabelle) Erinnerungen an die Notenschrift hervor, die auf eine lange Rolle aufgedruckt war, welche die Kinder im Musikunterricht vor sich liegen hatten. Es handelte sich also um die *music-chart* (Notentafel), an die das Kind bei seinem Gebet dachte. Das Wort »art« (bist) sagte ihm überhaupt nichts. Die Analyse zeigte nun: Das Vorsetzen des *ch* vor *art*, um so zu *chart* zu gelangen, einem Wort, das sie verstand, war auch eine Art der Abwehr gegen den Gedanken an das verbotene Wort *fart* und die damit einhergehenden Vorstellungen. Das Wort, welches die Patientin lieferte, nämlich *chart*, mit dem Sinngehalt von Singen, ist ein Beispiel für die »Wiederkehr des verdrängten Materials«, ein sublimiertes Interesse am Klang.

Einer anderen Patientin verdanke ich die folgende interessante Erfahrung: Sie wachte sehr plötzlich aus einem Traum auf.

> »Ich stand auf der Straße und schaute zu einem geöffneten Fenster hinauf, an dem eine Frau lehnte. Ich konnte nur ihren Kopf, die Schultern und den oberen Teil ihres Körpers sehen, der vollständig bekleidet war.«

Die Patientin, mit der Traumtheorie bereits vertraut, interessierte sich für den Umstand, daß sie so plötzlich erwacht war, und dachte: Was kann in einem solchen Traum denn enthalten sein, das mich aufwachen läßt? Sie schlief wieder ein und wachte ein zweites Mal ganz plötzlich auf. Dieses Mal hatte sie weitergeträumt, daß sie sich in dem Zimmer befände, in dem auch die Frau war, die sie in ihrem ersten Traum von der Straße aus am Fenster hatte stehen sehen. Die Träumerin, jetzt wieder ein Kind, saß auf dem Fußboden, blickte nach oben und sah nun nicht Kopf, Schultern und Gesicht der Frau, sondern ihren Rükken, und nun war der Körper nackt – eine verdrängte Erinnerung an eine Schlafzimmerszene aus ihrer frühen Kindheit. Die räumliche Verschiebung ist hier, durch die Umkehrung im ersten Traum, ganz deutlich dargetan.

Im zweiten Traum wird die Verschiebung durch die beiden Methoden erreicht, die ich schon erläutert habe, als von den Sprachfiguren Metonymie und Synekdoche die Rede war. Bei der Metonymie repräsentiert ein assoziierter Gedanke das Ding selbst.

Ein Patient träumte, *daß er mit »bowls« (Schüsseln, Näpfen) spielte.* Der Sinn des Spiels wurde aufgedeckt durch die Assoziation von Schüsseln mit Porridge, die Form der Schüsseln ließ dann an den mit Wasser und Kot gefüllten Nachttopf des kleinen Kindes denken. Der gleiche Mechanismus ist schon anhand des Traumes aufgezeigt worden, in welchem die Träumerin sich wegen des schieferfarbenen Teints des neugeborenen Kindes Sorgen machte. Die »schiefrige« Farbe war ein Attribut, das für die Schieferplatten selbst stand und im Traum eine Verschiebung von der eigentlichen Sache weg bewirkte, vom schiefernen Grabstein nämlich, mit dem der wirkliche Affekt assoziiert war.

Wir kommen jetzt zu einem Traum, in dem ein starker Affekt deutlich wird, der mit einem scheinbar unwichtigen Element verknüpft ist. Die Patientin träumte, daß sie *»einen ganz gewöhnlichen, schwarzgepunkteten Frauenschleier«* sah, der *»über ein Knie gezogen war«.* Sie erwachte mit dem Gefühl unbeschreiblichen Grauens und Abscheus vor dem Schleier, und der manifeste Inhalt flößte ihr einen solchen Schrecken ein, daß es einige Zeit dauerte, bevor sie sich überwinden konnte, darüber zu sprechen. Die grauenvollen Phantasien waren, wie sich dann herausstellte, gar nicht mit dem Schleier, sondern mit dem verknüpft, was unter dem Schleier lag. Die erste Serie der Erinnerungen betraf die Beine ihrer Mutter, an denen sie Gummistrümpfe gesehen hatte, und ihre schreckliche Furcht, diese angeschwollenen Beine könnten bersten. Wichtig ist hier, daß der Affekt auf die Umhüllung verschoben wird, statt sich auf den Gegenstand selbst zu richten.

Nun folgt ein Traum, der angenehme Affekte auslöste. Der Grund dafür lag in gewissen gelungenen Verschiebungen sowie darin, daß eine unglückliche Erinnerung von einer glücklichen überlagert worden war. Der Traum lautete:

»Wach auf, wach auf, wach auf. Dies ist der Fluß Moldau.
Hier lebte König Wenzeslaus, und dies ist der Kirschbaum,
der in Charles Dickens' Garten stand.«

Der »Kirschbaum« ist ein Beispiel für Verschiebung. Die Patientin erinnerte sich, gerade in einem Kirschbaum geschaukelt zu haben, als man ihr sagte, daß sie eine kleine Schwester bekommen habe. Das *»Wach auf, wach auf, wach auf«* vereinte in sich böse und gute Erinnerungen, nämlich zum einen daran, daß man sie nachts geweckt hatte, um sie auf das Töpfchen zu setzen, zum anderen daran, wie schön es gewesen war, am Weihnachtsmorgen aufzuwachen und die Geschenke vorzufinden. Von der Geschichte vom König Wenzeslaus wußte die Patientin noch, daß ein König auf die Reise gegangen war und Geschenke für die Armen mitgenommen hatte. Sie sprach dann von Dikkens' »Weihnachtsabend«, in dem ein Geizhals plötzlich wie umgewandelt ist und bedürftige Menschen großzügig beschenkt. Von der Weihnachtsgeschichte selbst fiel ihr ein, daß das Kind Christus der demütigen Jungfrau Maria geschenkt worden war. Damit tauchte der Traumwunsch auf: die Hoffnung, ein Kind geschenkt zu bekommen. Tieferliegende urethrale Phantasien und Körpersensationen wurden angesprochen, aber in dieser bestimmten Sitzung nicht näher erkundet. Sie deuteten sich in den Assoziationen an, welche die Patientin zum Stichwort »Moldaufluß« lieferte. Das Wort ließ sie nacheinander an »mould« (Gußform), »iron-mould« (Rostfleck) und schließlich an den Fleck (stain) denken, der auf der Matratze zurückblieb, wenn Urin in sie eingesickert war.

Verschiebung kann auch dadurch bewirkt werden, daß der Teil an die Stelle des Ganzen tritt – eine Methode, die wir auch als die rhetorische Figur der Synekdoche kennen. Ein Beispiel soll hier genügen. Eine Patientin träumte folgendes:

Es herrschte große Aufregung, weil ein Baby erwartet wurde. Sie wußte, daß die entsprechenden Kleidungsstücke hergerichtet wurden. Auch sie wollte ein Geschenk machen und legte ein Paar Wollschühchen in die Schublade mit den bereitliegenden Babysachen.

Dieser Traum enthielt natürlich Erinnerungen und Mutmaßungen im Zusammenhang mit den Vorbereitungen, die für die Geburt des geschwisterlichen Rivalen in ihrem Elternhaus getroffen worden waren, als die Patientin ein kleines Kind war. Die erste Bedeutung des Traumes zeigte sich, als sie sich erinnerte, daß sie ihrem kleinen Bruder dessen rote Schühchen zurückgegeben hatte, die sie ihm geneidet und deshalb weggenommen hatte. Dann folgte die Aufdeckung des Penisneides und des Wunsches, dem Bruder das Glied wegzunehmen. Schließlich hatten wir Grund anzunehmen, daß sie wegen der Schwangerschaft ihrer Mutter wütend war und es sie danach verlangte, ihr das Baby aus dem Körper wegzunehmen. Wir sehen in dem Traum den Mechanismus, der den Teil für das Ganze setzt und die assoziierten Gegenstände »das Ding selbst« repräsentieren läßt – beispielsweise Schuhe anstelle der Füße, Schuhe anstelle des Penis und schließlich Schuhe an der Stelle des ganzen Kindes. Der manifeste Trauminhalt – das Zurückgeben einer Sache – deckt den zugrundeliegenden Wunsch auf, der Mutter das Kind wegzunehmen. Ich gebe hier keine vollständige Deutung des Traumes, sondern erläutere nur die Stufe, die wir im Verlaufe einer Sitzung erreichten.

Verschiebung, die durch Umkehrung zustande kommt, habe ich anhand des Traumes von der Frau illustriert, die von der Straße her am Fenster sichtbar war; allerdings sind nicht alle Träumer so entgegenkommend, auch noch einen zweiten Traum zu produzieren, in welchem dann die Wahrheit geliefert wird, und manche dieser »Umkehrungsträume« sind recht schwierig zu erhellen.

Umkehrung kommt häufig durch einen Kunstgriff der Art zustande, daß ein Vorfall so dargestellt ist, als habe er sich »draußen« abgespielt, obwohl doch alle zugehörigen Assoziationen uns zu dem Schluß führen, jenes Geschehen müsse seinen

Ort »drinnen« gehabt haben. »Oben« bedeutet oft eine Verschiebung von »unten«, »über« eine Verschiebung von »unter«. Der Traum, in dem es um den »Kopf eines Walrosses« ging und auf den ich im Zusammenhang mit den Assoziationen über die Gefahren von Wind und Wasser bei der Seefahrt hingewiesen habe, deutete eine Phantasie an, der es letztlich gar nicht um den Kopf, sondern um die unteren Körperöffnungen ging – daher also *»figure-head«* (Galionsfigur). Auch hier hat zwar der manifeste Inhalt die äußere Erscheinung des »Kopfes« geliefert, aber die eigentlichen, affektiv besetzten latenten Gedanken kreisten um das Innere, nicht um das Äußere. In diesem Beispiel stellte die äußere Realität – die stürmische und gefährliche See – das Gegenstück zu den Angstphantasien über das gefährliche Innere des Körpers.

Träume der folgenden Art zeigen eine interessante Form der Verschiebung:

> »Ich stieg ein paar Stufen an der Außenseite eines Gebäudes hinauf, und während ich so stieg, war ich in unmittelbarer Gefahr hinunterzufallen, denn die Stufen fingen an nachzugeben.«

Die Bedeutung eines solchen Traumes ist ziemlich offenkundig: Wir haben es mit Symbolen für Masturbation, Erektion und anschließende sexuelle Entspannung zu tun. Er kann allerdings auch tatsächliche Erfahrungen des kleinen Kindes wiedergeben, das gerade mit Klettern beschäftigt war, als aus seinem Körperinnern etwas »herunterfiel«.

In den Träumen von Patienten, für die das Problem der unterdrückten Homosexualität von großer Bedeutung ist, können solche Umkehrungen sehr kompliziert aufgebaut sein und sind dann im manifesten Trauminhalt gar nicht deutlich zu erkennen. Ein solcher Traum lautete:

> »Ich unterhielt mich mit einer Frau, die mir erzählte, sie habe ein illegitimes Kind von einem Mann namens Hughes, und mich fragte, ob ich noch immer bereit sei, sie zu heiraten.«

Der manifeste Inhalt impliziert, daß der Träumer, ein Mann,

der Liebhaber der Frau war, die ihm ein uneheliches Kind geboren hatte. Ein Hinweis auf dieses komplizierte Traumproblem kam in der ersten Viertelstunde der Sitzung in Form der wiederholten Anspielung auf Männer, die irgendwelche Theorien »auf den Kopf gestellt« hatten; beispielsweise hatte »Epstein die alten Konzeptionen von Kunst auf den Kopf gestellt«. Die konkrete Bedeutung des Wortes »Konzeptionen«, verbunden mit der Redewendung »auf den Kopf gestellt«, führte sogleich zu einer latenten Phantasie über die Steißgeburt. Meine Deutung von »Hughes« als »whose« (wessen) führte zu der unbewußten Phantasie von der eigenen nichtehelichen Geburt des Träumers, denn er ist »Hughes« in diesem Traum. Im realen Leben hat dieser Mann ein feines Ohr, und deshalb setzte er dieser Deutung, daß es sich um ein unbewußtes Wortspiel handle, heftigen Widerstand entgegen.

Der folgende Traum ist ein Beispiel dafür, daß viele schmerzliche Erfahrungen ihre Verdichtung in einer einfachen Verschiebung gefunden haben: *»Ich gab dem alten Doktor X eine Kugel aus Silberpapier.«* Das Silberpapier erinnerte den Patienten an die Verpackung von Schokolade. Seine Mutter aß immer die ganze Schokolade auf, und dem Kind blieb das Einwickelpapier, das es sorgfältig aufhob. Dr. X hatte den Jungen von dessen Geburt an ärztlich betreut. Er hatte ihn beschnitten und ihm noch vor dem fünften Lebensjahr die großen und die kleinen Mandeln herausgenommen. Während er dem Kind vor der Mandeloperation das Betäubungsmittel verabreichte, sagte er zu ihm: »Ich gebe dir jetzt etwas ganz Feines zu riechen.« Aber dem Jungen wurde übel, und er bekam Atembeschwerden. Als er als ganz junger Mann einmal den Zahnarzt aufsuchen mußte, überreichte er ihm ein kleines Päckchen und sagte: »Hier ist eine Zigarre für Sie.« Der Zahnarzt nahm das Päckchen und stellte fest, daß die »Zigarre« sich zusammenklappen ließ. »Stellen Sie sich vor«, sagte der Patient, »ich gab ihm eine Attrappe, und er glaubte, es handle sich um ein wirkliches Geschenk!«

Symbolisierung

Das am häufigsten angewandte Mittel, latente Gedanken zu entstellen oder zu verzerren, ist das ihrer Symbolisierung. Der Unterschied zwischen jener allgemeinen Symbolisierung, die ich anhand von rhetorischen Figuren erläutert habe, und der Symbolisierung im strengen Sinne des Wortes, wie sie in der psychoanalytischen Theorie verstanden wird, besteht darin, daß bei letzterer die eine Seite der Gleichung sich im Unbewußten befindet. Ein Simile sagt deutlich: *Dies* ist gleich *dem*; eine Metapher ist eine identische Gleichung mit zwei bekannten Größen; aber um die Symbolik des Unbewußten zu verstehen, muß man das verdrängte Äquivalent suchen.

Die psychoanalytische Erfahrung hat gezeigt, daß diejenigen Denkinhalte, die symbolisiert werden, die fundamentalen Faktoren unseres Daseins betreffen – den Körper, das Leben, den Tod, die Fortpflanzung. Diese für uns und die Familie, der wir zugehören, als Grundtatsachen zu bezeichnenden Faktoren behalten unser ganzes Leben hindurch ihre ursprüngliche Bedeutung, und von ihnen fließt allem abgeleiteten Denken Energie zu.

Symbolisierung erfolgt nur in einer Richtung, nämlich vom Unbewußten her, wobei die Symbole für die verdrängten unbewußten Inhalte stehen.

Rank und Sachs (1965) äußern sich zur Symbolisierung wie folgt: »Das Prävalieren der sexuellen Symbolbedeutungen erklärt sich aber nicht nur aus der individuellen Erfahrung, daß kein Trieb in dem Maße der kulturellen Unterdrückung unterworfen (. . .) ist wie der (. . .) Sexualtrieb, dessen psychischer Bereich, das Erotische, daher in weitem Umfang der indirekten Darstellung fähig und bedürftig ist. (Eine weit größere Bedeutung) für die Genese der Symbolik hat die Tatsache, daß den Geschlechtsorganen und -funktionen in primitiven Kulturen eine (für unsere Begriffe) ganz ungeheure Wichtigkeit beigelegt war.« Damit ist gesagt, daß die Symbolik ihre Basis in der Evolution des Menschen hat.

Die Variation in der Bedeutung der Symbole ist außerordentlich gering. Auf ganz unterschiedlichen Gebieten der Symbolik läßt sich eine auffallende Konstanz beobachten – man denke nur an die Mythen aus weit voneinander entfernt liegenden Ländern.

Ernest Jones ist der Meinung, daß Symbolik jeweils aus dem individuellen Material heraus neu geschaffen werden muß und daß die Tatsache der Wiederkehr immer der gleichen Symbole sich durch die immerwährenden fundamentalen Interessen der Menschheit erklärt. Der einzelne Mensch hat die Wahl unter einer Anzahl möglicher Symbole oder kann, wie Freud zeigte, einen Gedanken durch ein Symbol darstellen, das zuvor noch nicht benutzt worden ist.

Was in England als Echo auf die Forschungen von Melanie Klein inzwischen an intensiver Arbeit mit Kindern geleistet worden ist, bestätigt ausnahmslos die Richtigkeit der Ansichten von Jones (1961), die aus einer Zeit stammen, da entsprechende Forschungen noch längst nicht möglich waren. Jeder Mensch schafft sich seine Symbole von neuem, und diese von ihm eingeführten Symbole sind nicht von seiner Umgebung zu trennen (etwa Schiffe für den Seemann, der Pflug für den Bauern, das Flugzeug und die Stinkbombe für den modernen Städter). Was es mit der Symbolik in dieser Hinsicht wirklich auf sich hat, wurde mir vor Jahren einmal in sehr einfacher Weise von einer vierzehnjährigen Schülerin bestätigt, die einen Aufsatz mit dem Titel »Märchen« zu schreiben hatte. Sie beendete ihn mit den Worten: »Wenn alle Märchen in der ganzen Welt morgen zerstört würden, so wäre das nicht weiter von Bedeutung, denn in den Herzen der Kinder entstehen sie ewig neu.«

Ich möchte eine Reihe von Beispielen für derartige individuelle Symbole anführen. In den Assoziationen eines meiner Patienten kam überaus häufig ein Fischteich vor – sein wichtigstes Mittel der symbolischen Darstellung. Die Fische selbst, die Tätigkeit des Fischens, die verschiedenen Methoden des Fischfangs wurden sämtlich in den Dienst der Symbolisierung gestellt. Fische repräsentierten je nach Bedarf bald Kot, bald

Kinder, dann wieder den Penis. Der Patient hatte Kindheit und Jugendjahre auf einem Gut verlebt, zu welchem ein großer Fischteich gehörte. Ein anderer Patient verlor sich in einer Fülle von Vorstellungen, die alle mit Segelschiffen zu tun hatten. Als Kind und Heranwachsender hatte er immer wieder lange Zeitspannen an der See verbracht, und im Rahmen seiner Analyse bildeten Schiffe das wichtigste Symbol.

Eine weitere individuelle Symbolik, die mir begegnet ist, galt dem Webstuhl und dem Weberschiffchen. Der große viereckige Webstuhl war das Bett, das hin- und herfliegende Schiffchen der Penis, der Faden war der Samen, die Herstellung des Stoffes aus dem Faden bedeutete das Kind. Dieses ganz besondere und eigene Symbol hatte die Patientin bereits im ersten Jahr ihres Lebens gewählt. Damals war sie mit ihren Eltern zu Besuch bei einer Großtante auf dem Land gewesen; Vater, Mutter und Kind schliefen in einem Himmelbett. Zu diesem Zeitpunkt und auch in der späteren Kindheit hatte sie viele Male Gelegenheit, die Seidenwebstühle in jener Gegend zu beobachten. Die Patientin erinnerte sich, daß sie als Heranwachsende von dem raschen Hin- und Herflitzen des Schiffchens fasziniert gewesen war. Der Mann am Webstuhl, der sich über seine Arbeit beugte und das Schiffchen hin- und herschießen ließ, übernahm in ihrer Vorstellung den Sinn und die Bedeutung von Szenen, deren Zeugin sie als ganz kleines Kind in dem Himmelbett gewesen war.

Auch hatten in diesem Fall solche Dinge wie Faden, Seide, Baumwolle, Schnur eine so herausragende Bedeutung, wie ich dies bei keinem anderen Patienten jemals wieder beobachtet habe. Schnur bildete das Thema der wiederkehrenden Alpträume, unter denen die Patientin als Kind und Heranwachsende litt. Fäden sind ein sehr verbreitetes Symbol für Milch, Wasser und Samen, aber daß sie in einer Analyse eine so ausschließliche Verwendung fanden, war meiner Ansicht nach nur möglich, weil die äußere Umgebung der Patientin einen entsprechenden Anreiz geliefert hatte. Es gab keinen Handgriff oder sonstigen Vorgang im Zusammenhang mit dem Weben, der sich nicht als symbolisch für unbewußte Phantasien erwies.

Das Schiffchen symbolisierte den Penis, der vom Schiffchen hin- und hergetragene Faden war der Samen, und das gewebte Material, welches aus der Arbeit des Schiffchens hervorging, symbolisierte das Kind. Das schnappende Geräusch des Fadens im Schiffchen, auf das beim Weben immer eine kurze Pause folgte, symbolisierte die Kastration.

Ein wenig entfernt von dem Haus, in dem einer meiner Patienten geboren und aufgewachsen war, befand sich ein Hügel, der auf halber Höhe ein kleines, aber fest umrissenes Plateau aufwies. Obwohl der Patient erst in seinen späteren Kinderjahren immer wieder bis zu diesem Punkt hinaufgestiegen war, erzählte er mir doch einen Traum, aus dem hervorging, daß er dieses Plateau zum Symbol für den Schoß der Mutter gemacht und ein affektives Geschehen aus seiner frühen Kindheit hierhin verlagert hatte.

Ich hatte einmal ein interessantes Erlebnis im Zusammenhang mit einem Traumsymbol, das einem immer wieder begegnet, nun aber plötzlich neu und echt erschien. Die Träumerin war eine Frau von fünfzig Jahren. Ihr Traum war sehr einfach:

> »Ich befand mich in einem Zug, er hielt an einem Bahnsteig, und ich stieg aus, und dann sah ich andere auf dem Bahnsteig, die aus den Waggons ausgestiegen waren. Ich sah sie niemals drinnen, und ich sah sie auch nicht aus- oder einsteigen.«

Im Wachzustand empfand sie Langeweile angesichts dieses Traumes und bemerkte deshalb: »Ich weiß nicht, warum ich von etwas so Uninteressantem träume.« Dann wandte sie sich anderen Themen zu. Etwa nach der Hälfte der Sitzung kam sie »zufällig« auf einen Film zu sprechen, den sie am Abend zuvor im Kino gesehen hatte. Sie war begeistert von Mickymaus und beschrieb mir, wie Micky in das Maul der Giraffe gesprungen war: »Der lange Hals hatte eine Reihe von Fenstern, und man konnte Micky die ganze Zeit sehen, man verlor ihn nie aus den Augen, man sah ihn hineingehen und herauskommen.« Meine Erkenntnis lautete, daß, wenn ein Kind zum erstenmal einen Zug sieht, dies eine neue und aufregende Sache sein muß. Es kommen Menschen heraus, die das Kind nie hat hineingehen sehen. Unter diesen Umständen kann der Zug zum Symbol des menschlichen Körpers werden.

So stereotyp Symbole uns auch erscheinen mögen, sie sprechen doch von einem ganz ursprünglichen Interesse an einer neuen und erregenden Welt, draußen wie drinnen. Mit diesen Beispielen wollte ich die Tatsache untermauern, daß die Wünsche, die symbolisch dargestellt werden, zwar in ihrem Kern immer die gleichen sind, der einzelne Mensch aber dennoch die Möglichkeit hat, sich aus dem individuellen Material ein neues Symbol zu erschaffen.

Dramatisierung

Die beiden Traummechanismen, die ich noch nicht näher beschrieben habe, sind die Dramatisierung und die sekundäre Bearbeitung. Bei der Dramatisierung handelt es sich, grob gesagt, um die Repräsentation einer Handlung oder Situation im manifesten Traum, die von den Traummechanismen aus den latenten Gedanken entwickelt wird. Ein Film aus sich bewegenden Bildern wird gewissermaßen auf die Mattscheibe in unserem Innern projiziert. Diese Dramatisierung erfolgt in erster Linie durch visuelle Vorstellungsbilder, aber gelegentlich kommt es auch zu auditiven Repräsentationen. Dramatisierung im Traum ist die Umkehrung ins Denken in konkreten Bildern, ähnlich wie wir dies für die Dichtkunst aufgezeigt haben. Der Träumer kann als »er selbst« aktiv am Drama teilhaben; gelegentlich fühlt er sich allerdings mehr als Zuschauer. Wenn er ganz offensichtlich nur Zuschauer ist, dann hat er das subjektive Gefühl, ein außerhalb seiner selbst liegendes Geschehen zu verfolgen. In seinem Bericht von dem Traum spricht er von den Traumfiguren so, als ob sie wirkliche Wesen wären, die im Traum so und so handelten und sprachen. Es ist ihm nicht bewußt, daß der Traum die Schöpfung des Träumenden ist. Melanie Klein (1932) hat darauf hingewiesen, wie stark die Träume von Kindern dem kindlichen Spiel ähneln und daß Kinder in der Analyse Elemente ausagieren, die in ihren Träumen aufgetaucht sind. Im Spiel überwindet das Kind nicht nur die schmerzliche Realität, sondern das Spiel hilft ihm auch, mit der Furcht vor seinen Trieben und den in seinem Innern lauernden Gefahren fertigzuwerden, indem es sie in die Außenwelt projiziert.

Die Verschiebung solcher Gefahren auf die Außenwelt versetzt das Kind in die Lage, seine Furcht vor ihnen zu bewältigen, und sorgt dafür, daß es insgesamt besser gegen sie gewappnet ist. Freud spricht vom Traum als dem Hüter des Schlafes. Es drängt sich einem der Gedanke auf, die Dramatisierung im Traum sei der subjektive Versuch der Psyche, Angst zu projizieren und zu überwinden und die Stimuli unter Kontrolle zu bringen.

Das Drama entstammt dem gleichen Material wie der Traum. Wenn wir ein Schauspiel vor dem Hintergrund des Innenlebens seines Verfassers analysieren könnten, dann würden wir wohl feststellen, daß die Handlung und alle an ihr beteiligten Figuren Aspekte seiner selbst sind, Projektionen seiner selbst auf imaginäre Charaktere. Im historischen Drama treten Figuren auf, auf die sich jene Rollen projizieren lassen, die für den innerpsychischen Konflikt des Autors repräsentativ sind. Der Traum ist der Nährboden, aus dem das Kunstwerk entwickelt wird. »We are such stuff as dreams are made of« (Wir sind aus dem Stoff, aus dem die Träume sind). Die Welt der Träume ist eine Bühnenwelt, in der allnächtlich »ein Mensch in seiner Zeit viele Rollen spielt«.

Melanie Klein (1932) hat gezeigt, daß das Kind seinen Traum spielt, ein gewisses Verständnis dafür entwickelt und schließlich Rollen inszeniert. Dem gleichen Zweck dienen in der Arbeit mit erwachsenen Patienten die genaue Erkundung und Analyse des Traumes: Das innere Drama wird objektiviert, sein Schauplatz in die Gegenwart verlegt, und innerhalb des analytischen Umfeldes gehen die verschiedenen Rollen aus dem Drama häufig so schnell vom Analytiker auf den Patienten und vom Patienten auf den Analytiker über, daß auch der beste Verwandlungskünstler nicht mehr mithalten könnte.

Das Drama unterliegt, wie alle Kunst, in seinem Aufbau einengenden Bedingungen. Da ist zunächst der zeitliche Faktor. Es kann sein, daß ein Geschehen, welches auf der Bühne innerhalb von drei Stunden abläuft, sich in Wahrheit über viele Jahre hinziehen würde. Das Drama kann in sich tragisch sein, es kann eine Folge von Katastrophen der fürchterlichsten Art darstellen und doch zugleich als »Kunstwerk« Befriedigung und Beglückung vermitteln. Die Kunst stülpt dem Rohmaterial der Geschichte ihre eigenen Gesetze über, und ihre Hilfsmittel – etwa die Schönheit der Sprache, die metrische Ordnung, die Symmetrie und Ausgewogenheit – bewirken eine einheitliche Schöpfung, innerhalb deren die Mißklänge sich in Harmonie auflösen.

In manchen Träumen haben wir es mit einer Art mißlungenen Dramas zu tun. Die verschiedenen Traummechanismen sind bestrebt, aus dem Rohmaterial der konfligierenden Kräfte, aus Ereignissen, die sich über viele Jahre erstreckt haben, ein Produkt zustande zu bringen, das so etwas wie eine Einheit ist, ähnlich der, wie wir sie in der Sublimierung des Dramas erlangen, also einen Ausgleich zwischen den Kräften, eine Neutralisierung der Affekte zu bewirken. Wenn dieser Ausgleich und diese Neutralisierung nicht erreicht werden, dann hinterläßt der Traum ein unangenehmes Gefühl, oder unsere Angst und Beunruhigung entstellen ihn, und wir empfinden das gleiche wie angesichts eines schlecht oder unvollkommen gemachten Dramas, das unsere Gefühle entweder zu schmerzlich aufrührt oder aber sie gar nicht anzusprechen vermag.

Im folgenden möchte ich einige einfache Beispiele für die Dramatisierung anführen und zeigen, daß die verschiedenen Rollen dabei an solche Traumgestalten vergeben werden, welche die miteinander konfligierenden Teile der Psyche darstellen. Eine Patientin träumte, daß *sie mit ihrer jüngeren Schwester vor einem Grab stand. Die Schwester weinte heftig, und die Träumerin warf ihr vor, allzu empfindsam zu sein.* Die Patientin erzählte weiter, das Grab sei von blühenden Seidelbastbüschen (»shrubs of *daphne*«) umgeben gewesen, und da ihre Schwester mit Vornamen Daphne hieß, war es selbstverständlich Daphne, die hier begraben lag. Der verzweifelte Versuch, mit dem Todeswunsch fertigzuwerden, wurde in der Gegenwart der Schwester in diesem Traum deutlich. Er zeigte sich auch in dem Bemühen, der Schwester sowohl den Wunsch zu übermitteln, sie möge doch »aus dem Weg« sein, als auch, sie in ihrem Schmerz angesichts dieses Wunsches zu beschwichtigen. Der Wunsch erfährt eine weitere Bearbeitung dadurch, daß die Patientin sich mit der jüngeren Schwester identifiziert, denn ihre Assoziationen deckten auf, daß sie sich selbst auch schon übertriebene Empfindsamkeit vorgeworfen hatte, als sie nämlich beim Tod einer ihr nur flüchtig bekannten Schulkameradin übergroße Trauer bekundet hatte. Erinnern wir uns: Die Daphnebüsche blühten prächtig, ein Umstand, der uns in diesem stark überdeterminierten Traum anzeigt, daß auf magische Weise nicht nur der Todeswunsch in Erfüllung gegangen ist, sondern auch der Wunsch, die Schwester wieder zum Leben bringen zu können.

Ein Beispiel von ganz anderer Art ist der folgende Traum eines Patienten:

> »Einer meiner Freunde kam zu mir und fragte mich: ›Wie geht es denn eigentlich dem Kakadu?‹ Irgendwie wußte ich, daß mein Freund damit einen Menschen und nicht einen Vogel meinte. Im Traum sagte ich: ›Wen meinst du? Ich verstehe dich nicht.‹ Und er erwiderte: ›Na, deine Analytikerin natürlich.‹ Ich war schockiert und schalt ihn und sagte, daß ich niemals in dieser Weise von meiner Analytikerin spreche oder denke.«

Die weitere Analyse dieses Traumes erbrachte sehr viel bedeutsamere Enthüllungen als nur eben den Hinweis darauf, daß die Analytikerin als Kakadu bezeichnet wurde, aber der Traum, so wie er vor uns steht, zeigt auf einfache Weise nicht nur die Dramatisierung der einzelnen Teile der Psyche als unterschiedlicher Persönlichkeiten, er zeigt auch einen geschickten Weg, das Triebbedürfnis und zugleich die Zensur auszudrücken.

Im Verlauf der Analyse, welche die unterdrückten Erinnerungen und Phantasien ans Licht bringt, wird der Traum dem

Analytiker und dem Patienten jene Rollen aktiv zuweisen, die dem jeweils aktuellen Konflikt entsprechen. Auf eine erste Interpretation von Masturbationsphantasien können beispielsweise Träume folgen, in denen der Patient eine andere Person (den verkleideten Analytiker) heftig zurechtweist, weil sie von verbotenen Dingen spricht. Hier sind die Rollen von Es und Überich umgekehrt worden: Der Patient übernimmt die Tätigkeit des Überichs, und der Analytiker stellt die verbotenen sexuellen Aktivitäten dar.

Einer der interessantesten und obskursten von allen Träumen, die mir berichtet worden sind, zeigt auf sehr anschauliche Weise, daß in der Dramatisierung der Versuch enthalten ist, durch Projektion zur Kontrolle über die Traumreize zu gelangen oder zurückzugelangen. Freud (1920) spricht im Zusammenhang mit der Herkunft der Projektion von einer »Richtung des Verhaltens gegen solche innere Erregungen, welche allzu große Unlustvermehrung herbeiführen. Es wird sich die Neigung ergeben, sie so zu behandeln, als ob sie nicht von innen, sondern von außen her einwirkten, um die Abwehrmittel des Reizschutzes gegen sie in Anwendung bringen zu können.« Zwei Träume, die mir ein erwachsener Patient erzählte, beschäftigten sich mit einem *Haus, das weiter unten an der Straße lag, in der auch er wohnte*. In seinem Traum empfand er Angst und Beunruhigung wegen der *Geschehnisse in jenem abgelegenen oberen Zimmer. Er glaubte, ein Weinen zu hören*. Aus den Assoziationen, die der Traum hervorrief, und der Tatsache, daß der Patient gelegentlich unerwartete Sensationen im Ohr hatte, schloß ich, daß dieser Traum die Projektion eines traumatischen Geschehens auf ein anderes Haus war, eines Geschehens, an welches der Patient sich im Grunde nicht erinnern konnte, nämlich daß er als ganz kleines Kind am Ohr operiert worden war. In seinem Traum nun fand das Geschehen außerhalb seiner Person statt, das Weinen einer anderen, außenstehenden Person drang an sein Ohr. Aber die tatsächliche Sensation im Ohr während der Sitzung und die dramatischen Handbewegungen, die der Patient machte, als er sagte: »Ich habe das Gefühl, daß ich sagen möchte: Geh weg, geh weg!«, überzeugten mich davon, daß wir die Repräsentation eines Traumas aus seiner frühen Kindheit erreicht hatten, obwohl er sich nicht wirklich daran erinnerte.

Die sekundäre Bearbeitung

Hier handelt es sich um ein an der Traumbildung beteiligtes Moment, das aus den mannigfaltigen latenten Gedanken eine folgerichtige und zusammenhängende Geschichte macht. Dieses Moment unterscheidet sich von den übrigen traumbildenden Mechanismen dadurch, daß es einer bewußteren geistigen Ebene entspringt. Die latenten Gedanken und Wünsche, welche durch die Prozesse der Verdichtung, Verschiebung und Symbolisierung verschleiert sind, werden durch eine mentale Aktivität, die näher an der Bewußtheit angesiedelt ist, so umgeformt, daß sie schließlich das An- und Aussehen einer logischen Geschichte erhalten. Darüber hinaus stoßen die Traumgedanken im Bereich des Vorbewußten auf Material, das sich gut dazu eignet, die zensierende Instanz noch zu umgehen, bevor der Traum ins Bewußtsein gelangt.

Ich möchte dafür zwei Beispiele anführen. Der Leser wird sich erinnern, daß ich von einer Patientin sprach, die mit großem Wohlbehagen erwachte und zu sich selber sagte: »And give to airy nothings a local habitation and a name.« Sie konnte sich an keinen Traum erinnern, denn die latenten Traumgedanken hatten im Vorbewußten ein geeignetes Vehikel in Form des dort aufbewahrten poetischen Fragments gefunden. Die freien Assoziationen, die sie über dieses Fragment anstellte, als hätte es sich dabei um einen Traum gehandelt, enthüllten dann rasch die latenten Gedanken, mit denen ein weniger angenehmer Affekt verbunden war.

In Kapitel 6 berichte ich von einem Traum, in dem es um einen »Hexenmeister« ging. Das vorbewußte Material, welches die latenten Traumgedanken sich zunutze machten, bestand aus Erinnerungen an Märchen über Zauberer, die das Kind einst gelesen hatte, und an die darin enthaltenen Bilder. Es war leicht für den Patienten, mir die Einzelheiten dieser Geschichten wiederzugeben, aber es fiel ihm sehr schwer, mir die Assoziation »bogy« (Teufel, Satan, Kobold, Schreckgespenst, Buhmann, schwarzer Mann) zu nennen, die ihm in den Sinn kam, denn sie erinnerte ihn an einen Vorfall am Abend zuvor, den er lieber vergessen hätte. Schließlich erbrachte die Assoziation »bogy« dann Phantasien, die um seinen Vater kreisten. Der Traum, von dem ich am Anfang dieses Kapitels berichtete und der mit den Worten begann: »Wach auf, wach auf, dies ist der Fluß Moldau; hier lebte König Wenzeslaus, und dies ist der Kirschbaum, der in Charles Dickens' Garten stand«, ist vom Standpunkt der sekundären Bearbeitung interessant. Die scheinbare Stimmigkeit ist soeben erst erreicht worden, und die disparaten Elemente lassen sich leicht aufdecken.

Sekundäre Bearbeitung ist der Versuch, den Traum in Einklang mit den bewußten mentalen Prozessen zu bringen, ihn zu modifizieren, verständlich und für das Bewußtsein akzeptabel zu machen. Ernest Jones (1961 b) sieht einen engen Zusammenhang zwischen der sekundären Bearbeitung und dem Prozeß, den wir als Rationalisierung bezeichnen.

Die sekundäre Bearbeitung eines Traumes, das Zusammenfügen disparater Elemente zu einem folgerichtigen Ganzen ist die im Unbewußten bewirkte Analogie zu jener Aktivität, die sich im Geist des schöpferisch tätigen Menschen in größerer Nähe zur Bewußtheit abspielt. Der Künstler hat *bewußt* teil an der psychischen Aktivität, die ihren vollendeten Ausdruck in einem Werk seiner Kunst findet. Die sekundäre Bearbeitung des Traumes erfolgt unterhalb der bewußten Ebene. Das bewußte Ich hat keinen Teil an ihr.

3 Die Traumbetrachtung in der psychoanalytischen Praxis

1. Traumdeutung, ein Eckpfeiler der psychoanalytischen Technik
2. Der Wert des Traumes für den Analytiker
3. Der Wert der Erkundung des Vorbewußten mit Bezug auf das Werk von Freud und Jones
4. Der latente Inhalt als Schlüssel zur Wunscherfüllung
5. »Bequemlichkeitsträume«
6. Der Wert der Träume über den latenten Inhalt hinaus

Freuds *Traumdeutung* (1900) war das erste Lehrbuch für die Psychoanalytiker. Seine Entdeckung des Unbewußten rückte Sinn und Bedeutung der Träume in den Vordergrund des Interesses. In der Frühzeit der psychoanalytischen Behandlung ging man so vor, daß man die Aufmerksamkeit des Patienten während der Sitzung fast ausschließlich auf seine Träume lenkte, so daß für andere Themen, an denen der Patient möglicherweise ebenfalls interessiert war, kaum noch Raum blieb. Das »freie Assoziieren« bedeutete gelegentlich nichts anderes als freies Assoziieren über die Träume, und wenn ein Patient sich hartnäckig bei anderen Themen aufhielt, hieß es mitunter, er setze der Analyse »Widerstand« entgegen. Die Analyse war mehr oder weniger das gleiche wie Traumdeutung. Jeder Traum wurde begierig aufgegriffen und ausgeschlachtet, als der eine und einzige Zugang zum Unbewußten, und ein Patient, der nicht träumte, stellte ein großes Problem für den Analytiker dar, der im Traum nun einmal den einzigen Schlüssel zum Innenleben seines Patienten sah.

Nun wissen wir aber, daß Träume für unsere Arbeit nicht unerläßlich sind. Wir betrachten alles, was der Patient während der analytischen Sitzung sagt und tut, als signifikant, und unsere Aufgabe besteht darin, den genauen Sinn all dieser Worte und Handlungen ausfindig zu machen.

Manchmal fragt man sich, ob das Pendel heute nicht vielleicht in die entgegengesetzte Richtung ausschlägt und wir nicht in Gefahr sind, die Träume unserer Patienten zu wenig ernst zu nehmen, nachdem sie zunächst als Mittel der Analyse des Patienten allzuhoch bewertet wurden. Wir müssen wohl wieder einmal Bilanz ziehen, was den Wert der Träume angeht, und uns ganz allgemein über unsere Einstellung zu diesem Punkt klarwerden.

Dabei dürfen wir nicht vergessen, daß die Traumdeutung als eine Art Eckpfeiler der Psychoanalyse gilt und daß vor allem aufgrund dieser Deutung und der so bewirkten Heilungen die Psychoanalyse ihre ersten Anhänger für die neue Form der Behandlung gewann. Der Traum ist auch weiterhin, wie ich glaube, ein wichtiges und fast unerläßliches Mittel zum Verständnis unbewußter psychischer Konflikte.

Zunächst möchte ich hier die Vorteile nennen, die es für den Analytiker selbst hat, wenn er die Träume seines Patienten versteht. Träume dienen uns in der analytischen Arbeit als eine Art Bezugspunkt. Wenn wir die Träume des Patienten interpretieren können, dann können wir mit ihrer Hilfe auch abschätzen, wie zutreffend oder wie abwegig unsere Deutungen seiner gewöhnlichen Assoziationen, seiner Gestik und seines Verhaltens sind. Unsere Deutungen werden mit der Zeit durch seine Träume entweder bestätigt, oder aber die Träume deuten uns an, daß wir den Gang der Dinge überhaupt nicht erfassen. Ich will damit nicht sagen, daß wir jeden Traum verstehen könnten oder müßten, den ein Patient uns erzählt, oder daß seine inneren Probleme sich geradlinig von einem Traum zum anderen verfolgen ließen. Wenn wir schon zu Beginn unserer Bemühungen erkennen könnten, wie sie ausgehen werden, dann wären wir wie Götter. Was ich meine, ist vielmehr dies: Hin und wieder werden uns Träume berichtet, welche uns zeigen, daß unsere analytischen Deutungen stimmen – eben weil ihnen Träume folgen, die das augenblicklich interessierende Thema bestätigen, weiterverfolgen und zusätzliches Material dazu liefern. Ich will das mit einem Beispiel belegen: Eine Patientin bemerkte während der Sitzung eine Vase mit Weidenkätzchen. Sie kam auf den Blütenstaub zu sprechen, der von ihnen herabfiel, und schließlich auf die verschwenderische Üppigkeit der Natur. Ihre Gedanken waren sozusagen auf ein bestimmtes Thema, auf Üppigkeit und Großzügigkeit nämlich, eingestimmt. Die Menschen, die ihr in den Sinn kamen, waren alle von der gleichen Art: großzügig in Gelddingen, reich an Ideen und Gefühlen. Der Analytiker sagte: »Sicher hat es eine Zeit in Ihrem Leben gegeben, in der Ihr Vater Ihnen als ein freigebiger Spender erschien. Sie dachten sich wohl, daß er von den guten Dingen, die er so großzügig hergab, unendlich viel besaß, so daß er sich keine Gedanken darüber zu machen brauchte, ob es nicht vielleicht schon Verschwendung war.« Ungläubig erwiderte die Patientin: »Aber soweit ich überhaupt zurückdenken kann, hat mein Vater mir nur zweimal ein Geschenk gemacht.« Der Analytiker antwortete: »Soweit Sie sich zurückerinnern können, ja, aber Ihre Erinnerung reicht doch wohl nur bis zum Alter von vier Jahren zurück, oder?« Die Patientin stimmte zu. Am nächsten Tag berichtete sie von einem Traum, dessen wichtigstes Element »fließendes Wasser« gewesen war. Das rief Assoziationen hervor, in deren Verlauf sie sich an die Ekstase erinnerte, die sie empfunden hatte, als sie zum erstenmal einen Wasserfall gesehen hatte. Hieraus ließ sich folgern, daß sie eine derartige Erregung zum erstenmal gespürt hatte, als sie das Glied ihres Vaters erblickte, der gerade urinierte. In derselben Sitzung hatte die Patientin plötzlich die Vorstellung von herabhängendem Obst – zusammenhängenden Birnen, wie sie meinte –, und schließlich kam sie von sich aus mit der Vermutung, daß es sich bei diesem Bild wohl um eine Repräsentation der Genitalien des Vaters handeln müsse, die sie als kleines Kind gesehen hatte, als ihre primitiven oralen Wünsche ihr Erfüllung aus Formen vorgaukelten, die der Brust und der Brustwarze ähneln. Hier erkennen wir, welchen Wert der Traum für den Analytiker selbst hat: Er ist eine Art Prüfstein für die Richtigkeit seiner

Deutung. Aus den Träumen erfahren wir, ob wir den Patienten tatsächlich in seinem Unbewußten »erreicht« haben. Es gibt Träume, die wir angesichts des uns gelieferten Materials nur zum Teil deuten können. Wir verstehen eine Situation, wie sie sich allmählich ausfaltet, nur in bestimmten Teilen. Andere Träume untermauern und verfeinern die zutreffenden Deutungen, die wir dem Patienten gegeben haben. So gesehen, nämlich als Anhaltspunkt für seine eigene Arbeit, ist der Traum für den Analytiker von unschätzbarem Wert.

Ich möchte noch auf einen anderen Vorteil zu sprechen kommen, den wir aus den Träumen unserer Patienten ziehen. Man sollte von Zeit zu Zeit die Traumanalysen wieder einmal lesen, die Freud und Jones in ihr Werk über die Träume so ausführlich eingeflochten haben. Diese Analysen sind klassische Beispiele dafür, wie man die emotionalen Situationen des Tages und die aktuellen Tagesreize ans Licht bringt. Über gewisse affektive Situationen hinaus, von denen Freud meinte, sie sollten in Zusammenhang mit seiner eigenen Kindheit enthüllt werden, liefern diese Träume uns weder sehr viel an erinnertem Material noch an tiefverwurzelten unbewußten Phantasien. Übrigens dürften wir das auch gar nicht erwarten. Was Freud dagegen in meisterhafter Weise dargelegt hat, ist die unermeßliche Verzweigung der vorbewußten Gedanken; damit hat er auch die entstellenden Mechanismen der Verdichtung, Verschiebung, Symbolisierung und Dramatisierung aufgezeigt, die im Dienste des psychischen Wohlbefindens im Blick auf die Wunscherfüllung stehen.

Freuds eigentliche Traumanalysen bestätigen uns in größtem Umfang, wie wertvoll die Assoziationen zum jeweiligen Traum für das Verständnis der augenblicklichen emotionalen Situationen und Konflikte im Zusammenhang mit aktuellen Geschehnissen sind. Diese Traumanalysen sind Beispiele gründlicher Selbstanalyse in bezug auf den Bereich des Vorbewußten, wie sie nur ein furchtloser Geist unternehmen kann, der genügend Selbstkenntnis besitzt, um Schlüsse aus dem vorhandenen Material zu ziehen. Diese Träume lenken unsere Aufmerksamkeit auf einen ganz bestimmten Vorzug des Traumes, auf die Tatsache nämlich, daß durch freie Assoziation die signifikanten aktuellen Stimuli und der aktuelle Schauplatz der Konflikte und Emotionen erkundet werden. Ohne Kenntnis des gegenwärtigen Schauplatzes begreifen wir die Einheit des Seelenlebens nicht und können sie auch gar nicht begreifen. Wir wissen vielleicht aus der Deutung von Traumsymbolen, daß eine Frau sich unbewußt selbst bestraft für den Wunsch, ihrer Mutter die Kinder zu nehmen, oder für ihren festen Glauben, sie habe damals in der Allmacht ihrer zwei Jahre den Tod ihres kleinen Bruders verursacht; aber erst durch die eingehende Untersuchung des Traums im Blick auf die Bereiche des Vorbewußten und des Bewußten erfahren wir genau, wie diese primitiven Wünsche, Überzeugungen und Schuldgefühle im gegenwärtigen Leben selbst und – während der Analyse – in der Übertragung auf den Analytiker ihren Niederschlag finden.

Bei einer Frau von fünfzig Jahren, die verheiratet ist und erwachsene Kinder hat, wird die Dominanz eines solchen unbewußten Konflikts sich in ganz bestimmten Augenblickssituationen und -denkweisen niederschlagen. Seit mehr als einem halben Menschenalter hat sie innerlich an diesem Kernstück des so lange Zurückliegenden gearbeitet. Es kann nicht gelingen, allein durch die magische Kraft der Interpretation die psychische Ausrichtung dieser Patientin zu ändern, einer Interpretation übrigens, die der Analytiker im Fall dieser Frau bereits in der ersten Woche der Analyse liefern konnte. Der Analytiker muß diese Vergangenheit anschaulich machen, die in der Gegenwart ja noch immer am Leben ist und die der Mensch nicht einfach hinter sich lassen kann. Das ist nur möglich, wenn wir den Menschen von heute in den Rollen seiner früheren Imagines sehen, wenn wir die heutigen Äquivalente der vergangenen Situationen erkennen und sehen, welche endgültigen Lösungen erreicht worden sind. Bei dieser Patientin stellte sich heraus, daß das Problem zunächst etwas mit Häusern zu tun hatte. Jahre hindurch hatte ihr Mann immer wieder ein anderes Haus für sie erworben, mit dem immer gleichen Ergebnis, daß ihr

Interesse an dem Haus allmählich schwand, sie es schließlich nicht mehr mochte und am Ende beschloß auszuziehen. Dann ging sie auf eine längere Urlaubsreise, und anschließend machten sie einen neuen Versuch. Ein einzelner Faktor reicht nicht aus, um die Unruhe dieser Frau zu erklären, aber *ein* solcher Faktor war zweifellos Selbstbestrafung. Sie warf sich gewissermaßen selbst aus dem Haus, um den Wunsch, ihren Bruder aus dem Haus zu werfen, und die Überzeugung, daß sie das tatsächlich getan hatte, zu sühnen. Mir geht es im Augenblick darum zu zeigen, daß der Traum ein Mittel zur Erkundung des Vorbewußten ist, welches in seiner Korrelation mit den bewußten aktuellen Schauplätzen von Emotionen und Konflikten auch die vergangenen Konflikte einschließt, die zutage getreten sind. Mit Hilfe dieses Mittels können wir – ob in der Übertragung oder im größeren Lebens- und Tätigkeitskreis unserer Patienten – abschätzen, wieweit verdrängte Erinnerungen und unbewußte Konflikte in ungünstiger Weise das gegenwärtige Leben und Verhalten beeinflussen.

Träume lieferten mir sehr wertvolle Anhaltspunkte in bezug auf eine verdrängte traumatische Situation, die ein erwachsener Patient geradezu zwanghaft immer wieder vor dem Hintergrund seines gegenwärtigen Lebens in Szene setzte, um auf magische Weise sowohl das immer gleiche als auch ein neues und anderes Ergebnis herbeizuführen. Solche Dramatisierungen kommen im wirklichen Leben ständig vor. Sie können unschädlich sein, wenn sie nicht allzu massiv ausfallen, und müssen sich nicht ungünstig auf das reale Leben des betreffenden Menschen auswirken. Ich kenne beispielsweise eine Patientin, die jahrelang keinen Grund dafür angeben konnte, warum ein Vollbad mitten im Tag ihr ein viel größeres Wohlbefinden vermittelte, als wenn sie es am Morgen oder am Abend genommen hätte. Im Laufe der Analyse entdeckten wir, daß sie im Alter von fünf Jahren, als sie einmal einen Nachmittag lang sich selbst überlassen gewesen war, mit Kleister, der in einem Topf bereitstand und dazu dienen sollte, Zeitungsausschnitte in ein Album einzukleben, zunächst die Ausschnitte, danach die Möbel im Zimmer und schließlich sich selbst vollgeschmiert hatte. Als ihr Vater nach Hause gekommen war, hatte er ihr einen Klaps auf die Finger gegeben – das erstemal, daß er sie körperlich züchtigte. Anschließend wurden nicht nur die Möbel abgewaschen, sondern sie selbst wurde in die Badewanne gesteckt. Frisch und sauber sah das Kind seinen Vater wieder, empfing seine Verzeihung und erhielt einen Kuß. Das nachmittägliche Bad vermittelte auch der vierzigjährigen Patientin noch immer ein Gefühl der Vergebung, das ihr wertvoller war als alle Frische und Sauberkeit. Übrigens kann ich hinzufügen, daß das neuerworbene Verständnis für die Signifikanz dieser unbewußten Dramatisierung die Befriedigung nicht etwa schmälerte, die ihr das nachmittägliche Bad bereitete. Dies ist ein unbedeutendes und harmloses Beispiel für die Dramatisierung, aber wir kennen auch ernster zu nehmende Fälle. Wenn es sich um die erneute Inszenierung des dissoziierten traumatischen Geschehens selbst handelt, dann können Träume einen sehr wichtigen Beitrag zur Wiederbelebung dieser »Vorlage« leisten. Ich schildere hier einen solchen Traum, der mir nach einer langen und unergiebigen Analyse schließlich Einblick in das Problem verschaffte, das zu dramatisieren die Patientin gezwungen war. Zwar zeigte sie sich von der Deutung nicht unmittelbar überzeugt und produzierte auch keine Erinnerungen im Anschluß daran, aber dank dieser Deutung waren die späteren Dramatisierungen doch längst nicht mehr so folgenschwer wie die früher vollzogenen. Der Traum lautete:

> »Ich sagte G. auf Wiedersehen und schickte sie weg, und dann wandte ich mich Ihnen (der Analytikerin; Anm. d. Übers.) zu, um Sie zu umarmen und mich ebenfalls zu verabschieden. Aber ich stand auf Stelzen und war damit in einer mißlichen Lage: Wenn ich die Hand von den Stelzen nehmen und mich vorbeugen würde, um Sie zu küssen, dann würden meine Beine nachgeben, und ich würde hinfallen.«

Aus den anschließend vorgebrachten Assoziationen konnte ich die folgende Deutung ziehen: Die Analytikerin war im Traum die (noch kindliche) Patientin, und diese war ihr eigener Großvater. Aus Erzählungen, nicht aber aus eigener Erinnerung wußte die Patientin von einem Vorfall, der sich zugetragen hatte, als sie zwei Jahre alt war. Der Großvater hatte sich niedergebeugt, um dem Kind einen Kuß zu geben, als er einen Schlaganfall erlitt, an dessen Folgen er starb. Ich kann mich hier nicht mit all den fatalistischen Phantasien befassen, die in der Folge mit den Liebesimpulsen des Kindes untrennbar verbunden waren. Vielmehr will ich hier mitteilen, daß dieser Traum den ersten brauchbaren Hinweis dafür bildete, daß die Patientin sich unbewußt immer wieder in schreckliche Situationen brachte in dem Versuch, mit dem frühen Trauma fertigzuwerden, das seinerseits mit den tiefsten Ängsten verbunden war, denn es bestand ja im plötzlichen und endgültigen Verlust eines guten Objektes durch den Tod, nicht etwa in einem Verlust, der nur phantasiert worden war.

Ich habe von dem Wert des Traums als eines Prüfsteins dafür gesprochen, wie dicht der Analytiker den Bewegungen des Unbewußten auf der Spur ist; das heißt, der Traum des Patienten liefert ihm unter Umständen die Bestätigung seiner Deutungen und faltet diese Deutungen noch weiter aus.

Ich habe von dem Wert der Erkundung des Vorbewußten gesprochen, das uns den gegenwärtigen Schauplatz zeigt, auf dem das lange Vergangene noch immer aufgeführt wird, die modernen Personen im alten Drama, die aktuellen Situationen, gestaltet nach dem Muster von damals, die Methode, wie alte Schuld in der Ausdrucksweise der Gegenwart abgemildert wird oder wie alte Rebellionen von neuem inszeniert werden.

Mein nächstes Anliegen im Rahmen der Traumbetrachtung gilt der Übertragung. Auch in diesem Punkt halte ich den Traum für einen Prüfstein der Genauigkeit von Interpretationen. Mit Hilfe der Träume seines Patienten kann der Analytiker sich stets ein getreues Bild davon machen, was unbewußt auf ihn übertragen wird (und von welcher dritten Person es der Patient auf ihn überträgt). Er muß objektiv bleiben, wenn der Patient hier zur Objektivität finden soll. Nur durch die Analyse der Übertragung analysieren wir letztlich die Vergangenheit in der Gegenwart und damit auch die unbewußten Konflikte. Der Traum par excellence mit den zugehörigen Assoziationen errichtet uns die Brücke zwischen der Gegenwart und der Vergangenheit, und zunächst und vorübergehend ist der Analytiker derjenige Mensch, auf den die unbewußten Probleme übertragen werden. An ebendiesen Aspekt der Übertragung muß der Analytiker sich halten, und ich kenne kein besseres Hilfsmittel als den Traum, um die Tatsache zu beleuchten, daß es ja die infantilen Elemente der Entwicklung sind, die so – in der Übertragung auf den Analytiker – herausgearbeitet werden. Wir werden gewiß nicht in die Versuchung geraten, die positive Übertragung, die uns trifft, als das Äquivalent des Liebeslebens einer ganzen und wahren Persönlichkeit zu sehen – es handelt sich lediglich um gewisse Affekte im Zusammenhang eines innerpsychischen Konflikts, die hier auf uns übertragen werden. Der Patient wird natürlich, auf welcher Stufe er auch immer steht, seine dem Analytiker entgegengebrachten Gefühle für die eines reifen Erwachsenen halten. Aber der Analytiker, dem es darum gehen muß, den Patienten so weit zu bringen, daß er ein wirkliches Liebesleben beginnen kann, darf niemals vergessen, daß jener ferne Zeitpunkt, dem die analytische Sitzung gilt, Teil der gesamten Phantasie ist, die hier ausgearbeitet und begriffen wird. Der Traum ist das große Hilfmittel und Korrektiv, denn im Traum können wir sehen, was übertragen wird, welche Situation in Szene geht, welche Rolle dem Analytiker zufällt und welche affektive Situation aus der Vergangenheit noch einmal zur Aufführung gelangt.

Diese Überlegungen führen mich geradewegs zu dem hin, was wir als die Kardinalregel bei der Traumanalyse bezeichnen könnten. Es gibt eine Menge Ausnahmen von dieser Regel, aber ich glaube, es ist gefährlicher für den Analytiker, wenn er die Kardinalregel mißachtet, als wenn er den vielen Ausnahmen nicht immer Beachtung schenkt. Diese Kardinalregel lautet, daß die Bedeutung eines Traumes sich mit Sicherheit feststellen läßt, wenn man den manifesten Inhalt bis in die latenten Gedanken hinein analysiert. Man ist ja immer versucht, die Bedeutung eines Traumes vorschnell so zu interpretieren, wie sie sich in dem manifesten Inhalt zeigt, und ich glaube, daß diese spontane Regung vom Analytiker in der eigenen Person ebenso nachhaltig eingedämmt werden muß wie in der des Patienten. Das Verständnis des Traumes als einer Wunscherfüllung ist nur auf diese Weise überhaupt erreichbar. Wir – wie übrigens die Patienten ebenso – werden vom manifesten Inhalt eines Traumes oft genug sagen: »Aber das kann doch unmöglich ein Wunsch sein.« Um die hier repräsentierten Wünsche zu finden, müssen wir die latenten Gedanken kennen, und neben diesen (die unter Umständen entgegengesetzte Wünsche repräsentieren) müssen wir jene psychischen Kräfte in unsere Überlegung einbeziehen, durch welche die Verschiebung und der Anschein von Kongruenz bewirkt werden. Zu behaupten, alle Träume seien nichts als Wunscherfüllungen, wie sich in ihrem manifesten Inhalt zeige, hieße jene Teilwahrheit anbieten, die genauso in die Irre führt wie eine Lüge.

Ich möchte hier das einfache Beispiel eines Angsttraumes anführen. Die Behauptung, der Traum sei, so wie er sich anhört, eine Wunscherfüllung, erweist sich hier als offenkundig absurd:

> »Ein Mann steht vor der Filmkamera. Er hat einige Sätze in einem Stück zu sprechen. Die Photographen und die Leute von der Tonaufnahme sind zur Stelle. Im entscheidenden Augenblick hat der Schauspieler seinen Text vergessen. Immer wieder setzt er zu einem Versuch an, aber ohne Erfolg. Ganze Rollen von Film müssen dabei draufgegangen sein.«

Der Träumer hatte große Angst, als er mitansehen mußte, wie der Darsteller in diesem wichtigen Augenblick versagte.

Nur wenn man den latenten Inhalt kennt, kann man auch den Konflikt der Wünsche wahrnehmen, wie sie in einem solchen Traum repräsentiert sind. Kameramänner und Tonmeister können den Schauspieler nicht dazu bringen, seinen Text zu sprechen, obwohl sie doch alle zu eben diesem Zweck versammelt sind. Der Darsteller hat seine Rolle vergessen. Die Angst des Träumers ist – im manifesten Inhalt – durch den Umstand verursacht, daß er nichts sagen kann, während alle darauf warten, daß er etwas sagt. Wie die Assoziationen ergaben, war er als kleines Kind einmal Zuschauer gewisser »Operationen« seiner Eltern gewesen. Das kleine Kind also war der ursprüngliche Kameramann und Tonmeister, und es unterbrach die Eltern in ihrem »Akt«, indem es Lärm machte. Das kleine Kind hatte seinen Text nicht vergessen! Die ursprüngliche Angst war mit einem wirklichen Tun verbunden, nicht mit dem Verzicht auf Aktivität im entscheidenden Augenblick. Man sollte nie vergessen, daß die mit unserem Triebleben zusammenhängenden frühen Ängste mit dem zu tun haben, was wir taten oder tun wollten, nicht aber mit unseren Unterlassungssünden. Die »Wiederkehr des Verdrängten« ist in dem Traum durch das Element vertreten: »Es müssen ganze Rollen von Film dabei draufgegangen sein«, das heißt, es wird uns im Weg der Metonymie von einer riesigen Menge Kot berichtet, deren sich das kleine Kind in jenem Augenblick entledigen konnte.

An diesem Traum werden elementarste psychische Aktivitäten deutlich. Das kleine Kind registriert Anblick und Geräusche und nimmt mit seinem Seh- und Hörvermögen die Urszene in sich auf. Einen Beweis für diese inkorporierte Szene haben wir darin, daß sie projiziert, nämlich in die im Traum erfolgte Dramatisierung hineingenommen wurde. Die neuzeitliche Erfindung der Kinoleinwand muß als das hier passende Symbol in Dienst treten, als die moderne äußere Entsprechung zum inneren Traumbildmechanismus.

Der ehemalige Zuschauer wird zum aktiv Handelnden, er lenkt die Aufmerksamkeit auf sich selbst, und zwar nicht mit Hilfe von Worten, sondern durch Andeutung und Folgerung – er spricht von den vergeudeten Filmrollen und meint das einzige, was er damals tun konnte, um die »Operateure« zum Innehalten zu bringen: eine Schweinerei anrichten und Lärm machen. Zudem ist in der Verschiebung des Affekts, in der Tatsache, daß an die Stelle des ursprünglichen Wunsches ein Gegenwunsch tritt, in der Traumarbeit also, die versucht, die Angst aufzulösen, en miniature der Konflikt der Wünsche präsentiert.

Die Kardinalregel lautet, daß der manifeste Trauminhalt bis in seine latenten Elemente hinein analysiert werden muß. Gerade bei Übertragungsträumen kann man feststellen, daß die Patienten den Traum von seinem manifesten Inhalt her zu interpretieren versuchen. Häufig widersetzen sie sich heftig, sobald es darum geht, einen solchen Traum der Analyse auszusetzen, das heißt seine einzelnen Elemente getrennt zu behandeln, die frühkindliche Situation auszugraben und jene Figur zu finden, für die der Analytiker stellvertretend steht. Wenn eine starke positive oder negative Übertragung in vollem Gange ist, kann ein Traum die kindlichen Wünsche so getreu aufnehmen und in bezug auf den Analytiker so deutlich abbilden, daß der manifeste Trauminhalt fast als eine Realität angesehen wird. Dies hat seinen Grund häufig darin, daß in dem Traum ein Stück Realität aus der Kindheit eingebettet ist, die der Patient nicht bewußt erinnert, und diese untergetauchte Erfahrung nun ohne sein Wissen freigesetzt wird. Auch hier müssen also die latenten Gedanken gefunden und die realen Erfahrungen aufgespürt werden. Bei der Analyse von Übertragungsträumen ist dies von höchster Bedeutung. Der Patient wird häufig sagen: *»Ja, also, ich habe in der letzten Nacht von Ihnen geträumt, Sie taten dies und das, oder dies und jenes ist geschehen.«* Nach meiner Feststellung hat der Patient bei solchen Übertragungsträumen den Drang, seinen Traum als Ganzes zu interpretieren, und ich neige zu der Annahme, daß auch der Analytiker öfters versucht ist, den manifesten Inhalt solcher Träume zu betrachten, anstatt sich mit ihrem latenten Inhalt zu befassen. Aber gerade diese Übertragungsträume müssen in bezug auf verdrängte Gedanken, Phantasien und Erinnerungen erkundet werden. Ich will meinen Standpunkt durch ein Beispiel erläutern: *»Ich träumte, daß Sie böse auf mich waren und mir nicht verzeihen wollten.«* Die Patientin, die diesen Traum erzählte, konnte sich eine ganze Weile lang nicht von der Überzeugung frei machen, der Analytiker sei tatsächlich böse auf sie. Nur dadurch, daß dieser die analytische Arbeit vom Vortage noch einmal ganz genau durchging, tauchte am Ende wirklich die

Erinnerung daran auf, daß sie den Kleister über die Möbel gestrichen hatte, ein Vorfall, den ich im Zusammenhang mit der Dramatisierung bereits erwähnt habe. Tatsache war, daß das Kind auf seinen Vater böse gewesen war. In der Analyse kam zunächst die affektive Projektion auf den Analytiker: »Sie sind böse auf mich und wollen mir nicht verzeihen.« Die Wahrheit lautete: »Ich bin böse auf dich und will dir nicht verzeihen« – der eigentliche Sinn jenes kindlichen Streiches.

Auch kurze und kompakte Träume werden vom Patienten gern nach ihrem manifesten Inhalt beurteilt, oft aus dem Handgelenk interpretiert und mit Befriedigung abgetan. So sagte beispielsweise ein Patient: *»Ich habe geträumt, daß ich mit X geschlafen habe und daß es sehr gut ging.«* Er fügte hinzu: »Ich habe Ihnen ja erzählt, daß ich ihr neulich begegnet bin und wie hübsch und anziehend ich sie fand.« Und schließlich: »Ein sehr natürlicher Traum, und man kann die Wunscherfüllung darin leicht erkennen.« Hier haben wir ein gutes Beispiel für das, was ich mit dem Drang des Patienten meine, den manifesten Inhalt zu interpretieren, so wie er dasteht. Der kurze und kompakte Traum dieses Typs ist oft sehr schwierig zu analysieren, dann aber ganz besonders aufschlußreich. Der geschilderte Traum führte zu den tiefsitzenden Phantasien und Befürchtungen des kleinen Kindes im Zusammenhang mit dem Körperinnern seiner Mutter. Diese latenten Gedanken waren nur auf dem Weg über die Assoziationen zugänglich, die aufkamen, wenn der Patient an Frauen dachte, die in gewissen Zügen und Eigenschaften das genaue Gegenteil der Frau aus seinem Traum darstellten.

Nachdem ich nun die allgemeine Regel aufgestellt habe, möchte ich die Aufmerksamkeit des Lesers auf die Ausnahmen lenken. Es gibt Träume, deren Bedeutung sich auch ohne Kenntnis des latenten Inhalts herauslesen läßt, einfache Träume mit einer typischen Symbolik, die auf Umwege verzichtet. Der im ersten Kapitel zitierte Traum, in dem die Träumerin Musik vor ihren Augen vorübergleiten sah, Bilder von Bergen und sanft gerundeten Hügeln, ist ein Beispiel hierfür. Dieser

Traum konnte sogleich geklärt werden. Es war der Traum einer Patientin, die Schweres durchgemacht, dabei aber den Kontakt zur Realität bewahrt hatte; allerdings hatte sie zu kämpfen und fand die Realität nahezu unerträglich. Die reale äußere Situation – eine sehr große Enttäuschung – wird durch Träume kompensiert, in denen die Wünsche in Erfüllung gehen. Der folgende, in kurzen Abständen sich wiederholende Traum läßt sich zumindest teilweise ohne Berücksichtigung seines latenten Inhaltes interpretieren: *Der Patient wurde im Traum in einem Kinderwagen ausgefahren.* Für diesen Patienten war es eine ungeheure Anstrengung, ja nahezu unmöglich, in Kontakt mit der Realität zu bleiben. Ein junges Mädchen, das ich vor einiger Zeit nach einem Nervenzusammenbruch in meiner Behandlung hatte, lieferte mir über Wochen hinweg *Träume, in denen alles stehengeblieben war:* Züge, Busse, Aufzüge – alles, was in der Wirklichkeit nur dann von Wert ist, wenn es sich fortbewegt. Diese Träume waren in ihrem latenten Inhalt wichtig, aber ich will hier nur den Umstand beleuchten, daß der manifeste Inhalt als Ganzes dem Analytiker gelegentlich durchaus eine Botschaft übermitteln kann. »Bequemlichkeitsträume«, in denen die Umstände so gestaltet werden, daß sie unseren physischen Bedürfnissen entsprechen und der Schlaf nicht unterbrochen werden muß, lassen sich aus ihrem manifesten Inhalt heraus verstehen. Einige Beispiele:

»Ich träumte, daß ich aus dem Bett aufstand, um auf die Toilette zu gehen.« – »Ich träumte, daß ich noch rechtzeitig zu meiner ersten Verabredung anlangte.« – »Ich träumte, daß jemand die Daunendecke vom Fußboden aufhob und sie mir wieder aufs Bett legte.«

Ich komme nun zu einer anderen Erkenntnis, die sich aus den Träumen der Patienten gewinnen läßt.

Es gibt Träume, deren latenter Inhalt wohl bedeutungsvoll sein kann, aber nicht so wichtig ist wie der psychologische Zweck, dem der Traum in seiner Gesamtheit dient. Der manifeste Inhalt muß nicht notwendig den Zweck des Traumes dartun, wie dies bei den soeben zitierten Beispielen der Fall war. Durch die Analyse wird der Traum seine latente Bedeutung freigeben, und doch entgeht uns sein eigentlicher Zweck, wenn wir die Analyse so ausrichten, daß sich nur die Bedeutung jedes einzelnen Elementes klar herausschält. Träume sollen nämlich gelegentlich den Analytiker besänftigen und so die Ängste lindern, die der Patient wegen der auf den Analytiker übertragenen Phantasien hat. In solchen Fällen zählt nicht so sehr die Analyse des eigentlichen Traumes als vielmehr die Analyse des dringenden Wunsches, sich den Analytiker günstig zu stimmen. Zum Beispiel werden männliche Patienten, die sich mit unbewußten aggressiven Phantasien gegen die Vaterfigur herumschlagen und sich deshalb unbewußt vor einem Angriff des Analytikers fürchten, immer wieder Träume produzieren, deren übergreifendes Anliegen die Besänftigung des Analytikers ist. Sie sind ein Geschenk, mit dem der imaginierte Zorn des Rächers abgewendet werden soll.

Auch bei einer anderen Traumgattung muß man eher an den Zweck als an den latenten Inhalt denken, nämlich wenn Träume so lang sind, daß die Erzählung eine halbe Stunde in Anspruch nimmt, oder wenn es sich um eine Folge von Träumen handelt, deren Wiedergabe gleich lange dauert. Der Inhalt kann wichtig sein, aber noch wichtiger ist es, den unbewußten Zweck herauszufinden, dem diese so besonders lange währende Wiedergabe des Traumes dienen soll. Ein Patient erzählte mir zehn Träume in dieser Art. Daß ein Bericht jeweils so viel Zeit in Anspruch nimmt, hat nach meinen Feststellungen folgende Gründe: (a) Widerstand gegen die Forderung, über die Geschehnisse des Tages zu sprechen; (b) die Träume repräsentieren unter Umständen »Potenz« – urethrale, anale oder sexuelle; (c) sie können symbolische Geschenke sein; (d) sie können ein Geschenk nach vorhergegangenem »Zurückhalten« repräsentieren. Wenn der Patient seine Träume schriftlich festhält und dann vorliest, bin ich oft der Meinung, sie repräsentierten ein »gelungenes« fäkales Produkt, das im Gegensatz zu einem dem Kind einst widerfahrenen Mißgeschick nun hübsch und sauber, nämlich »auf dem Papier« überreicht wird.

Ich erinnere mich, daß mir ein Patient einmal im Anschluß an die Wiedergabe einiger Träume sagte: »Mir fällt gerade ein Gedicht von Yeats ein, in dem es heißt:

But I, being poor, have only my dreams;
I have spread my dreams under your feet;
Tread softly because you tread on my dreams.«
(Doch weil ich arm bin, hab ich nur die Träume;
Die Träume breit ich aus vor deinen Füßen:
Tritt leicht darauf, du trittst auf meine Träume.
Aus: *Er wünscht sich die Tücher des Himmels*. Werke I.
Neuwied [Luchterhand] 1970.)

Damit war der Sinn seiner Träume mit einem Schlag klar: Sie waren eine Liebesgabe an die Analytikerin. Ihre Bedeutung ist sogar noch differenzierter, denn man kann folgern, daß die Träume am Boden liegen und man sehr vorsichtig über sie hinwegschreiten muß. Auch der Schmutz, den das Kind auf dem Fußboden hinterlassen hat, kann ebensogut ein Geschenk wie einen Angriff darstellen: »Tread softly because you tread on my dreams.«

Ich habe davon gesprochen, daß der Traum als Ganzes den Zweck der Besänftigung verfolgen kann, aber manchmal tut dies auch der manifeste Inhalt. Dieser kann beispielsweise aus einer Vorstellung bestehen, mit der eine tags zuvor vom Analytiker gegebene Interpretation weitergeführt wird. Der Traum verrät das dadurch, daß er diese Interpretation so vollständig bestätigt. Einer meiner Patienten, ein Schlaukopf, ist sich in der Regel im klaren darüber und sagt dann ganz offen: »Mit diesem Traum will ich Ihnen entgegenkommen.« Der »Gefälligkeitstraum« ist ein Besänftigungsversuch. Er läßt an den Gehorsam des verängstigten Kindes denken. Wenn der Patient sich in der Psychoanalyse einigermaßen gut auskennt, muß der Analytiker besonders auf der Hut sein, sobald ein Traum einen perfekten »Komplex« enthält. Die Vorsichtsmaßnahme besteht hier im Analysieren der Assoziationen und Affekte des Patienten.

Zu dem Patienten, der uns zuvorkommend beteuert, daß wir recht haben, und der unsere Deutungen fortführt und bestätigt, kontrastiert jener andere, der uns unbedingt beweisen muß, daß wir im Unrecht sind, und der im Anschluß an eine von uns gegebene Deutung mit einem Traum aufwartet, welcher unseren Irrtum dartut. In beiden Fällen muß die Analyse sich auf den Zweck des Traumes und nicht so sehr auf seinen Inhalt richten.

Eine weitere Erkenntnis hinsichtlich der Träume läßt sich aus der Einstellung des Patienten zu seinen Träumen gewinnen. Was diese Einstellung betrifft, so gibt es nicht nur Unterschiede von Patient zu Patient, sondern derselbe Patient nimmt zu verschiedenen Zeiten eine unterschiedliche Haltung dazu ein. Manche neigen dazu, die Bedeutung ihrer Träume herunterzuspielen, andere tendieren in die entgegengesetzte Richtung. Ganz allgemein kann man sagen: Patienten, denen es sehr schwerfällt, ihre gegenwärtigen Gefühle, die sie in bezug auf Menschen und Sachverhalte empfinden, in die Analyse einzubringen und ihre Meinung oder Kritik – innerhalb wie außerhalb der Analyse – zu äußern, möchten mit Hilfe ihrer Träume die Aufmerksamkeit und das Interesse des Analytikers von ihrem täglichen Leben ablenken. Über die unbewußten Phantasien und über die Kindheit eines solchen Patienten wissen wir unter Umständen eine ganze Menge, und doch gelingt es uns nicht, die Zusammenhänge zwischen ihnen und den aktuellen Konflikten des Patienten zu erkennen. Solche Patienten sind oft ganz unglücklich, wenn sie keinen Traum zu erzählen wissen, ja sie haben das Gefühl, daß es nicht vorwärtsgehe und nicht vorwärtsgehen könne, solange ihnen keine Träume kommen. In derartigen Fällen muß der Analytiker – so wichtig die Hilfe auch ist, die ihm aus Träumen des Patienten zukommen könnte – sein Augenmerk auf die aktuellen Stimuli, auf reale Situationen in Gegenwart und Vergangenheit sowie auf die verdrängten Affekte richten, wie sie in der Übertragung zum Ausdruck kommen.

Das genaue Gegenteil ist jener Patient, der sich an die Realität klammert und sich allen Versuchen widersetzt, in sein Phantasieleben vorzudringen. Solche Patienten messen dem Traummaterial häufig einen zu geringen Wert bei. Mir ist ein Patient bekannt, der sogar noch diesen Umstand rationalisiert, indem er sagt, Träume seien ihm durchaus willkommen, weil er dann doch das Gefühl habe, wirklich etwas unmittelbar aus dem Bereich des Unbewußten zu erhalten. In seinem Falle heißt das: »Dies ist ein Produkt aus dem Bereich des Unbewußten; ich bin also nicht dafür verantwortlich.«

Zwei Situationen haben mich gelehrt, gelegentlich auch zu unterstellen, daß ein wichtiger Traum zurückgehalten wird – obwohl diese Vermutung sich nicht jedesmal bestätigt. Wenn ich es mit sehr ängstlichen Patienten zu tun habe und bereits ein bestimmtes Maß an analytischer Arbeit hinter uns liegt, oder wenn der Patient sich über seine Angst schon ausgesprochen hat, bringe ich den nächsten exzessiven Angstausbruch in einen Zusammenhang mit den nachstehend genannten Möglichkeiten: (a) Der aktuelle Stimulus fällt dem Patienten in der analytischen Sitzung nicht ein; (b) ein verdrängtes Geschehen oder eine verdrängte Phantasie, das oder die durch diesen Stimulus aktiviert worden ist, befindet sich nahe der Schwelle des Bewußtseins; (c) ein Traum aus der vergangenen Nacht ist vergessen oder noch nicht erzählt worden.

Bei den Verstandesmenschen unter meinen Patienten, deren Affekte schwer hervorzulocken sind, erlebe ich es häufig, daß nach einer ermüdenden, unergiebigen Stunde, in welcher der Patient nur immer von einem Thema zum anderen wechselte, schließlich doch noch die Erinnerung an den Traum der vergangenen Nacht kommt. In solchen Fällen habe ich die Erfahrung gemacht, daß man am nächsten Tag mit der Analyse des Traumes fortfahren kann und auch den Grund erfährt, warum der Traum erst so spät erzählt worden ist. Manchmal liegt es am latenten Inhalt, manchmal auch an der Übertragungssituation und daran, daß der Patient zum Zurückhalten (retention) neigt.

Nach einer ergebnislos verlaufenen analytischen Sitzung kann es vorkommen, daß der Patient am darauffolgenden Tag sagt, er habe sich nach seinem Weggang an einen Traum erinnert. Solche »verzögerten« Träume sind vor allem wegen ihres latenten Inhalts wichtig und einer Erkundung wert.

In einem verbreiteten »Widerstandstraum« träumt der Patient, daß er dem Analytiker etwas äußerst Wichtiges erzählt, und er beruhigt sich selber mit der Feststellung, dies sei ja nur ein Traum. Auf die »wichtige Sache«, die der Patient im Traum mitzuteilen hatte, braucht man an diesem Tage gar nicht erst zu hoffen. Einen sehr lebhaften Traum dieser Art erzählte eine meiner Patientinnen, die im Alter von vier Jahren ein traumatisches sexuelles Erlebnis gehabt hatte, das dann verdrängt worden war. Bevor wir aber zu den ersten Hinweisen auf diesen Umstand vordrangen, hatte sie viele Male von einem jungen Mädchen geträumt, das ein großes Geheimnis bewahrte und unter ihm litt. Sie, die Patientin, beschwor in ihrem Traum das Mädchen, sich ihr doch anzuvertrauen und ihr den geheimen Kummer zu enthüllen. Das Mädchen aber blieb verstockt. Diese Träume bekümmerten die Patientin erheblich und hielten die Analyse in ihrem Fortgang stark auf, und doch waren sie höchst aufschlußreich insofern, als wir zu guter Letzt ein wirkliches Trauma aufdecken konnten.

Ich will hier nur ganz kurz auf typische Träume hinweisen. Eine »Menschenmenge« im Traum deutet auf ein Geheimnis. Der Analytiker hat die Aufgabe, es aufzudecken. Prüfungs- und Eisenbahnträume sind zwar sehr verbreitet, haben aber doch ihre individuellen Nuancen. Gerade die Eisenbahnträume dienen vielen Zwecken. An anderer Stelle habe ich einen solchen Traum, der auf orale und anale Phantasien deutete, geschildert. Gelegentlich sind derartige Träume von Angst begleitet und drücken dann vergangene Situationen aus, in denen der Harnfluß nicht aufgehalten werden konnte, zum Beispiel, wenn der Träumer den Zug nicht mehr erreicht, weil er zu spät am Bahnhof ankommt. Aufgabe des Analytikers ist es, eine gegenwärtig bestehende emotionale Situation aufzudecken, die jener früheren vergleichbar ist, in welcher die physische Begleiterscheinung der Harnfluß war. »Eisenbahn«träume können auch Unentschlossenheit hinsichtlich eines bestimmten Problems zum Ausdruck bringen: Der Träumer ist im Grunde rechtzeitig am Zug, bringt es dann aber nicht fertig einzusteigen. Der Analytiker muß herausfinden, was diese symbolisierte Zweifelshaltung in Wirklichkeit bedeutet.

Nun möchte ich auf jenen Typ des Traumes zu sprechen kommen, der körperliche Funktionen und Sensationen symbolisiert.

In einem der vorangegangenen Kapitel sagte ich, intuitives Wissen sei erfahrenes Wissen und das Unbewußte so etwas wie ein Lagerhaus der Erfahrungen, die wir möglicherweise vergessen, niemals aber verloren haben. Die Erfahrungen des Körperichs seit der frühesten Säuglingszeit lassen sich in Träumen wiederfinden, wenn wir diese verstehen. Träume präsentieren uns gelegentlich den Nachweis körperlicher Erfahrungen aus einer Zeit, da das Kind sich noch gar nicht artikulieren konnte; andere wiederum geben uns Kenntnis von Erfahrungen, die wir soeben erst gemacht, aber schon wieder verdrängt haben. Ich zitiere hier als Beispiel dafür einen einfachen Traum, der auf eine frische, sofort verdrängte körperliche Erfahrung hinweist: *»Ich habe geträumt, daß ich gestern abend Blumen pflückte.«* Daraus können wir ableiten, daß der Patient vor dem Einschlafen masturbiert hatte.

Ein unangenehmer Traum, in dem ein starker Wind zu hören ist, wird oft durch Blähungen ausgelöst. Solche Träume kommen häufig vor. Es gibt Träume dieser Art, die uns körperliche Erfahrungen der ganz frühen Lebensjahre liefern, wobei eine wirkliche Erinnerung daran nicht zustande kommt; aber der Körper erinnert sich, und das Auge, das einst gesehen hat, bewahrt ein Bild, welches der Traum reproduzieren kann. Ein Beispiel:

> »Ich lief auf der einen Seite der Schienen in der einen Richtung, und ein Mann in Shorts lief auf der anderen Seite der Schienen in der entgegengesetzten Richtung.«

Das *»Ich lief«* aus dem Traum erwies sich in der Analyse als bildhafte Repräsentation der körperlichen Erfahrung des Urinierens. Die »entgegengesetzte Richtung« bezog sich auf die

Beobachtung, daß das »Laufen« bei ihrem Vater ja anders vor sich ging als bei ihr, der Patientin. Die »Schienen« waren die Stäbe an ihrem Kinderbettchen.

Hier ein weiteres Beispiel: Ein Patient beschrieb mir sehr lebhaft eine bestimmte Stelle auf einer Straße, die in seinem Traum vorgekommen war. Er wußte genau, wie viele Meter er an dieser Stelle von diesem und von jenem Punkt der Straße entfernt war. Dann sagte er: »Aber wenn ich meinen Standort so genau angeben kann, dann kann ich mich doch dort nicht vom Fleck gerührt haben. Ich *stand* dort, und doch habe ich Ihnen gesagt, daß ich mich bewegte.« Aufgrund des übrigen Inhalts dieser Sitzung lautete die Interpretation in bezug auf das »An-Ort-und-Stelle-bleiben-und-dennoch-in-Bewegung-Sein«, daß der Patient uriniert hatte.

Nach meiner Erfahrung lassen sich körperliche Sensationen, vor allem die im frühen Lebensalter erfahrenen, auf alle möglichen Maschinen und beweglichen Apparate übertragen. Dafür einige Beispiele:

> »Ich war in einem Zimmer, und plötzlich öffnete sich die Tür, und eine Flut von Wasser strömte herein.«

Ein solcher Traum ist schon als Hinweis auf ein »Mißgeschick« des kleinen Kindes interessant, aber von diesem einen Traum bin ich sogar kühn genug zu sagen, daß er möglicherweise auch die Erfahrung des Geburtsvorganges in sich schließt. Ich überzeugte mich dann davon, daß die Geburt dieser Patientin sich tatsächlich durch ein vorzeitiges Platzen der Fruchtblase angekündigt hatte. Die Patientin hatte zur Zeit ihres Traumes keine Kenntnis von diesem Umstand.

> »Ich befand mich in einem Aufzug, und plötzlich ging er – plumps! – nach unten.«

Ich erkannte in diesem Traum die Repräsentation der Erfahrung, daß flüssiger Kot rasch abging und auf den Fußboden »plumpste«. Im folgenden Traum, der sich mit der gleichen angstbewirkenden Erfahrung aus der Kindheit beschäftigt, ist auch ein Element der Beruhigung enthalten; die Träumerin sagte:

»Ich habe etwas Wunderbares geschehen sehen. Ein Auto (car) fuhr irgendwie außen an einem Gebäude hoch und kam sicher in die Garage, wahrscheinlich im Obergeschoß.«

Die Assoziationen zu diesem Traum betrafen zunächst den Umstand, daß ein Zahnarztstuhl sich ja nach oben und unten verstellen läßt, und führten dann zu der Erinnerung an den Kleinkinderstuhl der Patientin, der ebenfalls in dieser Weise verstellbar war. Die Träumerin konnte sich nicht mehr erinnern, tatsächlich in diesem Stuhl gesessen zu haben, aber der Traum dramatisierte ganz zweifellos eine Situation, bei der das »car« (Ka Ka), das so sicher nach oben und in die Garage fuhr, sehr zum Entsetzen des kleinen Kindes herunterfiel. Der Traum hatte noch weitere Bedeutungen. Die körperlichen Sensationen, die das Kind spürte, wenn es in dem Stuhl saß, wurden auf dessen Mechanismus übertragen, und aus dem Traum ließ sich folgern, daß das »Unglück« in diesem Stuhl passierte. Einem anderen Patienten verdanke ich den folgenden sehr wertvollen Traum. Der Patient träumte, daß er nach einer Entleerung versuchte, den Kot wegzuspülen, die Klosettschüssel sich dann aber mit Wasser füllte, anstatt sich zu leeren. Die mit diesem Traum verbundenen Phantasien waren wichtig, aber ich glaube, ihr eigentlicher Sinn stellt sich erst heraus, wenn das zugehörige tatsächliche Geschehen bekannt ist. Wir haben es mit einer Repräsentation der Empfindungen zu tun, wie sie zunächst durch den Versuch, Kot auszuscheiden, dann durch das Erlebnis, daß ein Einlauf verabreicht wurde, hervorgerufen wurden.

Von gleicher Art ist der folgende Traum: *Der Träumer glaubte, in einem langen Gang zu sein und ihn mit einem Wischlappen aufzuwischen.* Während der analytischen Sitzung berichtete der Patient, daß am Abend zuvor jemand im Verlauf eines Gesprächs zu ihm gesagt habe: »Deine Ohren sitzen nicht ganz gleich.« Nachdem er mir dies erzählt hatte, bedeckte der Patient seine Ohren mit den Händen. Der Traum regte ihn zu Phantasien und Assoziationen an, in denen sowohl von Kot als auch von Haaren die Rede war. Die Geste, mit der er die Ohren bedeckte, bedeutete, daß er weder hören noch gehört werden, das heißt, sich selbst und mich schützen wollte. Aber wir müssen noch weitere Fakten in Betracht ziehen, wenn wir die Signifikanz der Ohren, die spezifische Hemmung im Zusammenhang mit dem Hören und die Überdeterminierung der Phantasien über die Ohren besser verstehen wollen. Der Patient hatte als ganz kleines Kind eine Ohrenoperation durchgemacht, an die er keine bewußte Erinnerung haben konnte. Dieser Traum enthält bei allen Phantasien doch auch eine körperliche Erinnerung: Der Durchgang war in Wahrheit ein Gehörgang, der einst ausgetupft wurde. In seinem Traum ist der Patient der aktiv Handelnde und nicht die passive Figur. Ein Stimulus für diesen Traum – neben der Bemerkung über die Ohren am Abend zuvor – war wohl der Umstand, daß während der Sitzung am Tag zuvor mein Hausmädchen für einige Sekunden in den Vorraum zu meinem Sprechzimmer gekommen war, um dort die Stühle abzustauben. Ich registrierte diesen Umstand, aber es war auffallend, daß der Patient zu diesem Zeitpunkt nichts dazu sagte.

Im Zusammenhang mit der Traumdeutung kann der Analytiker auch einmal den Gesten oder nebenherlaufenden Handlungen des Patienten während der Sitzung seine Aufmerksamkeit zuwenden. Das ist eine Annäherung der Erwachsenenanalyse an die Grundsätze der Spieltechnik mit Kindern. Als Deutungen der Gesten oder Hantierungen bieten sich an: Sie dramatisieren den Traum auf symbolische Weise; sie dienen dazu, mit der Angst fertigzuwerden, indem sie den Traumimpuls oder das Traumgeschehen berichtigen. Es folgen einige Beispiele, aus denen sich diese unterschiedlichen Zwecke der Dramatisierung des Traumes während der Analyse herauslesen lassen.

Die Patientin, die träumte, daß ihr die Daunendecke vom Bett geglitten war und irgend jemand sie wieder über sie breitete, fröstelte plötzlich während der Analyse und legte sich ihren Mantel um. Der Traum enthielt zunächst eine Erfahrung aus der vergangenen Nacht, als es ihr in der Tat kalt war, sie aber nicht aufwachen wollte, um sich wieder zuzudecken, und deshalb träumte, daß jemand anders das für sie tat. Es handelte sich also um einen Bequemlichkeitstraum. Die Wiederholung der Situation während der analytischen Sitzung verlangte allerdings nach einer weiteren Klärung, denn das Sprechzimmer war warm.

Beim folgenden Beispiel haben wir es mit einer Dramatisierung während der Analyse zu tun, die parallel zum Traummaterial gedeutet werden muß. Die Dramatisierung diente dem Zweck, die im Traum empfundene Angst zu beheben, denn die Handlungen waren das genaue Gegenteil der verdrängten Erinnerungen und Wünsche. Der Patient kam herein und legte sich auf die Couch. Eine Sekunde später steckte er die Hände in die Taschen. »Oh«, sagte er sehr erstaunt, »was ist denn das?« Er zog einen verknitterten Umschlag hervor, besah ihn und sagte dann: »Oh, nichts, ein altes Stück Papier, mehr nicht.« Dann sprach er in seiner üblichen Weise weiter. Etwas später steckte er wieder die Hand in die Tasche, stand plötzlich auf und sagte: »Ich kann das nicht länger aushalten, wo ist Ihr Papierkorb? Ich muß das in den Papierkorb werfen.« Noch etwas später, als er von dem Manuskript sprach, an dem er gerade arbeitete, sagte er: »Warten Sie, ich muß schnell mal nachsehen, ob ich diese Korrekturen eigentlich angebracht habe«, sprang abermals auf, nahm das Manuskript aus seiner Aktentasche, blätterte darin und kam schließlich mit einem Seufzer der Erleichterung zurück: »Ja, alles in Ordnung, ich habe die Fehler schon verbessert.«

Sein Traum lautete:

> »Es waren zwei Gäste da, und ich machte mir Gedanken darüber, wo sie nachts schlafen könnten. Dem einen gab ich schließlich ein Bett, von dem ich wußte, daß es als Reservebett diente; dem anderen gab ich mein eigenes Bett, allerdings war dann für mich selbst kein Schlafplatz mehr übrig.«

Die Assoziationen des Patienten zu diesem Traum bewiesen mir im Verein mit den Handlungen, die ich soeben geschildert habe, daß wir es mit einem verdrängten Geschehen aus der frühen Kindheit des Mannes zu tun hatten, als der »Abfall« von ihm nicht in den »Abfalleimer« gelangte, weil er zum Zeitpunkt dieses Geschehens noch zu klein war, um seine »Fehler« zu »korrigieren«, und folglich die Eltern ihr eigenes Bett wegen des kleinen Gastes räumen mußten.

Gesprächsträume sind häufig schwer zu analysieren. Nach meiner Erfahrung gibt es mehrere Arten von ihnen. Die Menschen, die sich miteinander unterhalten, repräsentieren häufig verschiedene Aspekte der Psyche des Träumers – eben unter der Maske verschiedener Personen. In manchen Träumen enthält das Gespräch Wörter oder Wendungen, die wegen der ihnen selbst eigenen Signifikanz oder aber wegen der Wichtigkeit der Person, welche sie ursprünglich geäußert hat, in den Traum hineingenommen worden sind. Gelegentlich überschneidet sich eine in dieser Weise in den Traum aufgenommene Wendung vom gegenwärtigen Tag mit einer anderen, die in der Vergangenheit des Patienten einmal von irgend jemandem benützt worden ist. Im »Kakadu«-Traum, den ich im vorigen Kapitel zitierte, unterhielten sich zum Beispiel zwei Personen, die unterschiedliche Aspekte des Innenlebens des Patienten repräsentierten, während das Wort »Kakadu« für sich genommen ein Element war, dessen genauere Untersuchung sich lohnte.

Träume, in denen Zahlen enthalten sind, gestalten die Analyse oft recht schwierig, und nicht immer macht sich die Mühe bezahlt. Wenn man dem Patienten etwas Konkretes im Zusammenhang mit der geträumten Zahl entlocken kann, dann führt das oft zu einer brauchbaren und richtigen Deutung. Man muß sich dabei stets vor Augen halten, daß der Ausdruck »figure« (Zahl, Figur; Anm. d. Übers.) die Ziffer wie auch die Gestalt meint. Einer meiner Patienten behauptet immer, die Vier sei eine weibliche Zahl. Wir haben schon viele symbolische Deutungen der Vier gefunden, die übrigens auch unschwer beizubringen sind. Ich war in diesem Fall niemals so recht von der Bedeutung der Vier überzeugt, bis der Patient sich schließlich an eine Schlafzimmerszene erinnerte und sagte: »Ich weiß noch, daß ich als ganz kleiner Kerl immer zusah, wenn meine Mutter sich auszog. Sie flocht ihr Haar immer zu vier langen Zöpfen.« So wurde die Vier zu einer weiblichen Zahl für ihn, und die Befriedigung über diese Tatsache rührte daher, daß die Zöpfe (tails) eine Gewähr für Männlichkeit waren (tails = Zöpfe *und* Schwänze; Anm. d. Übers.). Die Zahl fünf bedeutet letztlich oft die fünf Finger und verweist damit auf frühes Masturbieren. Ein Mann träumte, daß *»ein Mann und seine Frau fünf Tage lang beisammen waren«*. Die feine Nuance dieses Traumes kam schließlich durch eine Bemerkung ans Licht, die er über die biblische Genesis machte. Es fiel ihm ein, daß Gott den Menschen ja am sechsten Tage erschaffen und seine Schöpfung am siebten Tag für gut befunden hatte. In dem Traum waren Mann und Frau nur fünf Tage lang beisammen.

Einer meiner Patienten mußte zum ersten Mal in seinem Leben ins Krankenhaus. Er erschien nicht zur verabredeten Zeit, weil er die Klinik unter der Hausnummer 63 suchte. Wie ein Traum dann enthüllte, war »63« die Nummer eines Hauses in einem bestimmten Stadtviertel, von dem er einmal gehört hatte, daß dort Dirnen wohnten. *Ein Traum von der Zahl 180* enthüllte sich mir während einer analytischen Sitzung als »I ate nothing« (I = 1; ate = eight, also 8; nothing = 0; Anm. d. Übers.).

Farben im Traum sind für eine meiner Patientinnen von großer Wichtigkeit. Ich frage sie stets ganz genau nach jeder Farbe, und wenn es sich um die Farbe eines Materials handelt, erfrage ich auch noch die Art des Materials im einzelnen. Mit Hilfe dieser Patientin hat sich endlich auch meine Vermutung bestätigt, daß schöpferische Phantasie und künstlerisches Verständnis fest verwurzelt sind in frühesten Erfahrungen des Geschmacks-, Tast- und Gehörsinns. Für diese Patientin fühlte sich ein »hafermehlfarbenes« Material »knirschig« an, und das Gefühl des »Knirschens« in den Fingern ließ sie stets auch eine Sensation in den Zähnen empfinden.

Kirschfarbene Seide läßt ihr das Wasser im Munde zusammenlaufen, und es verlangt sie danach, ihre Wange behutsam auf diese seidige Fläche zu legen. Die Skala der Farben lautet in der Sprache dieser Patientin: Sahne, Butter, Zitrone, Orange, Kirsche, Pfirsich, Damaszenerpflaume, Wein, Zwetschge, Nuß, Kastanie. Substanzen können für sie knirschig sein wie Zwieback, weich wie Eischnee oder dick wie ein Kuchen. Fasern können rauh und grob sein wie die Körner im Vollkornbrot, und sie können glänzen wie die Oberseite von Satin. Ich lasse mir keinen von all den Hinweisen der Patientin in bezug auf Material oder Umhüllung der Dinge entgehen, die in ihren Träumen vorkommen.

Ein anderer, ebenso interessanter Mechanismus, den eine meiner Patientinnen unbewußt einsetzt, ermöglicht es mir, aus dem jeweiligen Traum zu schließen, welche reale Situation ihn stimuliert hat. Der Mechanismus wirft Licht auf die schwierige Frage nach den verschiedenen Methoden, mit deren Hilfe psychische Stabilität erreicht wird – ein nach meiner Meinung so ungeheuer vielschichtiges Problem, daß wir nur wenig darüber wissen. Für uns sind nur die gröberen Mechanismen erkennbar, nicht aber das Miteinander der Räder und Rädchen, die in der Psyche insgesamt in noch subtilerer Weise zusammenwirken als alle physiologischen Kräfte innerhalb des menschlichen Organismus. Von der genannten Patientin nun bekomme ich nur unter ganz bestimmten Umständen einen wirklich eindeutigen Traum in bezug auf Feindseligkeit gegenüber Mutter, Vater und Geschwistern. Viele ihrer Träume haben in verdeckter Form feindselige Wünsche gezeigt, aber die offene, ungeschminkte Feindseligkeit, der wirkliche Todeswunsch treten im Traum nur dann auf, wenn zuvor in der Wirklichkeit der direkte Stimulus vorhanden gewesen ist, nämlich wenn die Patientin durch Dritte von der Wertschätzung jener Person gehört hat, die im darauffolgenden Traum als das Objekt ihrer feindlichen Wünsche figuriert. Wenn die Patientin unerwartet lobende Worte in bezug auf einen ihrer Angehörigen vernimmt, dann träumt sie in feindseliger Weise von ihm. Das ist so ausgeprägt, daß ich den realen Stimulus, der zu einem offen feindseligen Traum geführt hat, schon erraten kann. Die Erklärung für dieses Muster ist nicht so einfach, wie es scheinen mag. Es läßt sich nur verstehen, wenn man sich zugleich Gedanken darüber macht, in welcher Weise die Psyche das Gleichgewicht ihrer Kräfte aufrechterhält. Manche erreichen das durch einen besonders regen und intensiven Austausch mit den Menschen ihrer

Umgebung: Man kann sagen, ihr Leben ist psychisch stärker mit anderen Menschen verwoben, es wird stärker mit anderen Menschen gelebt.

Die Patientin, von der ich spreche, lebte bis zum Alter von fünf Jahren in einer einigermaßen stabilen und auch äußerlich störungsfreien Umgebung. Das bedeutet, sie hatte ihre genitale Entwicklung bis zu einem gewissen Grad durchlaufen. Als sie fünf Jahre alt war, kam eine echte Rivalin der Mutter ins Haus. Diese Frau erfreute sich der Zuneigung des Vaters und verhielt sich der Mutter gegenüber offen feindselig. Die Folge war, daß die ödipale Situation von der Patientin weitgehend verdrängt wurde. Die feindseligen Gefühle gegenüber der Mutter waren nicht zu ertragen. Sie waren in einer Gestalt personifiziert, die ein wirkliches Hindernis, nicht nur ein phantasiertes, für das Glück der Mutter darstellte. Daß diese reale Situation noch immer fortwirkt, läßt sich an dem speziellen Mechanismus erkennen, der Träume ermöglicht, in denen die ursprüngliche Feindseligkeit gegenüber der Mutter und ihren anderen Kindern ausgedrückt werden kann. Wenn heute einer dieser Angehörigen spontane Wertschätzung von einer realen Person erfährt, dann kommt es in der Psyche der Patientin zu einer Entspannung. In ihren Träumen kommen wir dann an die ursprüngliche Feindseligkeit heran, die sie vor dem Eintreten der traumatischen Umstände im Alter von fünf Jahren empfunden hatte. Dies ist das Ziel der Analyse; sie schafft die Voraussetzungen dafür, daß der Mensch zu einem inneren Gleichgewicht findet und in diesem Punkt nicht von seiner Umgebung abhängt. Wie wichtig der Zeitfaktor in der Analyse ist, wird uns an diesem Beispiel ebenfalls klar, denn wenn man es mit einem Mechanismus dieser Art zu tun hat, dann muß man den Kontakten des Patienten mit der Realität, den Dramatisierungen seines Seelenlebens in solchen realen Situationen im einzelnen und mit unendlicher Geduld nachgehen.

Ich möchte kurz zusammenfassen, welche Erkenntnisse die Beschäftigung mit den Träumen unserer Patienten uns vermittelt.

Die Traumdeutung ist ein Eckpfeiler psychoanalytischer Technik. Anhand der Träume kann der Analytiker ermessen, wie dicht er den unbewußten Problemen des Patienten auf der Spur ist. Die Träume helfen ihm, die in der Übertragung sichtbar werdenden Affekte im Zusammenhang mit ebendiesen Problemen zu verstehen.

Träume sind ein Mittel zur Erkundung der aktuellen Stimuli und der gegenwärtigen Konflikte auf dem Weg über die Beschäftigung mit den vorbewußten Gedanken. Wenn man das seelische Leben in seinem inneren Zusammenhang begreifen will, muß man die Wechselbeziehungen zwischen dem System des Vorbewußten und dem des Unbewußten kennen.

Durch die Methode der freien Assoziation über die einzelnen Elemente des Traumes gelangt man zu dem latenten Trauminhalt. Das verstehen wir unter Traumanalyse.

Träume können uns über die Signifikanz ihres latenten Inhalts hinaus noch weitere wertvolle Informationen liefern: Sie werden manchmal unbewußt als ein Werkzeug benützt, den Analytiker günstig zu stimmen, sie sind Symbol der Beherrschung und Kontrolle der fäkalen Produkte, Beweis der Macht des Patienten über den Analytiker. Und sie können eine Liebesgabe darstellen.

Daß der Patient seine Träume über- oder unterbewertet, ist in sich hilfreich für unser Verständnis seiner inneren Schwierigkeiten.

Oft enthüllen Träume sowohl körperliche Erfahrungen vom gegenwärtigen Tage als auch solche aus der Kindheit, die in Vergessenheit geraten sind. In der Korrelation solcher Sensationen mit den Phantasien des Patienten liegt eines der Ziele des Analytikers.

Die typischen Gesten und Verhaltensweisen des Patienten müssen mit seinen Assoziationen in einen Zusammenhang gebracht werden, wenn man zur Bedeutung eines Traumes vordringen will. Die Interpretation der Gesten und charakteristischen Handlungen des Patienten während der Analyse erinnert an die Spieltechnik in der Kinderanalyse.

Oft liefert uns ein Traum den Schlüssel zur Dramatisierung einer folgenschweren traumatischen Situation im realen Leben, die verdrängt worden war.

Was die im Traum vorkommenden Gespräche, Zahlen und Farben bedeuten, wird häufig auf dem Weg über die Assoziationen des Patienten in bezug auf eine bestimmte Person oder ein bestimmtes Objekt erkennbar.

4 Beispiele für die unterschiedlichen Arten von Träumen

1. Der Traum einer »normalen« jungen Frau mit starken Ich-Widerständen
2. Der Traum eines Mannes, der sich vor den Frauen ängstigt
3. Ein Traum, in dem die ödipale Situation der Träumenden in oralen Bildern deutlich wird
4. Traum einer fünfzigjährigen Frau, in dem die typische Eifersucht des kleinen Kindes zum Ausdruck kommt
5. Ein Traum, in dem Phantasien deutlich werden, die auf Multiplikationstabellen und Ahnentafeln verschoben sind

Dieses Kapitel befaßt sich mit einer Reihe unterschiedlicher Träume, wie sie aus der Analyse verschiedener Patienten bekannt geworden sind. Dabei werde ich in jedem einzelnen Fall auf das Material hinweisen, das im Laufe der jeweiligen analytischen Sitzung von besonderer Bedeutung war. Das heißt, wir haben es hier eher mit einer Art Zusammenfassung der betreffenden Sitzung und nicht so sehr mit der erschöpfenden Untersuchung des gesamten Materials zu tun. Es handelt sich auch nicht um ausgewählte analytische Sitzungen, wie sie jeder Analytiker erlebt – in denen nämlich die Träume und Assoziationen des Patienten wie in einer klassischen Abhandlung über die Psychoanalyse zusammenpassen, so daß die Interpretation weiter kein Kunststück ist. Unter den hier angeführten Beispielen befindet sich nur ein einziges von dieser Art.

Ebenso wie in den letzten beiden Kapiteln werden auch hier die wichtigen Elemente aus der großen Masse des Materials herausgehoben. Dies geschieht im vorliegenden Kapitel allerdings in größerer Ausführlichkeit.

Alle Träume, die ich hier wiedergebe, sind neueren Datums,

denn nur so läßt sich der Eindruck von Frische und Lebendigkeit vermitteln, den wir aus dem Kontakt mit der Psyche ja gewinnen sollten.

Ich werde mich hier mithin ebenso mit der gegenwärtigen Lebenssituation des Patienten, dem Stimulus zu seinem Traum und der jeweiligen Rolle des Analytikers befassen wie mit den wichtigsten Deutungen, die zum Traum des Patienten abgegeben wurden.

Hier nun mein erstes Beispiel. Die Patientin träumte folgendes:

> Sie wollte ins Ausland reisen und war bis Folkestone gekommen, das allerdings weiter weg lag, als es in Wirklichkeit der Fall ist. Dort angekommen, stellte sie fest, daß sie Geld, Papiere und Fahrkarten zu Hause liegengelassen hatte und noch einmal zurückfahren mußte, um sie zu holen. Sie glaubte, daß sie nach Holland reisen wollte. Sie fuhr wieder nach Hause und traf dort nur die Putzfrau an; ihre Eltern waren weg. Die gesuchten Gegenstände lagen wohlverwahrt in ihrer Schublade, und sie dort so säuberlich und selbstverständlich vorzufinden, erschien ihr erst recht ärgerlich.

Um die Analyse dieses Traumes zu verstehen, so weit sie in einer einstündigen Sitzung vorangetrieben werden konnte, muß man auch wissen, wie die Analytikerin zu dieser Patientin stand. Die eine oder andere Deutung im Zusammenhang mit diesem Traum ließe sich aufgrund der Vertrautheit mit den in ihm verwendeten Symbolen ohne weiteres abgeben. Ich will damit sagen, die *Analytikerin* könnte das tun, aber das ist dann keine Analyse der Patientin. Diese Patientin ist vom klinischen Standpunkt betrachtet normal. Ihr Phantasieleben steht unter einer starken Verdrängung; sie ist ganz und gar mit der Wirklichkeit beschäftigt. »Freies Assoziieren« bedeutet für sie, daß sie alles aufzählt, was sich in der Realität ereignet hat, aber ihr Denken und Fühlen gehört nur ihr, und wenn ich es kennenlernen möchte, dann muß ich den richtigen Augenblick abpassen. Im ganzen bietet sie das Bild eines Menschen, der sich in der äußeren Welt durchaus zurechtfindet. Sie besitzt einen ausgeprägten Humor, und dies ist ihr stärkstes Bollwerk gegen Ängste. Neben der Unterdrückung aller Phantasien fällt auf, daß sie keinen Zugang zu den Erinnerungen an ihre Kindheit hat. Sie zeigt auch eine seltsame Art der Verdrängung. Aus der Wiederkehr einer bestimmten Art von Träumen kann man beispielsweise schließen, daß sie einmal ein ganz bestimmtes Erlebnis gehabt und es dann vergessen hat. Entsprechende Vermutungen meinerseits hört die Patientin sich an, ohne etwas darauf zu erwidern. An einem der nächsten Tage macht sie dann plötzlich eine scheinbar ganz beiläufige Bemerkung in bezug auf das tatsächliche Geschehen, das ihre Träume und Assoziationen bereits angedeutet haben, und spricht von diesem Geschehen, als wäre es ihr schon immer bewußt gewesen.

Der Leser sollte diesen Traum nicht als einen isolierten Traum ansehen, der an Hand seiner Symbolik zu interpretieren ist, sondern als einen Traum, der nur vor dem Hintergrund der besonderen Schwierigkeiten gerade dieser Patientin verständlich werden kann. Ich möchte hier auch wieder auf den Grundsatz verweisen, daß uns an erster Stelle die latenten Gedanken beschäftigen müssen, nicht aber der manifeste Inhalt.

Bevor die Patientin diesen Traum hatte, waren wir in der Analyse nahezu ausschließlich mit der leichten Verärgerung und schließlich der Niedergeschlagenheit der Patientin befaßt gewesen, weil ein Brief, auf den sie wartete, noch nicht eingetroffen war, obwohl schon eine ganze Woche überfällig. Vor dem Hintergrund der auf diesen Traum folgenden analytischen Sitzung zitiere ich eine Äußerung der Patientin, die sie in einer früheren Sitzung, also noch vor dem Traum, über den Mann gemacht hatte, der sie durch sein Schweigen so sehr enttäuschte. »Alle meine anderen Freunde«, sagte sie, »reißen sich darum, *mir* zu Gefallen zu sein. Er ist nun gerade der, dem *ich* am dringendsten zu Gefallen sein möchte.« Am vergangenen Wochenende hatte die Patientin auch einen Freund besucht; die Nacht hatten sie allerdings in einem Haus verbracht, dessen Besitzer ihr fremd waren. Mir fiel auf, daß sie dieses Wochenende, auf das sie sich doch so sehr gefreut hatte, in ihrer Beunruhigung über den ausgebliebenen Brief mit keinem Wort erwähnte.

Gegen Ende der ersten Sitzung konnte ich nichts weiter tun als ihr sagen, daß ihre reale Situation sie im Augenblick völlig in Anspruch nehme und wir meiner Meinung nach noch dahinterkommen würden, daß ihre unglückliche Stimmung noch gesteigert wurde durch unbekannte Ängste und Verdrießlichkeiten, die anderen Situationen zugehörten, welche man wohl mit der gegenwärtigen Situation zusammenfügen oder hinter dieser entdecken könnte, zu denen wir aber im Augenblick noch keinen Zugang hätten.

Der nächste Tag war der Tag nach dem Traum. Sie erzählte mir sofort, daß sie den langersehnten Brief bekommen habe und nun wieder glücklich sei. Aus dem Material dieser Sitzung zitiere ich die folgenden Bemerkungen der Patientin, weil sie dem analytischen Problem am engsten zugehören: (a) »Die Blumen in der Vase dort sind wunderschön. Die Blumen in der anderen Vase sind nicht so schön, die Vase hat nicht die richtige Farbe; es ist das falsche Braun, aber die anderen sind herrlich.« (b) »Ich will unbedingt jetzt mit meinem Pullover weiterkommen. Ich hätte ihn so gerne schon fertig. Ich muß ein neues Muster anfangen. Ich bin gespannt, wie er aussieht, wenn er fertig ist. Mit der Wolle gibt es immer Ärger. Komisch, daß die Geschäfte einfach nicht das richtige Braun führen, das Braun, das ich will. Man sieht genau die richtige Wolle an fertigen Sachen – an Konfektionsware –, aber Strickwolle in dieser Farbe, um den Pullover dann selber zu machen, kann man einfach nicht bekommen. Ich möchte Wolle von diesem dunklen Braun da an Ihrem Kissen.« (c) »Die Frau, der ich immer meine abgetragenen Sachen schicke, hat mir geschrieben, sie nähme sie gerne, und sie paßten ihr, aber es ist doch verrückt, daß sie mir nie gesagt hat, daß sie ein Kind erwartet. Ich würde sie dann doch nicht behelligt haben!« – An diesem Punkt erzählte die Patientin ihren Traum. Dann sagte sie: (d) »Ich weiß gar nicht, warum gerade Holland, aber ich habe irgendwie das sichere Gefühl, daß der Name Holland irgendwo herumlag.«

Hier unterbrach ich sie und fragte: »Wie können Sie denn *fühlen*, daß ein *Name* herumliegt?« Daraufhin erwiderte sie: »Ach, das bringt mich auf die Holländerkittel, die ich als Kind immer getragen habe; manche waren bunt und hatten aufgestickte Muster, aber sonst erinnere ich mich nicht weiter an sie. Ich weiß auch nicht, warum gerade Folkestone. Ganz sicher bin ich mit meinem Kindermädchen dort gewesen. Hat sie vielleicht eine Schwester dort gehabt? Ich weiß nicht, wo ich herkam. Im Traum waren dort weiße Klippen, so ganz weiße. Aber ich kann mich nur an Dover erinnern. Ein düsterer Ankunftsort, wenn man sich nach der Überfahrt so elend fühlt und einem so schrecklich übel gewesen ist. Aber bei Dover fällt mir Dieppe ein, wo ich mit meinem Vater gewesen bin, und das hat mir sehr gefallen. Wir mußten uns so schrecklich beeilen, um den Bus nach unserem Reiseziel noch zu kriegen, und ich bin ganz rasch durch den Zoll gekommen und hatte das Gepäck in Null Komma nichts draußen und im Bus, und er war so zufrieden mit mir. Ich habe Ihnen noch gar nichts vom letzten Wochenende erzählt. Ich lasse so oft meine Sachen irgendwo liegen. Diesmal wollte ich aufpassen, zumal ich die Gastgeber ja eigentlich nicht kannte. Ich war ganz sicher, daß ich alles eingepackt hatte, und war schon auf dem Gartenweg, als mir einfiel, daß ich doch etwas im Gästezimmer vergessen hatte. Ich wollte nicht, daß man über mich lachte, die Tür stand offen, und so schlich ich mich nach oben und holte mein Zeug und schlich mich wieder 'raus, und keiner hat's gesehen; das war prima. Ich wollte nicht, daß es jemand merkte.«

Hier möchte ich nun die Deutungen anschließen, die ich der Patientin in dieser Sitzung lieferte. Ich stellte einen Zusammenhang her zwischen der Anerkennung von seiten ihres Vaters und ihrem gestrigen Wunsch, dem Mann zu gefallen, auf dessen Brief sie wartete. Ich sagte: »X ist einer von den Männern, bei denen Sie Erfolg haben möchten, er ist vom gleichen Schlag wie Ihr Vater.« Sie antwortete: »O ja, ich verstehe, was Sie meinen.« Ich sagte: »Sie müssen X gegenüber so empfinden, wie Sie früher Ihrem Vater gegenüber empfunden haben.« In Dieppe, so fuhr ich fort, hatte sie ihrem Vater wirklich Freude gemacht – sie hatte die Sachen schnell an ihren Ort gebracht, sie war pünktlich gewesen, sie hatten den Bus noch bekommen. Ich sprach davon, daß sie ihre Sachen so sauber und ordentlich in den »Schubladen« vorgefunden hatte. Ihre Unruhe wegen des Ausbleibens des Briefes hatte sie glauben lassen, daß sie X nichts bedeute. Sie hatte schon daran gedacht, daß X vielleicht jemanden treffen könnte, der ihm besser gefiele als sie, und daß – dies war das Wichtigste überhaupt – ihre Briefe ihn vielleicht nicht freuten und ihm nichts bedeuteten. Diese beiden Gedankengänge brachten zudem jene umgekehrte Möglichkeit ins Blickfeld, nämlich die, daß ihr Vater wenig erfreut gewesen wäre, wenn sie die Sachen nicht so schnell aus dem Wege geräumt hätte oder wenn das Gepäck überhaupt zurückgeblieben wäre, und daß ihrem X vielleicht das, was sie ihm geschrieben hatte, tatsächlich mißfiel.

Ich sprach davon, daß sie bei ihrem Wochenendausflug ihre Sachen hatte liegenlassen, daß sie sich heimlich zurückgeschlichen und heimlich wieder davongemacht hatte, um nur ja nicht gehört und etwa ausgelacht zu werden. Ich sprach von dem Traum und davon, daß ihre Eltern nicht zu Hause gewesen waren, sondern nur die Putzfrau anwesend war. »Aber«, sagte ich, »die zählte ja sowieso nicht, die sollte ja nur saubermachen, nicht wahr? Und doch, als Sie wieder dort angekommen waren, wo Sie nur die Putzfrau antrafen, war ja in anderer Beziehung auch wieder alles in Ordnung: Sie fanden Ihre Sachen in ihren ›Schubladen‹. Ihre Beunruhigung ließ dadurch noch weiter nach, aber jetzt empfanden Sie Ärger, weil alles so hübsch und ordentlich dalag.« Ich brachte dies nun in einen Zusammenhang mit ihrer Verfassung am Tage zuvor. Sie hatte sich ganz umsonst so elend gefühlt, denn zu Hause wartete der Brief auf sie. Aber plötzlich spürte sie nur eine riesige Enttäuschung; der ungeheure Tumult, den sie in sich gefühlt hatte, verlangte nach einem *wirklichen* Kummer, und sie war wie vor den Kopf geschlagen, als sie den Brief vorfand. Gewiß freute sie sich darüber, daß der Brief nun wirklich da war, aber das Gefühl der

Enttäuschung hielt an, und dies, so sagte ich, hatte nichts mit dem Brief selbst zu tun, sondern mit unbewußten Erinnerungen und Ängsten, die durch das Ausbleiben des Briefes aufgerührt worden waren.

Ich sagte, daß ihr Vater die wichtige Figur im Zusammenhang mit einem vergessenen Erlebnis sei. Der Mann mußte zufriedengestellt werden; sie hatte Angst, ihn nicht zufriedenstellen zu können, und von daher schloß ich, daß sie nicht nur Liebe, sondern auch Zorn ihm gegenüber empfand, aus Gründen, die noch nicht klar waren, und daß sie deshalb ihre Bemühungen, ihn zufriedenzustellen, übertrieb, um irgend etwas auszugleichen, das wir vielleicht als »Furcht« vor ihm bezeichnen können. Sie sehnte sich gestern schrecklich nach dem Brief von X. Wenn ein Kind sich schrecklich nach etwas sehnt und es nicht erhalten kann, dann kommt Zorn auf, und der Wunsch, das zu kriegen, was es haben will, mischt sich mit Ablehnung und Haß und bringt so schließlich Furcht vor demjenigen hervor, der die Erfüllung versagt.

Ich erinnerte sie daran, daß sie braune Wolle gewollt hatte und ungeduldig geworden war, weil die Verkäuferin ihr nicht mit dem dienen konnte, was sie nun einmal haben wollte. Ich sagte: »Sie sehen die Wolle, die Sie für Ihr Strickzeug haben möchten, an fertigen Pullovern. Man kann sie also bekommen, andere Leute haben sie, aber für Sie ist sie einfach nicht zu kriegen. Sie wollen etwas machen, Sie wollen haben, was andere auch haben können. Ich habe Kissen in der Farbe, wie Sie sie haben wollen.«

Ich sprach auch von dem neugeborenen Kind ihrer Bekannten, das sie erwähnt hatte. Dann stellte ich jene Hinweise, die auf unbewußte Phantasien über das »Machen« von Kindern deuteten, nämlich braune Wolle für Pullover, das ordentliche Zusammenlegen von Gegenständen, den Hinweisen auf Dinge gegenüber, die »Unordnung« darstellen: das an der Bushaltestelle verstreute Gepäck, die Seekrankheit, die abgetragenen Kleidungsstücke. Ich sprach von den aufgestickten Mustern auf ihren Holländerkitteln als der Deckerinnerung für Schmutzflekke. Auf dem Weg über ihren Traum stellte ich den weißen Klippen von Dover die Seekrankheit gegenüber. Ich erinnerte sie an ihren Satz: »Ich weiß nicht, wo ich herkam.« Dieser Satz sei sehr bedeutsam, sagte ich, weil er uns einen Fingerzeig in bezug auf eine wirkliche Situation gebe, bei der sie sich schmutzig gemacht hatte, und zwar zu einem Zeitpunkt, da sie sich unglücklich und ängstlich gefühlt hatte, weil ihre Eltern nicht bei ihr waren. Ich sagte, wir könnten uns, was Ort und Zeitpunkt dieses Geschehens im einzelnen angehe, nicht ganz sicher sein, aber jedenfalls seien wir doch zu einem psychologisch bedeutsamen Ereignis vorgedrungen, zu dem Umstand nämlich, daß ihre Angst und ihr Zorn sich in Form einer plötzlichen Darmentleerung bemerkbar gemacht hatten. Die Eltern waren nicht zu Hause, und nach meinem Dafürhalten waren ihre Gedanken, als sie mit dem Kindermädchen nach Folkestone geschickt worden war, die gewesen, daß Mutter und Vater jetzt ein Baby miteinander machten. Den Satz: »Ich weiß nicht, wo ich herkam«, interpretierte ich als ein Verdecken jenes anderen Gedankens: »Wo bin ich eigentlich hergekommen?«, das heißt, von welchem Ort in der Mutter kommen die kleinen Kinder? Daß sie diese Phantasien und Überlegungen angestellt hatte, entnahm ich ihrer Bemerkung über die Frau, die ihre abgetragenen Kleider bekam: »Wenn sie mir gesagt hätte, daß sie ein Kind erwartete, dann hätte ich sie doch gar nicht behelligt.« Mein Schluß lautete, daß die »Behelligung«, wie sie durch den Traum angedeutet war, in dem Gedanken bestand, daß ihre Mutter »sich ein Baby machte«. Ich sagte, sie habe zu dem Zeitpunkt, als sie nach Folkestone ging, den Wunsch gehabt, sich selbst ein Baby zu machen, es sich so zu machen, wie sie sich das vorstellen konnte, nämlich aus festem Stuhl; sie habe dann die flüssigen Ausscheidungen mit dem festen Stuhl verglichen und erstere mit Zorn und Unordnung gleichgesetzt; der feste Stuhl dagegen, der selbst in den »Schubladen« gut aufgehoben war, bedeutete, anderen gefällig zu sein, und stellte eine Liebesgabe dar. Die gleiche Überlegung war ja auch schon in ihrer Genugtuung darüber angeklungen, daß ihr Vater sich über ihren geschickten Umgang mit dem Gepäck so sehr gefreut hatte.

Ich möchte jetzt die Arbeit beurteilen, die in dieser analytischen Sitzung geleistet worden ist. In bezug auf die Vorgeschichte der Patientin konnten wir einen Gewinn verbuchen: Wir fanden heraus, daß es da einen unangenehmen Augenblick gegeben hatte, als das Kind sich durch eine plötzliche Entleerung selbst beschmutzte, und daß dies geschah, als es nicht mit den Eltern zusammen war.

Wir haben einen unmittelbaren Anhaltspunkt dafür, wo die gegenwärtige Vaterfixierung ihren Ort hat und daß die Einstellung zur Vaterimago ambivalent ist; die Angst, die auf verdrängten Zorn zurückgeht, legt der Patientin so etwas wie die Pflicht auf, ihn ganz bestimmt zufriedenzustellen. Das ist die bedeutsamste Erkenntnis dieser Sitzung in bezug auf die Frage, wo und wie diese Patientin einen Nutzen aus der Analyse ziehen kann. Wenn sie diese Einstellung zur Vaterimago nicht ändert, wird die Patientin keinen Blick haben für eine höchst wichtige Voraussetzung zu einem glücklichen Leben. Das heißt, wenn sie von dem Wunsch besessen ist, einen Mann zufriedenzustellen, der für sie eine Vaterimago ist, wird sie faktisch nicht einschätzen können, wie sehr oder wie wenig der wirkliche Mann *sie* zufriedenstellt.

Wir haben in dieser Sitzung einen Zugang zu den analen und oralen Geburtsphantasien gewonnen und Anzeichen für den auf analem Wege zum Ausdruck gebrachten Zorn erhalten.

Wir haben auch gesehen, daß Ordentlichkeit und Kontrolle sich weitgehend aus der Liebe der Patientin zum Vater und der Furcht vor ihm herleiten lassen. Hier ist wohl auch die vorsichtige Vermutung angebracht, daß Zorn, Neid und Feindseligkeit gegenüber der Mutter unter der Herrschaft des gleichen Einflusses stehen: Liebe zum Vater und Furcht vor ihm.

Die Mutterübertragung innerhalb der Analyse wird an der Bemerkung über das dunkle Braun des Kissens deutlich, das die Patientin ebenfalls gerne hätte, und über die Blumen in den beiden Vasen, von denen sie sagte, sie gefielen bzw. mißfielen ihr; dies sind die Vehikel ihrer Phantasien, die sich um den Wunsch nach Babys ranken. Eine interessante Bestätigung der Deutung dieses Traumes ergab sich am nächsten Wochenende. Am Montag darauf erfuhr ich folgendes: Sie hatte sich darauf gefreut, den Samstagnachmittag zusammen mit einer Freundin auf dem Fluß zu verbringen. Die Freundin hatte sich aber etwas anderes ausgedacht, nämlich eine Autofahrt nach Folkestone. Die Patientin sagte: »Und das alles schon vorbereitet, ohne mich zu fragen! Sie erwartet einfach, daß ich mit ihren Vorkehrungen einverstanden bin, und verliert kein Wort über meine Enttäuschung. Ich weiß, daß K. mir damit nicht etwa zu verstehen geben will, ich sei ein Kind, eine unpraktische Person, die nichts mit sich anzufangen weiß, aber es ist doch verrückt, daß sie mir tatsächlich den Gedanken einflößt, daß sie gerade das von mir denkt. Ich bin froh, daß ich wenigstens soviel Mumm hatte zu sagen, daß ich nicht nach Folkestone fahren wollte.«

Aus der Reaktion der Patientin auf diesen ganz zufälligen Vorschlag von dritter Seite, jetzt einen Ausflug nach Folkestone zu machen, können wir ermessen, unter welcher emotionalen Belastung das Kind damals stand, als es mit dem Kindermädchen nach Folkestone geschickt wurde, während die Eltern miteinander unterwegs waren. In diesem Fall nun kann sie sich weigern, nach Folkestone zu gehen, und ihren Zorn und ihre Enttäuschung in Worte fassen: »Und das alles schon vorbereitet, ohne mich zu fragen!«

Der nächste Traum, den ich hier besprechen möchte, stammt von einem männlichen Patienten. Dieser Mann ist stark an seine Mutter fixiert. Nun muß diese Feststellung noch nicht allzuviel besagen. Viele Männer sind auf ihre Mütter fixiert, aber das heißt nicht, daß alle mutterfixierten Männer einander ähnlich wären. Der Fall wird verständlicher, wenn ich hinzufüge, daß er ein Einzelkind war, dem die Mutter ihre ganze Aufmerksamkeit zuwandte, und daß die Mutter stärker dominierte als der Vater. Die Atmosphäre, die sie schuf, wirkte sich noch verstärkend auf alle jene natürlichen Ängste aus, zu denen ein Kind aufgrund seiner elementaren Impulse neigt. Die Mutter war häufig krank. Das Kind konnte sich keinen noch so harmlosen Streich leisten, ohne daß man ihm sagte, sein Verhalten mache die Mutter krank. Seine kindlichen Allmachtsphantasien, die Überzeugung, mächtig genug zu sein, um jenes Wesen zu kränken und zu zerstören, das er zuerst liebte, dann aus Enttäuschung heraus haßte und fürchtete, wurden durch diese äußere Umgebung noch verstärkt. Beide Eltern engten ihn in seinem Spiel ein und begründeten das mit den Auswirkungen, die es entweder auf die Mutter oder aber auf ihn selbst haben würde.

Im Laufe der Analyse folgerte ich, daß ein traumatisches Geschehen in der Kindheit dieses Patienten, an das er sich nicht explizit erinnerte, wohl der Anblick von Menstruationsblut gewesen war. Bisher habe ich den genauen Zeitpunkt noch nicht ausmachen können, aber die Bedeutung dieses Erlebnisses und die Furcht, die es hervorrief, müssen im Zusammenhang mit der Tatsache gesehen werden, daß seine Mutter dem Kind erzählt hatte, sein erster Zahn sei schon vor der Entwöhnung durchgekommen, und sie habe ihn entwöhnen müssen, weil er ihr damit weh tat.

Das Hauptproblem bei dieser Analyse ist die Furcht vor dem weiblichen Körper. Seine unbewußte, tiefverwurzelte Überzeugung lautet, daß er die Verantwortung für die vermeintliche Körperverstümmelung trägt, und die Analyse erweist sich als recht quälend, soweit es darum geht zu erkunden, auf welche Weise er gegen diese Überzeugung ankämpft.

Der Traum, zu dem ich dann die wichtigsten Assoziationen des Patienten anführen werde, war folgender:

> »Ich sah eine Dame, um deren Oberkörper schwarzer Stoff gewickelt war, so daß die Brüste bedeckt waren; sie hatte auch schwarzen Stoff rund um die Hüften, der ihre Genitalien verbarg; nur der mittlere Teil ihres Körpers war nackt.«

Nachdem er in seiner üblichen Weise den Traum dadurch abgetan hatte, daß er ihn mir erzählte, und das vergangene Wochenende dadurch, daß er mir sagte, wo er überall gewesen war, wandte der Patient sich erleichtert (da er mir ja ein anales

Geschenk gemacht hatte) einem Thema zu, welches ihn wirklich interessierte. Seine Erzählung nahm fast eine halbe Stunde in Anspruch. Es ging dabei um graphische Darstellungen von bestimmten physiologischen Vorgängen, die ein Arztkollege des Patienten angefertigt hatte, um später Dias davon herzustellen. Zunächst waren sie in großem Maßstab und mit allen Einzelheiten auf sehr große Bögen Papier gezeichnet und rot eingefärbt worden. Dann mußten die Zeichnungen verkleinert werden. Der Patient verlor sich in Einzelheiten, die ich nicht wiedergeben kann, weil ich von der technischen Seite dieser Arbeit nichts verstehe. Als die Dias schließlich gezeigt wurden, stellte sich heraus, daß die Farbe nicht stimmte. Hier lachte der Patient und sagte: »Das Rot wäre nämlich nur herausgekommen, wenn es möglich gewesen wäre, ein schwarzes Licht zu benutzen.«

Es dauerte fast eine halbe Stunde, bis mein Patient diese Geschichte in allen ihren wissenschaftlichen Einzelheiten erzählt hatte, und noch bevor sie zu Ende war, dachte ich im stillen darüber nach, wie ich es wohl anstellen könnte, ihm besser geeignetes Material zu entlocken. Aber wie schon so oft, war ich auch diesmal wieder froh, daß ich den Patienten seinen eigenen Weg zu seinem Problem hatte gehen lassen. Er sagte wörtlich: »Ein schwarzes Licht hätte die eingefärbten Stellen rot herauskommen lassen.« Ich fragte: »Dann ist das wohl die Bedeutung von Schwarz in Ihrem Traum, nicht wahr? Von Schwarz können wir auf Rot schließen.« Seine Antwort kam sofort: »It can be what bloody colour you like« (Jede verdammte – wörtlich: blutige – Farbe, die Sie wollen). Übrigens ist dies ein gutes Beispiel für die »Wiederkehr des Verdrängten«. Nachdem er sich so ausgedrückt hatte, ließ er das Thema fallen und wandte sich einer neuen Sache zu. Diesmal war es eine kürzere Geschichte von jemandem, der krank gewesen und in ein Pflegeheim gekommen war. Er schloß seinen Bericht mit der Bemerkung: »Pflegeheim ist eine Deckbezeichnung für eine Menge Sünden.« Hier griff ich wiederum ein: »Das Schwarz war eine Deckbezeichnung in Ihrem Traum, nicht wahr? Genitalien und

Brüste als Pflegeheime.« Und wieder lautete die Antwort: »Verdammt!«

Von neuem bemühte der Patient sich, von diesem Gegenstand wegzukommen. Er erinnerte sich an das letzte Wochenende und berichtete mir nun mit erheblicher Verärgerung, daß er an der Grube gearbeitet hatte, die im Garten ausgehoben werden mußte, weil er sich ein Schwimmbecken anlegen lassen wollte. Er hatte den ganzen Vormittag gearbeitet und sich Gedanken über den Zu- und Abfluß gemacht; er hatte Zeit und Kräfte auf diese Sache verwandt. Nach dem Mittagessen war er wieder an seine Arbeit zurückgekehrt, aber inzwischen hatten zwei kleine Mädchen sich an dem Kanal zu schaffen gemacht, so daß er wieder mit Sand verstopft war. Der Patient schwieg einen Augenblick und stieß dann heftig hervor: »Verdammt nochmal!«

Dieser Affekt ging ziemlich rasch vorbei, und er begann in sachlichem Ton von neuem: »Ich kenne ein Mädchen, das Hühneraugen hat. Ich habe ihr ein Pflaster dafür gegeben und ihr auch gesagt, wie sie es anwenden muß und daß sie vorsichtig sein soll, wenn sie es wieder abzieht. Wenn sie es nicht sehr vorsichtig macht, dann kommt sie auf die rohe rote Haut, und die Stelle kann sich entzünden.«

Ich bin der Meinung, daß dieses Exzerpt typisch ist für die analytische Arbeit, bei der man es mit einer Angstsituation zu tun hat, deren Verzweigungen noch nicht erkundet sind. Die Übertragungssituation ist ja deutlich genug. Die Analytikerin ist die Gestalt im Traum, sie steht für die Mutterimago. Der Patient hätte seine Angst und sein Entsetzen vor mir kaum besser zum Ausdruck bringen können als dadurch, daß er mir das Wort »Verdammt!« entgegenschleuderte.

Wann diese Angst, mit der er sich jetzt herumschlägt, in seinem Leben einsetzte, läßt sich aus seinen Bemerkungen über die riesengroßen und detaillierten Zeichnungen schließen. So riesig erschien auch die Mutter dem kleinen Kind, und so riesig ist auch die Analytikerin in den Phantasien, die jetzt während der Analyse am Werk sind. Das Fluchwort »verdammt!« ist symbolisch für das, was er dem Wesen entgegenschleudert, vor dem er sich fürchtete und noch immer fürchtet. Die rote Brustwarze, die roten Genitalien verschmelzen mit der verdrängten Erinnerung an den Anblick von Menstruationsblut. Man kann vermuten, daß das Schwarz sich dann auf die mütterlichen Schamhaare bezieht und daß das »Rote und Entzündete unter dem Schwarzen« ebenfalls mit dem frühen Anblick der Genitalien eines kleinen Mädchens assoziiert ist.

In seiner Wut darüber, daß man sich an seinem Kanal zu schaffen gemacht hatte, äußerte sich seine angsterfüllte Erwartung, man würde ihm als eine Vergeltungsmaßnahme seinen eigenen Penis verstümmeln; denn er war überzeugt, schuld an einer Verstümmelung zu sein, einer phantasierten Verstümmelung, die sich anfangs auf die Brüste, später auf die Genitalien bezog.

Schließlich erscheint das Thema noch einmal in Verbindung mit der Geschichte von den Hühneraugen; das Herausheben der Hühneraugen lindert die Pein und ist somit das vollkommene Gegenstück der zugrundeliegenden Phantasie. Die besorgten und genauen Anweisungen, die er dem Mädchen gegeben hatte, damit die Haut sich nur ja nicht röten und entzünden sollte, sagen uns neben allen weiteren Assoziationen deutlich, daß in seinen Phantasien die Mutter kastriert worden war.

Was wir im Zusammenhang mit der nun »herausgelassenen« Angst unbedingt beachten müssen, ist der Umstand, daß der Patient imstande gewesen war, sich auf ebendie Art manueller Betätigung einzulassen, die seiner Mutter Angst bereitet hätte. Er arbeitete verbissen und geriet ins Schwitzen, etwas, das man dem Kind und dem heranwachsenden Jungen verboten hatte. Er durfte keine Beschäftigung und kein Spiel beginnen, die ihn ins Schwitzen gebracht hätten, denn seine Mutter fürchtete, er könnte sich dabei erkälten. Der Patient hatte also einen beträchtlichen Fortschritt gemacht. Parallel dazu müssen wir die symbolische Bedeutung seines tatsächlichen Tuns sehen, nämlich des Herausschaufelns von Sand aus der Grube. Seine Mutter hatte auf Schmutz immer so reagiert, daß er sich entsetzlich davor fürchtete, seine Kleider zu verunreinigen. Die unbewußten Ängste, die er im Zusammenhang mit seinen aggressiven analen Phantasien und dem primitiven Wunsch empfand, zu »fäkaler« Macht zu gelangen, was immer sie repräsentierte – Nahrung, Kinder, den Penis des Vaters im Körper der Mutter –, wurden durch die Reaktionen der Mutter noch verschärft. Daß er sich also auf eine Tätigkeit wie das Sandschaufeln einlassen konnte, zeigt, daß die Befürchtungen hinsichtlich seiner Phantasien nachgelassen hatten; das Schaufeln und der Sand sind nun eher symbolisch, stehen nicht mehr wirklich für den Körper der Mutter. In der Analyse geschieht etwas, wodurch die aggressiven Wünsche bewußt realisiert werden, das heißt, es wird auf dem Weg über das Vorbewußte eine Verbindung zwischen dem Es und dem Bereich der Bewußtheit hergestellt. Ebendieser Prozeß wird dem Patienten schließlich die Überzeugung ermöglichen, daß er erstens aggressive Wünsche hegte und noch hegt und daß zweitens diese Wünsche nicht omnipotent sind. Seine Wünsche haben in Wahrheit nicht die Genitalien der Mutter verletzt, und er hat ihr auch nicht alle übrigen Kinder weggenommen. Er war ein Einzelkind, und dieser Umstand hatte die unbewußten Phantasien noch verstärkt.

Vor acht oder neun Jahren hatte ich eine junge Amerikanerin als Patientin, deren Analyse sich über drei Jahre hinzog. Zuvor hatte sie schon eine Reihe von Ärzten konsultiert, darunter namhafte Neurologen. Sie hatte es mit Liegekuren und mit Beschäftigungstherapie versucht. Die Neurose war voll ausgebrochen, als sie noch kaum erwachsen war. In Amerika hatte man sie nur mit Beruhigungsmitteln behandelt, und nachdem sie wieder dorthin zurückgekehrt war, wurde diese Praxis wiederaufgenommen. Zu dem Zeitpunkt, da sie zu mir kam, und noch Monate später, traute sie sich nicht vor Einbruch der Dunkelheit und niemals ohne Begleitung aus dem Haus. Sie litt damals an schweren Depressionen. Die Umstände ihrer Kindheit waren einer gesunden geistig-seelischen Entwicklung nicht förderlich gewesen. Ihr Vater war Arzt in einer Irrenanstalt, in der die Familie auch ihre Wohnung hatte, und er nahm die kleine Tochter regelmäßig auf seinem Weg durch die einzelnen Stationen mit. Zwischen den Eltern bestanden ernsthafte Unstimmigkeiten. Die Mutter pflegte lange Reisen zu unternehmen, als die Patientin noch ein kleines Kind war. Glücklicherweise hatte das kleine Mädchen in seiner tüchtigen und warmherzigen Kinderfrau doch wenigstens eine gefestigte Person um sich.

Die Analyse war bei weitem nicht vollständig, aber die Depressionen verschwanden, die Patientin fürchtete sich nicht mehr vor dem Ausgehen, und ihre allgemeine Beunruhigung ließ nach. Schließlich heiratete sie. Etwa acht Jahre später suchte sie mich erneut auf. Als sie kam, war sie in Tränen aufgelöst und sagte, sie fühle sich genauso wie damals als Kind und genauso wie zur Zeit der ersten Analyse. Ihre eigentliche Schwierigkeit bestand darin, daß sie zu ihrem Entsetzen einen ständigen Drang zum Harnlassen verspürte. Sie mußte alle paar Minuten die Toilette aufsuchen und fürchtete sich deshalb, das Haus zu verlassen. Während sie mir all dies erzählte, weinte sie ununterbrochen.

Allmählich erfuhr ich folgendes: Die Mutter der Patientin wurde von einer langen Auslandsreise zurückerwartet. Auch die Schwester war jahrelang weggewesen und nun seit kurzem wieder zu Hause. Sie hatte eine kleine Tochter mitgebracht, die im Ausland geboren war. Die Lieblingskatze der Patientin hatte auf Grund irgendeiner Krankheit überall im Hause Wasser gelassen und war daraufhin »beseitigt« worden. Außerdem war die Patientin sehr erschrocken, als sie eines Tages im Wartezimmer ihres Mannes eine Frau sitzen und ganz ruhig Wasser lassen sah.

Nachdem sie diese Dinge berichtet hatte, meinte die Patientin, sie erkenne sehr wohl, daß die Panik, die sie jetzt wegen des Wasserlassens empfinde, die gleiche Panik sei, in die sie als Kind geriet vor lauter Sorge, sie könnte ihr Unterhöschen naß machen. Sie hatte dann immer gerufen: »Schnell, Nannie, schnell!« Es hätte ja sein können, daß sie das Höschen nicht rechtzeitig herunterbekam.

Aus dieser zweiten Behandlungsperiode, als die Patientin so sehr beunruhigt war, wähle ich diejenige Sitzung aus, in der sie mir den folgenden Traum erzählte:

»Ich befand mich in einem Schlafzimmer, und ein Mann gab einer Frau Wein zu trinken, und ich wollte auch welchen haben. Er gab mir keinen, kam aber an mein Bett und küßte mich. Ich wachte auf und fühlte mich viel glücklicher.«

Die ersten Assoziationen hatten mit ihrer Schwester zu tun. Sie sagte: »Ich wollte sie ja eigentlich überhaupt nicht sehen, als ich dann aber dort auf dem Bahnsteig stand und sie wirklich aus dem Abteil kommen sah, hatte ich seltsamerweise das Gefühl, ich müßte zusammenbrechen und mir die Augen ausweinen. Sie hatte das kleine Mädchen bei sich. Natürlich hatte ich das Kind noch nie gesehen.«

Dann sprach die Patientin von ihrer Katze. Die Geschichte bekümmerte sie sehr, aber sie sagte zugleich: »Es war schon eine rechte Plage. Ich mußte immerzu hinter ihr herlaufen und aufwischen. Ich mußte alles stehen- und liegenlassen und immer nur auf die Katze achten. Sie hat mich ganz und gar in Anspruch genommen.« Dann sagte die Patientin, das Kind ihrer Schwester verlange eigentlich gar nicht nach Beachtung, aber ihrer Meinung nach habe sich die ganze Familie geradezu auf das kleine Mädchen gestürzt. Sie werde froh sein, wenn sie und ihr Mann erst wieder allein wären und niemand sich in ihre Angelegenheiten einmischen würde. Ihre Mutter sei zurückgekehrt und gestern abend vorbeigekommen. Sie habe sofort Pläne gemacht, in welche Restaurants sie die Patientin und ihren Mann führen wollte, welche Theateraufführungen sie miteinander ansehen und welche Ausflüge sie unternehmen würden. »Ich wurde natürlich immer unruhiger«, sagte die Patientin, »denn ich dachte daran, daß ich ja gar nicht mitgehen kann, jetzt, wo ich von dieser Angst besessen bin, dauernd auf die Toilette gehen zu müssen. Ich wollte ihr nicht sagen, daß ich in Behandlung bin, weil ich dachte, sie würde ärgerlich und ungeduldig darüber werden, daß ich jetzt, nach dieser langen Zeit, wieder so krank bin wie damals. Ich war so aufgeregt, daß ich schließlich in Tränen ausbrach und sie mich fragte, was denn los sei. Ich erzählte ihr alles und war ganz erstaunt, ganz baff, daß sie so freundlich und verständnisvoll war. Sie hat mir gleich Geld für die Behandlung gegeben. Schließlich habe ich sie dann mit dem Bus in ihr Hotel begleitet. Die Arme, sie tut mir so leid. Das klingt allerdings lächerlich, wenn man all das Theater mit mir selbst bedenkt. Warum sollte sie mir leid tun – anstatt daß ich mir selbst leid tue? Sie ist gesund und unabhängig und macht sich ein schönes Leben. Warum empfinde ich Mitleid mit ihr und möchte zu ihr sagen, was ich damals als ganz kleines Kind sagte: ›Nannie, es tut mir leid‹? Ich nehme an, das war, wenn ich mal ein kleines Malheur hatte, aber ich kann mich an das Malheur selbst nicht erinnern, nur an die Angst davor und daran, daß ich rief: ›Schnell, Nannie, schnell!‹ Es ist furchtbar, wenn man in einem solchen Augenblick warten muß. Heute habe ich es gewagt, ein paar Einkäufe zu machen, aber dann geriet ich in Panik, als der Verkäufer mir das Wechselgeld nicht sofort herausgab. Er brauchte so lange dazu, daß ich schon ganz sicher war, ich müßte gleich 'rausrennen und eine Toilette suchen. Ich hätte ihm am liebsten zugerufen: ›Beeilen Sie sich doch!‹ Ich habe Ihnen von meiner Katze und von der Frau erzählt, die das Wartezimmer naß gemacht hat; aber ich glaube, von unserem letzten Urlaub wissen Sie noch nichts. Ich möchte doch zu gerne wissen, ob das auch ein Anreiz für diesen Angstausbruch gewesen ist. Wir hatten ein Zimmer mit bis zum Boden reichenden Flügelfenstern, die auf einen Balkon gingen. Wir ließen sie immer weit offenstehen. Eines Nachts wachten wir auf, weil draußen ein entsetzlicher Sturm raste. Nach einer Weile dachte ich, wir sollten die Fenster besser schließen, und stellte zu meinem Entsetzen fest, daß das Zimmer unter Wasser stand und die Fenster sich einfach nicht schließen ließen. Wir mußten den Wirt wecken, und der machte ein fürchterliches Theater – die Teppiche seien hin, und so weiter. Dann kam der Gast, der das Zimmer unter uns hatte, nach oben gelaufen, weil das Wasser schon durch die Decke tropfte. Es war schrecklich mühsam, das Wasser auszuschöpfen, und wir dachten schon, wir müßten

Schadenersatz leisten, aber am nächsten Tag sah es dann doch längst nicht so schlimm aus, wie wir in der Nacht geglaubt hatten. Komisch, daß ich noch nicht an diesen Vorfall gedacht habe.«

Dann fuhr sie fort: »Gestern abend ist mir ganz plötzlich eingefallen, daß ich Ihnen immer gesagt habe, ich könne mich nicht erinnern, jemals im Bett meiner Eltern gelegen zu haben. Nur, daß ich zu ihnen hineinwollte und Nannie sagte, ich sei zu groß dafür. Aber ich erinnere mich jetzt ganz deutlich, daß ich morgens zu ihnen gegangen bin und mich zu ihnen ins Bett gelegt habe. Ein seltsamer Gedanke, genauso seltsam wie die Vorstellung, daß meine Mutter mich als Neugeborenes genährt hat. Ich meine eigentlich nicht, daß meine Schwester noch mehr Kinder haben sollte. Meine Mutter ist ja oft sehr lange weggewesen, als ich noch ganz klein war. Aber ich hatte Nannie, und mein Vater hatte mich wohl sehr gern. Ich weiß noch, wie ich immer mit ihm durch die Stationen und durch den Garten gegangen bin.«

Dieser Fall ist aus mehreren Gründen recht aufschlußreich. Zum einen nahm die analytische Arbeit nach achtjähriger Pause genau dort wieder ihren Anfang, wo sie beendet worden war – als hätte es nie eine Unterbrechung gegeben. Die Patientin gewann sogleich neue Einsichten. Sie erkannte jetzt, unter welchen Umständen sie als Kind in Panik geraten war – was ihr vorher einfach nicht gelungen war –, und brachte diese Erkenntnis mit einem der dafür maßgeblichen Gründe in Zusammenhang. Außerdem kamen Erinnerungen, die ihr zuvor nicht bewußt gewesen waren, jetzt ohne Schwierigkeiten.

Interessant ist weiter, daß die Analyse sogleich auf einer höheren Ebene begann, verglichen mit derjenigen, auf der sie damals geendet hatte. In der Sitzung, von der ich soeben berichtet habe, bestand meine Tätigkeit allein darin, daß ich am Ende den Inhalt zusammenfaßte. Der Stachel der Angst setzte Gedanken, Erinnerungen und Phantasien frei. Weil keine verdrängte Angst im Spiel war, gab es auch keine Umschweife. Von dynamischem Wert ist immer die innere Überzeugung des Patienten, nicht die des Analytikers. In solchen Sitzungen sollte man sich vor jedem Eingreifen hüten. Man möchte ja nicht, daß einem etwas von den Phantasien, Erinnerungen oder Affekten entgeht, die hier möglicherweise auftauchen.

Die wichtigsten Deutungen, die ich der Patientin lieferte, bezogen sich auf die aggressiven Phantasien im Zusammenhang mit dem Zerstören durch Wasser. Ich wies auf die Rivalität zwischen der Patientin und ihrer Mutter in bezug auf den »Wein« hin, den der Vater ausgeteilt hatte, und brachte dies in einen Zusammenhang mit der Ungeduld gegenüber dem Verkäufer, der sie hatte warten lassen. Ich konnte ihr sagen, daß ihre Worte: »Beeilen Sie sich doch!«, identisch waren mit ihrer Wut darüber, als kleines Kind nicht bekommen zu haben, was sie sich gewünscht hatte, daß der Traum auf einen Zeitpunkt verwies, zu dem sie die Liebe zur Mutter auf ihren Vater übertragen hatte, und daß das Wasserlassen eine feindselige Handlung gegenüber der Mutter war. Auch konnte ich der Patientin zeigen, daß sie deshalb Mitleid mit ihrer Mutter empfand, weil sie, überzeugt von ihrer Allmacht, gemeint hatte, gleich zwei Ergebnisse herbeigeführt zu haben: 1. Die Mutter unternahm lange Reisen, als die Patientin noch ganz klein war, und später kam es zwischen den Eltern zur Entfremdung. 2. Ihre Mutter hatte nach ihr keine weiteren Kinder mehr bekommen, und auch das galt ihr unbewußt als die durch ihre Allmacht bewirkte Erfüllung ihrer aggressiven Wünsche.

Ich möchte nun einen ganz anders gelagerten Fall schildern. Er stammt aus der Analyse jener fünfzigjährigen Frau, von der ich an anderer Stelle schon gesprochen habe. Der Traum, den ich hier wiedergeben will, stellte sich ein, als die Patientin bereits etwa vier Monate lang in Analyse gewesen war. Ich sprach schon von einer bestimmten neurotischen Manifestation, nämlich davon, daß die Patientin es in keiner Wohnung lange aushielt und daß ihr Mann und sie Jahre hindurch immer wieder umzogen und sie jedesmal das neue Heim nach kurzer Zeit nicht mehr mochte. Sie war von querulatorischer Veranlagung und litt zuzeiten an Depressionen. Sie bedauerte diese Eigenheiten selbst, hatte aber nicht die Kraft, sie unter Kontrolle zu halten.

Wie von mir bereits erwähnt, wußte man als Analytiker schon in der ersten Woche der Analyse, daß eines der größten Probleme dieser Patientin darin bestand, sich unbewußt für schuldig am Tod ihres kleinen Bruders zu halten, der mit anderthalb Jahren starb, als sie selbst zweieinhalb Jahre alt war. Ihr ganzes Seelenleben war siebenundvierzig Jahre lang von dieser Überzeugung geprägt gewesen, und ein analytisch geschulter Beobachter konnte, wie gesagt, diese Deutung zwar bereits in der ersten Woche liefern, aber die Patientin hätte sie unmöglich akzeptiert, und wenn sie sie akzeptiert hätte, so wäre dies ein reines Lippenbekenntnis gewesen. Die Patientin hielt sich mit großem Eifer an die religiösen Rituale. Alles, was mit dem äußeren Leben zusammenhing, war in ihren Augen irgendwie anstößig. Sie sehnte sich danach, sich in einen Schlupfwinkel zurückzuziehen, um dort geistlichen Übungen nachgehen zu können. Man hatte ihr gesagt, Psychoanalyse habe »etwas mit Sex zu tun«. Wenn das stimmen sollte, würde sie gar nicht erst weitermachen. Sie ging regelmäßig zur Beichte, und ich fand heraus, daß sie ihrem Priester alles, was in der Analyse auftauchte, erzählte, aber ich erfuhr niemals, was sie dem Priester nun wirklich sagte oder was der Priester ihr jeweils antwortete. Sie hatte nur sechs Monate Zeit, um sich durch die Analyse möglichst weitgehend helfen zu lassen, denn ihr Mann war wieder einmal auf der Suche nach einer neuen Wohnung, nachdem sie zunächst Urlaub gemacht hatten und nun schon eine Weile im Hotel wohnten.

Was innerhalb von sechs Monaten zur Linderung ihrer Schwierigkeiten getan werden konnte, hing ganz deutlich von der Behutsamkeit ab, mit der ich es vermeiden würde, im Vergleich mit dem heiligen Vater nicht die böse Mutter zu werden. Sie war ständig auf der Hut und paßte auf, daß ich mit ihr nicht über »irgend etwas Abscheuliches« sprach. Ich glaube nicht, in diesen sechs Monaten jemals von mir aus etwas zur Sprache gebracht zu haben, das mit sexuellen Schwierigkeiten zu tun hatte. Wenn ich es überhaupt tat, dann in ihrem Gefolge und kaum weiter als bis zu dem Punkt, an den sie sich selbst vorgewagt hatte. Insofern war ich mit dem Ergebnis zufrieden. Sie war seit vielen Jahren nicht mehr intim mit ihrem Mann gewesen. Wenn sie früher miteinander geschlafen hatten, war sie immer frigid gewesen, aber nun hatten sie schon jahrelang getrennte Schlafzimmer und waren einander nicht mehr nahe gekommen. Gegen Ende der Analyse beichtete sie mir sehr zögernd und in einer Mischung aus Scham, Überraschung und Unwillen, daß sie eines Nachts zu ihrem Mann ins Bett geschlüpft war, weil sie sich nach seinen Zärtlichkeiten sehnte. Sie konnte sich selbst nicht verstehen.

Unter den Deutungen, die ich dieser Patientin lieferte, befand sich keine einzige, der nicht lange Überlegungen von meiner Seite vorausgegangen wären; ich stellte mir immer vor, welche Art von Reaktion ihre als Ganzes gesehen eigentümliche Psyche wohl zeigen würde, und schließlich vergaß ich dabei auch niemals den Priester.

Der Traum, den ich hier wiedergeben möchte, ist ein recht gutes Beispiel dafür, in welcher Weise diese Analyse verlief und welche Fortschritte wir dabei erzielten. In bezug auf Situationen der Kindheit gelang es mir, die Verdrängung weitgehend aufzuheben, ohne daß ich jemals deutlich und unmittelbar über sexuelle Fragen gesprochen hätte, was die Analyse mit Sicherheit sofort beendet haben würde. Es war interessant zu sehen, daß ihre Libido, obschon in dieser Hinsicht doch sehr eingeschränkt, hinreichend genug befreit wurde, um den starren Panzer der Verdrängung einmal, wenn auch zögernd und scheu, durchbrechen zu können, nämlich als die Patientin versuchte, sich ihrem Mann sexuell zu nähern.

Dies war der Traum:

Die Patientin betrat eine Kirche, in der, wie sie wußte, der Vikar soeben Geburtstagsgeschenke in Empfang nahm. Ihr war außerordentlich verdrießlich zumute. Sie wollte die Kissen in ihrer Kirchenbank richtig hinlegen, aber es gelang nicht. So kletterte sie in die nächste Bank hinüber. Dort stillte eine Frau gerade ihr kleines Kind. Dann sah sie eine Pfütze auf dem Fußboden und kletterte in ihre alte Bank im hinteren Teil der Kirche zurück, stellte dabei aber fest, daß alle Anwesenden ihr interessiert zusahen.

An dem Tag, an dem sie mir diesen Traum erzählte, war sie zunächst sehr »übler« Stimmung gewesen, und auf meine Aufforderung, mir doch zu sagen, worauf ihrer Meinung nach dieses üble Gefühl zurückging, meinte sie, sie könne keine Ursache dafür finden. Gewiß, gestern abend war sie ärgerlich gewesen, als sie ihren gewohnten Platz in der Hotelhalle von einem anderen Gast besetzt fand, den es überhaupt nicht störte, daß sie sich immerzu in seiner Nähe aufhielt in der Hoffnung, er werde den kleinen Wink verstehen und den Platz räumen; aber mitnichten: er blieb sitzen. Heute früh hatte das Mädchen ihr den Morgentee zu spät gebracht. »Kaum sind neue Gäste angekommen«, hatte sie bei sich gedacht, »werden die Stammkunden, die hier schon immer wohnen, zugunsten der Neuankömmlinge vernachlässigt, anstatt daß man sie zuerst bedient, wie es sich gehört.« Außerdem stellte sich heraus, daß ihr Mann gestern abend einen Besucher gehabt und sich sehr ausführlich mit ihm unterhalten hatte. Anscheinend hatte es die beiden Herren nicht sonderlich interessiert, ob sie vielleicht auch etwas zu sagen gehabt hätte.

Sie sei sehr erstaunt über das gewesen, was ich neulich gesagt hatte, nämlich daß ein Kind sich durchaus Gedanken über seine Entleerungen mache. Ihrer Meinung nach denke ein Kind über so schmutzige Dinge nicht weiter nach. Es sei eben etwas, das sein müsse, und sie war immer der Ansicht gewesen, das Kind werde ebenso froh wie seine Mutter sein, wenn die Sache vorbei und alles aus dem Weg geräumt sei. Es war ein völlig neuer Gedanke, von dem sie sich angewidert fühlte, als ich geäußert hatte, das Kind könne an diesen Vorgängen interessiert sein. Immerhin war ihr eingefallen, daß sie einmal bei einer Familie gewohnt hatte, mit der sie sich auf einer ihrer Reisen angefreundet hatte. Sie war in das Kinderzimmer hinaufgegangen, und dort hatte die kleine Tochter ihrer Freunde gerade auf dem Topf gesessen, als der Vater, ein Professor, hereinkam »und sich zu meinem größten Erstaunen niederbeugte, dem

Kind, so wie es dort saß, einen Kuß gab und sagte: ›Na, Kleines, wie geht's denn vorwärts? Wieviel hast du denn schon fertiggebracht?‹ Das kleine Mädchen war entzückt, sprang auf und sagte: ›Guck mal, so viel‹, und der Professor erwiderte darauf: ›Brav, kleines Mädchen.‹« Die Patientin fügte hinzu: »Niemals zuvor habe ich so etwas gehört oder gesehen. Ich wußte nicht, was ich davon halten sollte, ob ich angewidert sein sollte oder was sonst. Aber das Kind war ganz eindeutig erfreut. Mein Mann hat sich unseren Kindern gegenüber niemals in dieser Weise verhalten, und dort hätte ich ihn nicht haben wollen, in diesem Kinderzimmer, wo er so etwas sehen konnte.«

Die Patientin machte eine Pause und sagte dann, mehr falle ihr im Augenblick nicht ein. Ich sagte: »Sie haben mir doch einen Traum erzählt. Denken Sie mal daran, behalten Sie ihn in Ihrem Gedächtnis, betrachten Sie ihn, als ob Sie ein Bild betrachteten, und lassen Sie ihn andere Bilder und Gedanken mit sich bringen, wenn Sie können.« Schließlich erwiderte sie: »Diese Kissen, und daß ich da herumkletterte und mich dann ganz hinten auf die Bank setzte – während ich mich das in dem Traum tun sehe, fallen mir meine eigenen Kinder ein. Solange ich nur die eine Tochter hatte, saß sie mir natürlich gegenüber, wenn ich den Kinderwagen vor mir herschob. Wir konnten uns ansehen und miteinander sprechen. Als dann das zweite Kind kam und im Wagen spazierengefahren wurde, setzte ich die Große mit dem Rücken zu mir und das kleine Kind mir gegenüber, wo zuerst die Tochter immer gesessen hatte. Wenn ich daran denke, was in der Analyse über diese Dinge gesagt worden ist, dann nehme ich an, daß das erste Kind es nicht mag, wenn man es einfach von seinem Platz entfernt, aber ich kann mich nicht erinnern, daß mein erstes Kind sich stärker dagegen gesträubt hätte, als ich mich gegen meinen kleinen Bruder gesträubt habe, aber Sie haben ja angedeutet, daß das Kind sich tatsächlich dagegen auflehnt, daß man in seine Rechte eingreift.«

Daraufhin sagte ich: »Aber jetzt empfinden Sie genau das gleiche wie als Kind.« Sie erwiderte: »Wie ist das denn möglich? Ich bin schließlich erwachsen, und Sie sprechen von meiner

Kleinkinderzeit.« Ich antwortete: »Sie haben sich doch über den Mann geärgert, der Ihnen gestern abend in der Halle Ihren angestammten Platz weggenommen hat.« »Ist das nicht verständlich?« fragte sie. »Es ist genauso verständlich«, sagte ich, »zu glauben, daß ein Stuhl in der Hotelhalle Ihr privates Eigentum ist, wie wenn das erste Kind meint, der Platz im Kinderwagen sei sein Eigentum, und sich darüber ärgert, wenn das nächste Kind ihn einnimmt, und genauso verständlich, wie wenn man sich ärgert, daß einem nicht soviel Beachtung entgegengebracht wird, weil noch jemand anders da ist, der ebenfalls möchte, daß man auf ihn eingeht, so wie bei dem Gespräch gestern abend, oder auch wie heute morgen, als die neuen Hotelgäste vor Ihnen bedient wurden und man Sie warten ließ.«

Im Zusammenhang mit den anderen Assoziationen während dieser Sitzung konnte ich noch zwei weitere Deutungen anbieten. Die eine bestand in der Vermutung, der Traum enthielte die verdrängte Erinnerung daran, daß sie sich als kleines Kind einmal aus Zorn beschmutzt hatte, und die zweite war eine Art Eröffnungszug meinerseits, diesen Traum in einen Zusammenhang zu bringen mit der Geschichte von dem kleinen Mädchen, das den Professor dadurch erfreute, daß es Stuhlgang hatte – die erste Möglichkeit für das Kind, seinem Vater ein Geschenk zu machen. Ich zog eine Verbindung zwischen diesem Gedanken und der Vorstellung, daß das kleine Mädchen sich wünschte, das tun zu können, was die Mutter tat, und schloß die Vermutung an, dieser Traum bezöge sich auf den Zeitpunkt, zu dem ihr Vater das Geschenk – ein Baby – von der Mutter erhalten hatte. Es war ein »Geburtstags«geschenk. Die Übertragung wurde in dieser Sitzung durch den Umstand erklärt, daß die Patientin am Tag zuvor bei mir hatte fünf Minuten warten müssen, und ich konnte in dieser ganz bestimmten Konstellation die Tatsache nützen, daß die Patientin gleichsam »auf dem Rücksitz saß«, was die Vorstellung, man ließe sie wegen eines anderen – neuen – Kindes warten, noch untermauert hatte.

Dieser Traum und die Besonderheiten dieses Falles sind meiner Meinung nach ein gutes Beispiel dafür, daß man in der

Analyse immer auch das Tempo berücksichtigen, nämlich sich an das Schrittmaß halten muß, das der Patient vorgibt.

Ich beende dieses Kapitel mit der Wiedergabe eines Traumes, der auch die realen Schwierigkeiten des Kindes – parallel zu seinen unbewußten Phantasien – deutlich macht. Der Traum lautete:

> »Ich sah eine Ahnentafel, auf der zu erkennen war, wie die Figuren in Jane Austens Romanen miteinander verwandt sind.«

Im Zuge der weiteren Bearbeitung sagte der Träumer: »Es war, als ob bestimmte Figuren aus dem einen Roman dann auch in einem anderen, zusammen mit neuen Figuren, aufträten, und die Tafel zeigte, wie sie alle miteinander verwandt waren.« Die »Tafel«, sagte der Patient, sei in der üblichen Art genealogischer Übersichten aufgebaut gewesen; sie zeigte die einzelnen Nachkommen mit ihren Ehepartnern und Kindern, so daß man die verschiedenen Zweige der Familie und die Vorfahren aus ihr ersehen konnte.

Die Assoziationen galten zunächst bestimmten verwirrenden und rätselhaften Erfahrungen des kleinen Jungen: X und Y waren seine Schwestern, Z war sein Bruder. A und B waren ebenfalls seine Brüder, aber der Vater von A und B war schon tot, während der Vater des Jungen selbst noch am Leben war. Und dabei war seine Mutter auch die Mutter von A und B! Im Traum waren die verwandtschaftlichen Beziehungen aller Figuren ganz eindeutig.

Der Träumer wählte eine bekannte Schriftstellerin als Ovation an die Adresse der eigenen Mutter, deren Kinder es als Erwachsene alle zu etwas gebracht hatten.

Zu der verwirrenden Situation, daß seine Geschwister die gleiche Mutter, aber verschiedene Väter hatten, kam noch eine weitere rätselhafte Sache hinzu, die sich im Traum dadurch zeigte, daß die Ahnentafel gewisse Zeichen und Symbole trug, wie sie auch auf Multiplikationstabellen stehen. Die Multiplikationstabelle, so wurde mir klar, kann für ein Kind ein großes Rätsel darstellen. Von den Assoziationen über den Begriff

»Multiplikation« wandte der Patient seine Gedanken dann dem Thema der Fortpflanzung zu, und es wurde mir klar, warum es manchen Kindern schon Schwierigkeiten bereitet zu begreifen, daß eins und eins zwei macht. Eins und eins kann nämlich auch ein halbes Dutzend ergeben. In dem geschilderten Fall lagen die Dinge sogar noch komplizierter: Eins und eins hatten zunächst zwei ergeben. Der Vater starb, die Mutter blieb am Leben. Dann hatten eins und eins vier ausgemacht. Wann würde der zweite Vater sterben? Und wen könnte seine Mutter sich dann nehmen, um noch mehr Kinder zu bekommen? So wie dieses Kind die Fakten zusammenordnete, war es unausweichlich, daß der Vater sterben mußte, nachdem Kinder geboren worden waren.

Eine weitere Ebene der Phantasie wurde durch die Signifikanz des Wortes *table* (Tabelle, Tafel, aber auch: [Eß-]Tisch; Anm. d. Übers.) erkennbar. Warum gerade eine »multiplication *table*«? Die einzige Bedeutung, die das Wort *table* für den kleinen Jungen besaß, war »Eßplatz«. Es muß sich dabei nach der Erfahrung des Kindes immer um eine Projektion des mütterlichen Körpers handeln, des ersten »table«, an dem es etwas zu essen gibt. Anhand dieser Assoziationskette gelangten wir zu der ersten und einfachsten frühkindlichen Phantasie, der Vorstellung nämlich, daß Fortpflanzung auf dem Weg über die Nahrung erreicht wird.

Jeder Patient hat sein eigenes und individuelles Innenleben. Der Analytiker darf sich bei seinem Vorgehen nicht nur von seiner Kenntnis des Unbewußten leiten lassen, sondern er muß auch imstande sein, sich dem jeweiligen Individuum anzupassen. Die Schwierigkeiten des einzelnen Menschen sind von den in seiner Umgebung herrschenden Faktoren nicht zu trennen, und der Analytiker muß diese Faktoren ebenfalls kennen, sonst ist seine ganze Technik um nichts subtiler als die, mit der Elle Meterware abzumessen. Die analytische Technik ist eine angewandte Kunst, und ihre Grundsätze sind – wie die Grundsätze jeder Kunst – durch die Begrenzungen des jeweiligen Mediums bestimmt. Das Vorgehen des Analytikers, das Tempo, das er anschlägt, und die Deutungen, die er abgibt, müssen in Einklang mit der individuellen Persönlichkeit des jeweiligen Patienten stehen. Öl- und Wasserfarben, Lehm und Stein, Geige und Klavier, lyrisches Gedicht und Roman – sie alle vermögen eine bestimmte menschliche Emotion zu porträtieren, aber die Technik der Wiedergabe ist von Fall zu Fall eine andere. Und so müssen uns, die wir mit Emotionen umgehen, wie sie ja allen Menschen eigen sind, immer von neuem die unendlich vielen Manifestationen dieser Emotionen auf ihrem je individuellen Schauplatz interessieren. Wenn der Analytiker sich auf sein Material eingestimmt hat, ergeben sich die technischen Feinheiten jeweils als Reaktion auf das ganz bestimmte Medium, an und in dem er arbeitet.

5 Analyse eines einzelnen Traumes

1. Der Stand der Analyse bei Auftreten des Traumes
2. Das charakteristische Verhalten des Patienten in der Analyse
3. Das analytische Material einer bestimmten Sitzung und die Kommentare der Analytikerin
4. Sichtung dieses Materials; Schlüsse und Deutungen, die dem Patienten geliefert wurden
5. Schilderung zweier weiterer Sitzungen, in denen sich der Fortgang der Analyse deutlich zeigt

In diesem Kapitel wollen wir uns mit allen Äußerungen des Patienten während einer Sitzung beschäftigen, in der er zunächst einen Traum erzählt hat. Außerdem werde ich die signifikanten Momente aus den beiden Sitzungen kurz zusammenfassen, die auf diese Stunde folgten, und mich auch mit dem weiteren Gang der Analyse beschäftigen. Nur so läßt sich nämlich ermessen, ob die gelieferten Interpretationen dazu beitragen, daß verdrängte und unterdrückte emotionale Einstellungen, Phantasien und affektive Erinnerungen in das bewußte Verständnis emporgehoben werden.

Der hier von mir ausgewählte Traum läßt seine eigentliche Bedeutung nicht so leicht erkennen wie der Traum jener Frau, die so bekümmert über ihren ständigen Drang zum Harnlassen war. Vielmehr standen mir hier viele mögliche Deutungen zur Verfügung, und ich mußte entscheiden, auf welche dieser Deutungen ich unsere Aufmerksamkeit lenken wollte.

Ich will kurz einen ganz bestimmten Aspekt der Schwierigkeiten dieses Patienten nennen, damit die Stunde, von der ich spreche, vor dem Hintergrund der Analyse verständlich wird, wie sie bis dahin betrieben worden war. In einem so komplexen Fall wie diesem würde ich die Dinge durch den Versuch, einen wirklich umfassenden Bericht zu geben, nur noch weniger durchschaubar machen.

Wir haben es im Augenblick mit einer Phase von größter Bedeutung zu tun. Der Vater des Patienten starb, als dieser, das jüngste Kind in der Familie, drei Jahre alt war. Seine Erinnerungen an den Vater sind außerordentlich vage; es gibt eigentlich nur eine Sache, von der er wirklich sagen kann: »Daran erinnere ich mich«: Der Vater wurde von allen sehr geliebt und geachtet, und der Patient hat nur Gutes und Bewundernswertes über ihn sagen hören. Die Verdrängung der unbewußten Probleme, die mit dem Vater und dessen Tod assoziiert waren, ist so stark gewesen, daß seine Anspielungen auf den Vater in nahezu dreijähriger Analyse fast ausschließlich dem Umstand galten, daß der Vater eben nicht mehr am Leben sei. Die Betonung lag immer auf den Worten »mein Vater ist gestorben«, »mein Vater ist tot«. Es war ein höchst bemerkenswerter Augenblick, als der Patient eines Tages darüber nachdachte, daß sein Vater ja auch gelebt hatte und, noch bemerkenswerter, als er dann dachte, er müsse seinen Vater ja eigentlich haben sprechen hören. Ganz allmählich wurde es ihm möglich zu begreifen, wie es ihm in den ersten drei Jahren seines Lebens ergangen war und welche inneren Veränderungen auf den Tod des Vaters gefolgt waren. So wie die psychischen Bande, die ihn mit dem Vater verknüpften, durch Verdrängung im Unbewußten gehalten wurden, ist ihm auch die Übertragung dieser Bande auf meine Person unbewußt geblieben. Der Vater ist »tot«, und also bin auch ich immer »tot« gewesen, soweit es um die Vaterübertragung ging. Er empfindet nichts in bezug auf meine Person. An die Theorie der Übertragung kann er nicht glauben. Nur wenn er jeweils bei Semesterschluß die Analyse beendet oder wenn das Wochenende herankommt, hat er so etwas wie ein dumpfes Angstgefühl, und erst seit ungefähr einem Monat kann er den Gedanken verstandesmäßig zulassen, daß diese Angst irgend etwas mit mir oder mit der Analyse zu tun hat. Er hat sie bisher beharrlich irgendeiner realen Ursache zugeschrieben, die sich immer finden läßt, um dieses Gefühl zu erklären.

Ich glaube, diese Analyse läßt sich mit einer endlosen Schachpartie vergleichen, und das wird sich so lange nicht ändern, bis ich endlich in seinem Unbewußten nicht mehr der auf Rache sinnende Vater bin, der nur darauf aus ist, ihn in die Enge zu treiben, ihn matt zu setzen, worauf es für ihn, den Patienten, keine Alternative zum Tod mehr gäbe. Der Ausweg aus dieser Bedrängnis (denn in der Technik des Manövrierens ist er unschlagbar, weil er ja glaubt, sein Leben hänge davon ab) besteht darin, ganz allmählich ans Licht zu bringen, daß das noch nicht dreijährige Kind den unbewußten Wunsch gehabt hatte, den Vater loszuwerden, denn nur dieser Wunsch kann, wenn er in der Übertragung wieder lebendig wird, irgendwann einmal jene allmachtstrunkene Überzeugung des Patienten zurechtrücken, er habe den Vater tatsächlich umgebracht. Der Wunsch muß in der Übertragung erneut erprobt werden, und gegen eine solche Erprobung sind alle seine ich-erhaltenden Instinkte angetreten. Es ist sein physisches Weiterbestehen, für das er so »phantastisch« kämpft; es geht ihm im Augenblick gar nicht um die Rettung seines Penis – sein Penis und sein Körper sind ein und dasselbe.

Bei einem derartig komplizierten Gefüge von Problemen ist es schwierig, einen bestimmten Aspekt auch nur eines einzelnen Problems als separate Erscheinung herauszulösen. Man denke nur an das Problem des physischen Weiterbestehens, wie es sich im Leben des erwachsenen Patienten herausschälte. Als er schließlich als Rechtsanwalt zugelassen war, entwickelte er schwere phobische Ängste. Das hieß, kurz gesagt, nicht etwa, daß er nicht wagte, berufliche Erfolge zu haben, sondern daß er überhaupt aufhören mußte zu arbeiten, weil er nämlich allzu erfolgreich sein würde. Die letzten Worte seines Vaters, die dem kleinen Sohn immer wieder zitiert worden waren, hatten gelautet: »Robert muß einmal meinen Platz einnehmen«, und für Robert bedeutete das, daß »Erwachsenwerden« gleich »Sterben« war. Es bedeutete zudem eine Verstärkung der unbewußten Phantasien über eine verschlingende Mutterimago, deren Liebe und Fürsorge erst mit dem Tod des Vaters endeten.

Die Analyse hat zum Ziel, die Furcht vor den aggressiven Wünschen zu reduzieren, die dieser Patient in den ersten drei Lebensjahren empfunden hat. Diese entsetzliche Angst vor den aggressiven Wunschvorstellungen und ihren phantastischen Folgen wird allerdings nur dann nachlassen, wenn man diese Vorstellungen ins Bewußtsein hebt, und nur dann werden die libidinösen Wünsche nicht länger »Tod« bedeuten. Und da es ja um die Wahrung und das Fortbestehen seines Körperichs geht, wird eine psychische Entwicklung nur auf dem Weg über solche Phantasien möglich sein, die den Körper und die Körperfunktionen betreffen. Damit will ich sagen, daß die Probleme dieses Patienten das Körperich betreffen. Das psychische Ich kann nur recht dürftig ausgebildet sein, wenn seine Aktivitäten so heftig dazu eingespannt werden, den Körper vor der phantastischen Auslöschung zu bewahren. Selbst die intellektuelle Entwicklung des Patienten dient im Augenblick hauptsächlich der Abwehr. Hinter seinem Bemühen um Erkenntnis und Einsicht steht ein einziges heftiges Bedürfnis. Das Problem dieses Patienten ist ein körperliches Problem, und meine Aufgabe, wenn ich sie denn lösen kann, besteht darin, seine wohlüberlegten Diskurse in die Sprache des Körpers zu übertragen. Das Problem, das seinen Körper betrifft, ist das der Verdrängung aller Körpergefühle. Er fürchtet sich vor dem »Fühlen«. Seine ausgeklügelten Bemühungen haben ein wunderbares System der Kontrolle über Muskeln und Bewegungen bewirkt, eine Kontrolle, die ganz echt und natürlich wirkt, und seine Sprache verrät in ihrer geschliffenen Diktion die gleiche Disziplin. Das wirkliche Leben ist verlorengegangen, die Perfektion ist eine tote Perfektion – wie bei seinem Vater. Deshalb darf ich, zum einen, bei dieser Analyse keine Gelegenheit auslassen, abstrakte Begriffe in Ausdrücke aufzulösen, die für körperliche Geschehnisse und Vorgänge stehen. Zum anderen konzentriere ich mich nicht auf das größte Problem dieses erwachsenen Menschen, nämlich auf die Frage, warum er nicht arbeiten kann oder wann er endlich arbeiten wird, sondern auf alle jene Dinge, die er durchaus tun kann – also auf das Tennis- und das Golfspiel, auf das Zeichnen, das Malen und die Gartenarbeit. Wenn nämlich erst einmal seine Hemmungen und Schwierigkeiten, die im Zusammenhang mit diesen Aktivitäten auftreten, gelöst sind, wenn die Phantasien, die sich darin enthüllen, erkundet werden können, dann wird es ihm auch möglich werden, in seinem Beruf zu arbeiten. Bei ihm heißen alle diese Beschäftigungen »Spielereien«. Wenn sie erst in Wahrheit »Spielereien« für ihn sein werden, dann wird Arbeit für ihn nicht länger gefährlich sein, denn beglückendes Arbeiten baut auf beglückendem Spiel auf.

An dem Tag, an dem der Patient mir den Traum erzählte, den ich für dieses Kapitel ausgewählt habe, hörte ich ihn nicht die Treppe heraufkommen. Ich höre ihn niemals. Die Stufen sind mit einem Teppich belegt, aber das ist nicht der Grund. Der eine Patient nimmt zwei Stufen auf einmal, und ich höre dann immer, wie sein Fuß besonders laut auftritt; ein anderer beeilt sich, und ich erkenne ihn gerade an seiner Eile und Gehetztheit; ein dritter stößt regelmäßig mit der Aktentasche, mit dem Schirm oder auch mit der Faust gegen das Geländer. Ein Patient schneuzt sich beim Heraufkommen meistens so laut, daß es wie eine Trompete klingt. Der eine kommt mit Hut, Schirm und Tasche herein. Diese Gegenstände müssen dann irgendwo abgelegt werden. Der eine wirft sie auf das erste beste Möbelstück, der andere sucht sich sorgfältig einen Platz aus und legt seine Habseligkeiten dort nieder. Der eine Patient wirft sich auf die Couch, der andere geht erst um sie herum, bevor er sich niederlegt. Der eine zögert und schaut sich im Zimmer um, bevor er sich überhaupt traut, sich auf die Couch zu legen. Mancher liegt still da und dreht sich nur um, wenn ihn seine Lage ermüdet, mancher wälzt sich dagegen vom ersten Augenblick an herum und findet erst nach geraumer Zeit die Position, in der er sich wohl fühlt und die er dann endlich beibehält.

Aber diesen Patienten höre ich niemals die Treppe heraufkommen und ins Zimmer treten. Er bringt auch niemals Hut, Mantel oder Schirm mit nach oben. Er ist immer der gleiche. Er legt sich auch auf immer die gleiche Weise nieder. Stets begrüßt er mich in der gleichen konventionellen Art, mit dem gleichen freundlichen Lächeln, das weder gezwungen ist noch deutlich erkennbar irgendwelche feindseligen Impulse verbirgt. Niemals ist irgend etwas an ihm, das Aufschluß über ihn gäbe. Er zeigt keine Hast, nichts an ihm ist dem Zufall überlassen, seine Kleidung ist makellos, nichts deutet auf eine zu eilige Morgentoilette, jedes Haar sitzt an seinem Platz. Ob das Hausmädchen zu spät aufgestanden ist, ob er sein Frühstück zu spät bekommen hat – das alles werde ich mit etwas Glück bestenfalls kurz vor dem Ende dieser Sitzung erfahren, und oft erfahre ich es erst am nächsten Tag. Er legt sich hin und macht es sich bequem. Mit den Händen auf der Brust bleibt er liegen, bis die Stunde um ist. Kürzlich ist er zu meiner Erleichterung imstande gewesen, sich an der Nase oder am Ohr zu kratzen, als ihn dort irgend etwas irritierte, und vor einigen Wochen hat er sogar einmal eine Sensation im Bereich der Genitalien empfunden. Er spricht die ganze Stunde lang, deutlich, flüssig, in gewählten Worten, ohne zu zögern, mit vielen Pausen. Seine Stimme bleibt dabei klar und ruhig, denn was er zum Ausdruck bringt, sind Gedanken und niemals Gefühle.

Niemals also habe ich ihn die Treppe heraufkommen hören, aber einige Male vor der bewußten Sitzung vernahm ich einen Augenblick vor seinem Eintreten ein ganz kleines und diskretes Hüsteln. Wenn ich sage, daß ich diesen winzigen und diskreten Laut, der da an mein Ohr drang, mit großer Freude registrierte, dann vermittelt das vielleicht einen Begriff davon, wie absolut »unergiebig« dieser Patient im allgemeinen war, soweit es um unbewußte körperliche Manifestationen seines inneren Zustands ging. Ich zeigte keine Reaktion auf das Hüsteln, weil ich hoffte, daß es vielleicht noch lauter werden würde. Diesen Patienten auf eine Manifestation seines Unbewußten hinweisen heißt, ihr Einhalt gebieten. Sein großes Anliegen lautet, sich nicht zu verraten und alles unter Kontrolle zu haben, was ihn irgend preisgeben könnte. Dazu kommt noch, daß er jede unbewußte Manifestation sehr rasch selbst bemerkt und damit jede Spontaneität sofort zunichte macht.

So legte er sich denn an diesem Morgen, nachdem er mich begrüßt hatte, wie immer auf die Couch und sagte zu meiner Enttäuschung und mit einer Stimme, die ruhig und überlegt klang wie immer: »Ich habe über dieses kleine Hüsteln nachgedacht, das ich immer abgebe, bevor ich hereinkomme. Die letzten paar Male habe ich es bemerkt; ich weiß nicht, ob Sie es auch gehört haben. Heute, als das Mädchen mich heraufbat, nahm ich mir vor, nicht zu hüsteln. Zu meinem Ärger aber stellte ich dann doch fest, daß ich gehüstelt hatte – gerade als es vorbei war. Es ist sehr ärgerlich, so etwas zu tun, höchst ärgerlich, daß etwas in einem selbst oder durch einen selbst vorgeht, das man nicht kontrollieren kann oder nicht unter Kontrolle hat. Man sollte meinen, daß irgend etwas damit bezweckt ist, aber welcher Zweck hinter so einem kleinen Hüsteln stecken könnte, das ist wirklich schwer zu denken.«

(Analytikerin) Welchem Zweck könnte es denn dienen?

(Patient) Ja nun, es ist etwas, das man tun würde, wenn man gerade ein Zimmer betreten wollte, in dem sich ein Liebespaar aufhält. Wenn man an einen solchen Ort kommt, dann könnte man ganz diskret ein wenig husten und die beiden auf diese Weise wissen lassen, daß sie gleich gestört werden. Ich habe das auch schon getan, zum Beispiel damals, als ich etwa fünfzehn war und mein Bruder mit seiner Freundin im Wohnzimmer saß; damals habe ich immer gehustet, bevor ich die Tür aufmachte, so daß sie auseinanderrücken konnten, wenn sie sich gerade umarmt hatten. Sie brauchten dann nicht so verlegen zu sein, wie wenn ich sie dabei erwischt hätte.

(Analytikerin) Und warum das Hüsteln, bevor Sie hier hereinkommen?

(Patient) Das ist verrückt, denn natürlich würde ich gar nicht erst heraufgebeten, wenn noch jemand anders hier wäre, und von Ihnen denke ich so etwas schon gar nicht. Es gibt, soweit ich sehe, überhaupt keinen Grund für dieses Husten. Aber es hat mich an eine Phantasie erinnert, die ich einmal hatte – ich stellte mir vor, ich sei in einem Raum, in dem ich eigentlich nicht hätte sein sollen, und überlegte mir, daß jemand glauben könnte, daß ich da drin wäre, und dann dachte ich, daß ich jeden daran hindern würde, hereinzukommen und mich dort zu finden, indem ich bellen würde wie ein Hund. Das würde meine Anwesenheit verbergen. Der »Jemand« würde dann sagen: »Ach so, es ist nur ein Hund drin.«

(Analytikerin) Ein Hund?

(Patient) Das erinnert mich an einen Hund, der sich an meinen Beinen rieb und sich dabei regelrecht masturbierte. Ich schäme mich, Ihnen das zu erzählen, weil ich ihn nicht davon abgehalten habe. Ich ließ ihn weitermachen, und es hätte ja jemand hereinkommen können. (Hier hustete der Patient.)

Ich weiß nicht, warum mir ausgerechnet jetzt mein Traum von heute nacht einfällt. Es war ein endloser Traum, der über endlose Zeitspannen ging. Es würde die ganze Stunde in Anspruch nehmen, wenn ich ihn ganz erzählen wollte. Aber erschrecken Sie nicht, ich werde Sie nicht mit all diesen Dingen belästigen, und zwar ganz einfach deshalb, weil ich mich gar nicht daran erinnern kann. Aber es war ein aufregender Traum, voller Geschehnisse, voll interessanter Dinge. Als ich aufwachte, war mir ganz heiß, und ich schwitzte. Es muß der längste Traum gewesen sein, den ich je hatte.

> Ich träumte, daß ich mit meiner Frau auf einer Weltreise war, und schließlich kamen wir in die Tschechoslowakei, wo gerade alles mögliche im Gange war. Ich traf eine Frau auf der Straße, übrigens einer Straße, die mich jetzt an die andere Straße erinnert, die ich Ihnen neulich im Zusammenhang mit den beiden anderen Träumen beschrieben habe, in denen ich es mit einer Frau machte, und zwar in Gegenwart einer anderen Frau. Genauso war es auch in diesem Traum. Dieses Mal war meine Frau zugegen, während das sexuelle Geschehen sich abspielte. Die Frau, die ich kennengelernt hatte, sah sehr leidenschaftlich aus.

Und dabei fällt mir eine Frau ein, die ich gestern in einem Restaurant gesehen habe. Sie war dunkelhaarig und hatte volle rote Lippen, die sehr sinnlich aussahen, und es war ganz eindeutig, daß sie sofort darauf eingegangen wäre, wenn ich auch nur die kleinste Aufforderung zu erkennen gegeben hätte. Sie muß der Anreiz zu dem Traum gewesen sein, denke ich. In dem Traum *wollte die Frau mit mir schlafen, und sie ergriff auch die Initiative, was mir, wie Sie ja wissen, immer sehr hilft.* Es ist immer eine große Hilfe für mich, wenn eine Frau so etwas macht. In dem Traum *lag die Frau übrigens auf mir; das ist mir gerade erst eingefallen. Sie hatte ganz offensichtlich vor, meinen Penis in ihren Körper einzuführen. Das kann ich sagen, wenn ich an die Manöver denke, die sie vornahm. Ich war damit nicht einverstanden, aber sie war so enttäuscht, daß ich dachte, ich würde sie dann eben masturbieren.* Es klingt irgendwie falsch, wenn man dieses Verb transitiv gebraucht. Man kann sagen »ich habe masturbiert«, und das ist richtig, aber es ist ganz und gar falsch, das Wort im transitiven Sinne zu verwenden.

(Analytikerin) Das *Verb* transitiv zu verwenden ist »ganz und gar falsch«?

(Patient) Ich verstehe, was Sie sagen wollen. Tatsächlich habe ich nur mich selbst masturbiert.

(Analytikerin) Nur?

(Patient) Ich erinnere mich nur, einmal einen anderen Jungen masturbiert zu haben, und ich weiß die Einzelheiten nicht mehr und scheue mich, das zu erwähnen. Das ist das einzige Mal, an das ich mich erinnern kann. Der Traum ist mir sehr lebhaft im Gedächtnis. Es kam nicht zum Orgasmus. Ich erinnere mich, daß ihre Vagina meinen Finger umschloß. Ich sehe das Äußere ihrer Geschlechtsorgane, das vordere Ende der Vulva. Etwas Großes und Ausladendes hing da nach unten wie die Falte an einer Kapuze (hood). Ja, es sah wie eine Kapuze aus, und das war es auch, was die Frau benutzte, als sie versuchte, meinen Penis zu kriegen. Die Vagina umschloß meinen Finger. Die Kapuze war irgendwie seltsam.

(Analytikerin) An was denken Sie noch? – Halten Sie den Anblick in Ihrem Gedächtnis fest.

(Patient) Ich denke an eine Höhle. An dem Abhang des Hügels, in dessen Nähe ich als Kind lebte, befindet sich eine Höhle.

Ich bin oft mit meiner Mutter hingegangen. Man kann sie schon von der Straße aus sehen, bevor man hinkommt. Das Auffälligste an ihr ist, daß der obere Teil überhängt, es sieht ganz aus wie eine riesige Lippe. Als ich ein Kind war, dachte ich immer, daß es wie die Lippe eines Ungeheuers aussieht. Eben fällt mir ein, daß »Labia« ebenfalls »Lippen« (auch Schamlippen; Anm. d. Übers.) bedeutet. Es gibt einen Witz über die Schamlippen, die quer und nicht längs verlaufen, aber ich weiß im Augenblick nicht mehr, wie der Witz geht, es ist irgendein Vergleich zwischen der chinesischen und unserer eigenen Schrift, die ja von verschiedenen Seiten her ihren Anfang nehmen, beziehungsweise bei denen die eine von unten nach oben verläuft. Die Schamlippen liegen natürlich Seite an Seite und die Scheidenwände hinten und vorn, das heißt, die einen verlaufen längs und die anderen quer. Ich denke noch immer an diese Kapuze.

(Analytikerin) Ja, und weiter?

(Patient) Da war ein komischer Mann, als ich meine ersten Golfstunden hatte, an die ich mich erinnere. Er sagte, er könnte mir billig zu einem Golfsack aus dem Material verhelfen, aus dem man die Verdecke von Autos herstellt (motor-hood cloth). Es war sein Akzent, an den ich mich erinnere; den vergesse ich nie. (Macht ihn nach.) Wenn ich ihn jetzt so nachmache, fällt mir eine Freundin ein, die beim Rundfunk ist und sehr begabt interessante Rollen verkörpert, aber es klingt angeberisch, wenn ich Ihnen das erzähle, ebenso angeberisch, wie wenn ich Ihnen erzählen würde, was für einen großartigen Empfänger ich besitze. Ich bekomme alle Sender ohne Schwierigkeiten herein.

Meine Freundin hat ein ausgezeichnetes Gedächtnis. Sie kann sich auch an ihre Kindheit erinnern; mein Gedächtnis ist dagegen ganz schlecht, soweit es die Zeit vor meinem elften Jahr angeht. Ich kann mich aber an eines der ersten Lieder erinnern, die wir im Theater hörten, und anschließend machte sie den Sänger nach. Das Lied hieß: »Where did you get that hat, where did you get that tile?« (Woher hast du den Hut da, woher hast du diesen Deckel?) Jetzt bin ich schon wieder bei dem Verdeck (hood), und da fällt mir der erste Wagen ein, in dem ich jemals gesessen habe, aber damals, als sie noch neu waren, hießen sie natürlich noch »Automobile«. Ich erinnere mich an das Verdeck (hood) – sehen Sie, da ist es wieder, »motor-hood«. Also, das Verdeck von diesem Automobil war das Auffälligste an ihm. Wenn es nicht gebraucht wurde, konnte man es zurückschieben und festbinden. Innen war es scharlachrot ausgeschlagen. Die Spitzengeschwindigkeit, die dieses Auto erreichte, war etwa sechzig, also eine gute Geschwindigkeit, wenn so ein Auto lange leben soll. Komisch, daß man von der Lebensdauer eines Autos spricht, so als ob es sich um einen Menschen handelte. Ich weiß noch, daß mir in diesem Auto schlecht wurde, und dabei fällt mir ein, daß ich einmal in eine Papiertüte urinieren mußte, als ich als Kind mit der Eisenbahn fuhr. Ich denke noch immer an das Verdeck.

(Analytikerin) Sie sagten, daß es hinten festgebunden war?

(Patient) Ja, natürlich, und da fällt mir ein, daß ich Lederstreifen gesammelt habe, daß ich auch immer Leder zu Streifen geschnitten habe. Ich brauchte diese Streifen oder Bänder wohl, um etwas »Nützliches« damit zu machen, aber jetzt nehme ich eher an, daß es etwas ganz Unnützes war. Ich mag nicht denken, daß es ein Zwang war; deshalb ärgert mich das Husten so. Ich glaube, daß ich auf diese Weise auch die Sandalen meiner Schwester zerschnitten habe. Ich habe nur eine ganz vage Erinnerung daran. Ich weiß nicht, warum oder wofür ich das Leder haben wollte, wenn es erst zerschnitten war.

Aber da fallen mir plötzlich diese Bänder (straps) ein, wie man sie an Kinderwagen sieht; die Kinder werden damit festgebunden, und beinahe hätte ich gesagt, daß es in unserer Familie gar keinen Kinderwagen gab, aber dann dachte ich, wie dumm bist du doch, du mußt doch einen Kinderwagen gehabt haben. Ich kann mich ebensowenig an ihn erinnern wie daran, daß mein Vater in seinem Rollstuhl herumfuhr – obwohl ich eine leise Erinnerung an den Stuhl selbst habe.

Eben ist mir eingefallen, daß ich ja vorhatte, zwei neuen Clubmitgliedern ihre Mitgliedskarten zu schicken. Ich prahle damit, daß ich ein besserer Clubsekretär bin als mein Vorgänger, und dabei vergesse ich ganz, daß ich den Leuten doch den Ausweis schicken wollte, mit dem sie in den Club hereinkommen. Es stimmt wirklich: »We have undone those things we ought to have done, and there is no good thing in us.« (»Wir haben jene Dinge ungetan gelassen, die wir hätten tun sollen, es steckt nichts Gutes in uns.« Es handelt sich wohl um Gedanken aus dem Römerbrief, Kap. 7: »Denn ich weiß, daß in mir, das ist in meinem Fleische, nichts Gutes wohnt«; Anm. d. Übers.)

(Analytikerin) Ungetan gelassen?

(Patient) Gerade wollte ich sagen, daß mir bei diesem Satz die Knöpfe am Hosenlatz einfallen, die ich niemals offenstehen (undone) lasse, die ich niemals vergesse – aber zu meinem Erstaunen stellte meine Frau letzte Woche fest, daß ich den Hosenschlitz eben doch einmal offengelassen hatte. Es war bei Tisch, und ich habe die Knöpfe verstohlen unter dem Tisch zugemacht. Und jetzt fällt mir der Traum ein, in dem, wie Sie sich vielleicht erinnern, ein Mann mir sagte, ich solle meine Mantelknöpfe zumachen. Da fallen mir wieder diese Bänder (straps) ein, und daß ich als Kind nachts im Bett festgebunden werden mußte, damit ich nicht herausfiel. Wahrscheinlich war ich auch im Kinderwagen auf diese Weise festgebunden.

Ich möchte jetzt die wiederkehrenden Themen aus den latenten Gedanken in der Reihenfolge ihres Auftretens noch einmal Revue passieren lassen:

1. Der Husten.

2. Gedanken in bezug auf den Zweck, den ein Husten haben kann:

a) Gedanken an zwei Liebende, die beieinander sind.
b) Zurückweisung sexueller Phantasien, die sich mit der Person der Analytikerin beschäftigen.
c) Phantasie des Patienten, er befinde sich an einem Ort, an dem er nicht sein sollte, und belle wie ein Hund, um die Menschen von der richtigen Spur abzulenken.
d) Der Hund wiederum brachte die Erinnerung an einen masturbierenden Hund zurück.

Bei dieser Verknüpfung hustete der Patient (man vergleiche das mit dem Gebell), und plötzlich fiel ihm der Traum ein.

3. Das nächste Thema war der Traum. Eingeflochten in den Bericht darüber war das sehr lebendige Bild der Frau, die er am Vortag in Wirklichkeit gesehen hatte. Diese Frau hatte volle Lippen gehabt. Bei der Frau im Traum hatten die äußeren Geschlechtsteile so etwas wie einen Überhang oder Vorsprung gehabt, den sie irgendwie dazu benutzte, seines Penis habhaft zu werden. Das ganze spielte sich auf einer Straße ab, die sich für ihn mit zwei anderen Träumen assoziierte, in denen er sexuelle Handlungen an einer Frau vorgenommen hatte, während eine andere Frau zugegen war.

Als er in seiner Traumerzählung bis zu dem Liebesspiel auf der Straße gekommen war, sträubte er sich gegen den transitiven Gebrauch des Verbs »masturbieren« (»es ist ganz und gar falsch«).

4. Das nächste Thema lautete »hood« (Kapuze, Haube, Verdeck, Überhang). Das brachte ihn auf die Höhle und den überhängenden oberen Teil der Höhle, der wie eine Lippe aussah.

5. Dann geriet er in seinen Gedanken von den Schamlippen (Labia) und den Lippen schlechthin an Dinge, die »quer und längs verlaufen«, und an einen Witz, an den er sich nicht recht erinnern konnte. Wieder fiel ihm »hood« ein.

6. Über das Wort »hood« kam er zu »motor-hood cloth«, weil er sich an den Akzent des Mannes, der davon gesprochen hatte, erinnerte. Er ahmte die Sprechweise des Mannes nach.

7. Dabei fielen ihm die Rollen ein, die seine Freundin beim Rundfunk so begabt verkörperte, und vor allem eine Szene, in der sie einen Mann gespielt hatte. Er tat diese »Angeberei« mit der Freundin ebenso rasch ab wie die Bemerkung über sein fabelhaftes Rundfunkgerät. Das gute Gedächtnis der Freundin im Vergleich zu seinem *schlechten* Gedächtnis (jetzt fällt es ihm ein).

8. Wieder kam er auf »hood« zu sprechen; diesmal erinnerte er sich an das erste Auto, in dem er jemals gesessen hatte. Das mit scharlachfarbenem Stoff ausgekleidete Verdeck (hood) war

zurückgeschlagen und mit Bändern (straps) festgeschnallt gewesen. In dem Auto war ihm übel geworden, und dann fiel ihm ein, daß er als Kind einmal im Zug Wasser lassen mußte.

9. Das Verdeck (hood) mit den Bändern (straps) rief ihm eine Zeitspanne aus seiner Kindheit ins Gedächtnis, als er geradezu zwanghaft Leder zu Streifen zerschnitt und einmal sogar die Sandalen seiner Schwester auf diese Weise zerlegt hatte.

10. Die Bänder (straps) ließen ihn daran denken, daß kleine Kinder in ihrem Kinderwagen festgebunden werden. Er schloß, daß auch er einen Kinderwagen gehabt haben mußte. Er hatte zwei ältere Geschwister besessen.

11. Ihm fiel ein, daß er den neuen Clubmitgliedern ihre Ausweise noch nicht zugeschickt hatte. Er hatte »left undone those things he should have done« (jene Dinge nicht getan, die er hätte tun sollen).

12. Die Knöpfe an seinem Hosenlatz waren nicht geschlossen worden (had been left undone).

13. In einem früheren Traum hatte man ihm gesagt, er solle »die Mantelknöpfe zumachen«.

14. Schließlich kam er erneut auf die Bänder zu sprechen und erinnerte sich, daß man ihm gesagt hatte, er sei als kleines Kind in der Regel in seinem Bett festgebunden gewesen, damit er nicht herausfiel. Deshalb vermutete er nun, daß er auch im Kinderwagen angebunden gewesen war.

Von Wichtigkeit ist zunächst, daß man nach dem Haupthinweis in bezug auf die Signifikanz dieses Traumes sucht. Wir können das tun, indem wir den Augenblick festhalten, in dem der Traum dem Patienten wieder in den Sinn kommt. Er hatte gerade davon gesprochen, daß ein Hund an seinem Bein masturbierte. Einen Augenblick zuvor hatte er erzählt, er habe einmal einen Hund nachgeahmt, das heißt, er hatte sich mit einem Hund identifiziert. Dann kam das Hüsteln. Nun fiel ihm der Traum ein, ein langer und aufregender Traum, aus dem er erhitzt und schweißgebadet erwacht war. Mein Schluß in bezug auf die Signifikanz des Traumes insgesamt lautet, daß es sich um eine Masturbationsphantasie handelt. Das ist von größter Wichtigkeit. Als nächstes ist festzuhalten, daß diese Masturbationsphantasie die Potenz zum Thema hat. Der Patient reist um die ganze Welt. Es ist der längste Traum, den er jemals hatte. Um ihn zu erzählen, würde man eine ganze Stunde brauchen. Ziehen wir hier eine Verbindungslinie zu der Tatsache, daß er die »Angeberei« mit seiner Freundin, deren Stimme in die Welt ausgestrahlt wird, und mit seinem Rundfunkgerät, das jeden Sender empfängt, eigentlich verabscheute. Denken wir auch daran, daß er den Mann nachahmte, dessen Akzent ihn so faszinierte; beiläufig hatte er von diesem Mann auch gesagt, er sei »früher einmal Metzger gewesen«.

Verkörperung – ob er nun eine Freundin oder sich selbst darstellt – bedeutet hier letztlich, daß er eine Persönlichkeit nachahmt, die stärker oder bekannter ist als er selbst. Dies liefert einen weiteren Hinweis auf den Sinn der Masturbationsphantasie, einer Phantasie, in der er jemand anderen darstellt, jemanden, der unendlich stark und mächtig ist. Daraus ergibt sich als nächstes die Frage, warum denn der Gedanke an extreme Macht in seiner Phantasie auftaucht. Die Antwort darauf wird uns in dem Traum gegeben. Der Patient reist um die ganze Welt. Diesem Gedanken entspricht meiner Meinung nach die tatsächliche Erinnerung, die ihm bei der Beschreibung der für ihn so seltsamen Kapuze (hood) in seinem Traum kam. Es stellte sich nämlich heraus, daß er etwas beschrieb, das nicht nur wie etwa die Falte einer Kapuze überhing, sondern daß diese Kapuze selbst überhing »wie der Rand (die Lippe) einer Höhle«. Das heißt, die »Kapuze« und die Schamlippen werden direkt mit der großen Höhle auf dem Abhang des Hügels verglichen, den er mit seiner Mutter aufsuchte. Die Masturbationsphantasie ist also mit einer immensen Potenz assoziiert, denn er träumt davon, daß er auf »Mutter Erde« herumgeht, daß er der riesigen Höhle hinter den sich vorwölbenden Lippen gewachsen ist. Dies ist der zweite Punkt von Wichtigkeit.

Als nächstes möchte ich die Aufmerksamkeit des Lesers auf die Assoziationen in bezug auf Lippen und »Labia« lenken. Die

Frau, die als Anreiz zu diesem Traum fungiert hatte, besaß volle rote und sinnliche Lippen. Im Traum hatte er eine lebhafte Vorstellung von den »Labia« und der »Kapuze«. Die Höhle besaß einen überhängenden Rand, eine »Lippe«. Er denkt an Dinge, die längs verlaufen, wie die Schamlippen, und schließlich an solche, die quer verlaufen – was meiner Ansicht nach heißt, daß der Mund mit der Vulva verglichen wird.

Außerdem denkt er an das erste Automobil, in dem er saß, an dessen Verdeck (hood) und an das scharlachfarbene Innenfutter. Dann fällt ihm sofort die Geschwindigkeit dieses Autos ein; er sagt, die »Spitze« seiner Geschwindigkeit sei soundso viele Meilen pro Stunde, spricht darauf von der »Lebensdauer des Autos« und stellt fest, daß er von dem Auto so spricht, als handele es sich um ein menschliches Wesen.

Aus der Tatsache, daß im Traum das Bild der Vulva und der Kapuze auftaucht, zusammen mit der Fülle anderer Assoziationen, die ihrerseits die Vorstellung eines »roten Innern« und überhängender bzw. vorspringender Lippen und einer Kapuze wecken, schließe ich, daß die Erinnerung an die wirkliche Höhle, die er mit seiner Mutter besuchte, ebenfalls als Deckerinnerung dient. Ich würde weiter ableiten, daß die gleiche vergessene Erinnerung auch auf das Automobil mit seinem scharlachfarben ausgeschlagenen Verdeck projiziert worden ist und daß die »Spitze« der Geschwindigkeit die gleiche Signifikanz besitzt wie das Überhängen bzw. Vorspringen der Genitalien im Traum – es handelt sich um die »Spitze« der Kapuze. Ich könnte mir denken, daß eine wirkliche, wenn auch verdrängte Erinnerung an den Anblick der Genitalien einer Person existiert, die viel älter als der damals noch sehr kleine Patient war; und ich schließe das aus der Erwähnung des Autos, der Höhle und der Weltreise im Zusammenhang mit der unendlichen Macht und Stärke, die dazu ja notwendig waren. »Spitze« (peak) und »Kapuze« (hood) sind für mich die Klitoris. Der Patient hat eine acht Jahre ältere Schwester. Aus seinen Bemerkungen über die Stimme seiner Freundin – ihren Klang, Akzent, den Klang einer männlichen Stimme – und aus der Tatsache, daß die Bemerkung über die Freundin im Zusammenhang mit einer männlichen Verkörperung gemacht wurde, schließe ich, daß der Patient, zumindest als sehr kleines Kind, einmal die Genitalien seiner Schwester gesehen, die Klitoris bemerkt und die Schwester urinieren gehört hat. Wenn ich allerdings an all die bis dahin geleistete analytische Arbeit denke, dann glaube ich darüber hinaus, daß er in seiner Kleinstkinderzeit tatsächlich auch die Genitalien seiner Mutter gesehen hat. Das könnte zum Beispiel dann der Fall gewesen sein, wenn sie das Kind einmal auf eine Decke am Fußboden gelegt hätte. Es ist die einzige Erklärung, die ich bisher dafür habe, daß dieser Patient auf den Bildern, die er malt, eine ganz bestimmte Beleuchtung bevorzugt, nämlich die Beleuchtung von unten her. Einen weiteren Hinweis in bezug auf die Frau in dem Traum sehe ich in dem Umstand, daß sie dunkelhaarig ist. Tatsächlich bevorzugt dieser Patient unter den Frauen eher den blonden und goldhaarigen Typ. Bei einer anderen Gelegenheit hat er mir gesagt, daß seine Mutter dunkelhaarig war und daß leidenschaftliche Frauen in seiner Vorstellung immer dunkles Haar besitzen.

Der nächste wesentliche Punkt ist der, daß der Patient in der Kindheit masturbiert hat. Er erinnert sich an den Traum, in dem jemand zu ihm sagt, er solle seine Kleidung zuknöpfen, und dieser Traum fällt ihm wieder ein, als er daran denkt, daß er in seinem Bettchen festgeschnallt war. Damit, so sagt er, sollte verhindert werden, daß er herausfiel. Ich sehe hier auch einen Zusammenhang mit Material aus anderen Sitzungen; er hat mir nämlich auch erzählt, daß er deshalb im Bett angebunden war, weil er »so unruhig« war, und hin und wieder hat er bemerkt, seiner Meinung nach könne es für ein Kind nichts Schlimmeres geben, als in seinen Bewegungen behindert oder irgendwie eingeschränkt zu sein. Allerdings wußte er nicht, warum er sich dieser Sache so sicher war, denn er konnte sich nicht erinnern, jemals seine Freiheit nicht besessen zu haben. Aus seinen Bemerkungen über »straps« (Bänder) und »being pinned in bed« (das Festgebundensein im Bett) kann man wohl mit einiger Berechtigung schließen, daß man ihn in seinen ersten Lebensjahren in gewissem Umfang in seiner Bewegungsfreiheit eingeschränkt hatte, weil er masturbierte, und daß dieses frühe Masturbieren in seinem Phantasiegehalt von gleicher Art war wie der soeben geträumte Traum.

Wir können uns jetzt weiteren Einzelheiten zuwenden. Zweimal war von Zwang die Rede, zuerst im Zusammenhang mit dem »kleinen« Husten, den er allen Vorsätzen zum Trotz ganz unwillkürlich entläßt – ein Umstand, der ihm außerordentlich zuwider ist. Der zweite Hinweis findet sich im Zusammenhang mit dem Drang des kleinen Jungen, Leder in Streifen zu schneiden und die Sandalen seiner Schwester auf solche Weise zu zerlegen. Sehr zögernd hat der Patient zugegeben, daß dieses Zerschneiden wie unter einem Zwang geschah. Interessant ist hier, in welcher Reihenfolge die Bemerkungen hinsichtlich dieser zwanghaften Aggressivität gemacht wurden: Es ist zunächst die Rede von Bändern, dann von Bändern an einem Kinderwagen; dann wird der Gedanke, daß es überhaupt einen Kinderwagen gab, zurückgewiesen; dann folgt die Überlegung, daß es schließlich doch einen Kinderwagen gegeben haben muß, da er ja ältere Geschwister gehabt hat – und hier schließlich fiel ihm ein, daß er vergessen hatte, den beiden neuen Clubmitgliedern ihre Mitgliedsausweise zu schicken. Diese Sequenz berechtigt uns zu folgender Deutung: Er konnte sich deshalb so schwer daran erinnern, daß es einen Kinderwagen gab, daß er darin gesessen haben mußte und daß »ja noch andere Kinder dawaren«, weil er nicht gewollt hatte, daß seine Mutter nach ihm noch weitere Kinder bekäme; und die frühe Aggressivität, wie sie sich in dem »Zerschneiden« zeigt, richtete sich ganz eindeutig gegen die möglichen und schon jetzt gehaßten Rivalen. Heute manifestiert sich diese Einstellung darin, daß er es unterläßt, den neuen Mitgliedern ihre Clubausweise zu schikken. In der Phantasie des Kindes wurden »die neuen Mitglieder« zerschnitten oder herausgeschnitten.

Wir können sogar noch weitere Schlüsse ziehen. Gleich im Anschluß an die Feststellung, daß er vergessen hatte, die Ausweise abzuschicken, sagte er: »We have left undone those things we ought to have done«, und dabei fiel ihm ein, daß ihm kürzlich etwas ganz Ungewöhnliches passiert war: Er hatte die Knöpfe an seinem Hosenschlitz nicht geschlossen. In diesem »Vergessen« ist der unbewußte Wunsch enthalten, seinen Penis vorzuzeigen; aber wenn wir es im Zusammenhang der gesamten Folge von Bezügen auf die Aggressivität (zunächst auf das Zerschneiden, dann auf das Nichtabsenden) sehen, dann ist der Penis unbewußt mit Aggressionsphantasien assoziiert. Ich kann mich auf frühere analytische Sitzungen berufen, wenn ich hier aggressive Phantasien rund um den Penis nicht nur mit dem Masturbieren, sondern auch mit dem Bettnässen verbinde, denn die »Ruhelosigkeit«, von der er sprach und derentwegen er im Bett angebunden wurde, kam bei früheren Gelegenheiten auch schon im Zusammenhang mit dem Bettnässen zur Sprache. Der Leser wird feststellen, daß der Patient sich im Gefolge der Bemerkung über den offenstehenden Hosenschlitz an einen Traum erinnerte, in dem eine Vaterfigur ihn ermahnte, doch die Knöpfe an seiner Kleidung zu schließen.

Das bringt mich auf eine weitere Folgerung. Als der Patient über den Husten sprach, war sein erster Gedanke der, man könne ein Liebespaar durch Husten darauf vorbereiten, daß es gleich gestört werden würde. Er erinnerte sich, in eben dieser Weise immer seinen Bruder und dessen Freundin »gewarnt« zu haben. Man weiß, was eine solche Warnung bewirkt, bevor der jüngere Bruder das Zimmer betritt: Die beiden Liebenden werden eine gewisse Distanz zwischen sich schaffen. Durch sein Husten hat er sie voneinander getrennt. Um seine eigenen Worte zu benützen: »Dann werden sie durch mein plötzliches Auftauchen nicht in Verlegenheit gebracht.« Daß der Patient den ganz ausgeprägten Wunsch hat, nur ja niemanden in Verlegenheit zu bringen, wird noch durch eine weitere Begebenheit bestätigt. Vor einiger Zeit nahm er an einer festlichen Veranstaltung teil, zu der auch das Königspaar erwartet wurde. Er war mit dem eigenen Auto in die Stadt gekommen. Das bereitete ihm plötzlich Angst, und eine Zeitlang war nicht klar, welche spezifische Phantasie wohl dahintersteckte. Schließlich stellte sich folgendes heraus: Angenommen, er würde – da er ja noch nicht genau wußte, wo er das Auto hinstellen würde – genau in dem Augenblick, in dem der König und die Königin ankommen, die Straße mit seinem Auto blockieren, es nicht mehr in Bewegung setzen können und damit das königliche Paar am Weiterfahren hindern – eine höchst peinliche Situation!

Das heißt, wir haben in dem diskreten Hüsteln, bevor er ins Zimmer tritt, die blasse und ferne Wiederholung einer Situation aus seiner Kindheit, als er nämlich das »königliche Paar« in seinem Voranschreiten behinderte – nicht etwa durch diskretes Verhalten oder durch Unbeweglichkeit, sondern durch einen plötzlichen Vorgang in seinen Gedärmen oder durch Geschrei, was beides, wie man schließen kann, seinen Zweck erfüllte.

In bezug auf ein ganz spezifisches Detail in diesem Traum, auf die Tatsache nämlich, daß die Frau etwas »Überhängendes« benutzt, um seines Penis habhaft zu werden, dürfen wir die Interpretation wohl in folgender Weise vorantreiben: Angesichts der aggressiven Phantasien, die hier deutlich geworden sind, müssen die Genitalien dieser Frau ihm wohl ebenfalls aggressiv erscheinen. Denken wir an die tatsächlichen Gefahrenplätze: 1. das Vorspringende, ein Äquivalent zum Penis; 2. die Vagina. Er möchte der Vagina seinen Penis nicht anvertrauen; er steckt lieber einen Finger hinein. Überdies sind Mund und Vagina einander auf dem Weg über die Assoziation von den »überhängenden Lippen« und über den Hinweis auf die längs und quer verlaufenden Öffnungen gleichgesetzt worden; wir haben es hier also mit der Phantasie zu tun, daß die Vagina so etwas wie ein Mund mit Zähnen ist.

Über diesen Punkt hinaus interpretieren zu wollen, hieße nur noch zu raten. Die Interpretationen, die ich geliefert habe, ergeben sich unmittelbar aus dem Material der analytischen Sitzung – aus den direkten Assoziationen, aus der Beachtung der Aufeinanderfolge der Gedanken und schließlich aus der Verbindung der Assoziationen dieser Sitzung mit anderen Assoziationen aus früheren Sitzungen. Ich habe versucht, den vollen Sinngehalt all dessen zu erfassen, was gesagt wurde.

Dem Patienten gegenüber habe ich seinen Traum nicht so interpretiert, wie es hier geschehen ist. Ich mußte aus dem gesamten Material dasjenige auswählen, das in erster Linie dazu beitragen konnte, verdrängtes Material ins Bewußtsein zu heben. Bei meiner Auswahl ließ ich mich von den speziellen Bedürfnissen dieses Patienten leiten, nämlich von seiner Furcht vor aggressiven Körperbewegungen. Zunächst nahm ich mir das Husten vor – und zwar deswegen, weil es sich dabei um dasjenige direkte und zwanghafte Anzeichen der Übertragung in dieser Sitzung handelte, das irgendwie die Verbindung zu den zwanghaften Aggressionsbezeigungen aus der Kindheit herstellen konnte, die der Patient verdrängt hatte.

Ich machte den Patienten darauf aufmerksam, daß er bei seiner Beschreibung des Hustens zweimal das Wort »klein« benutzt und auf diese Weise eine Phantasie, die mit dem Husten in Verbindung stand, abgewertet hatte. Dann kam ich ganz gezielt auf den Traum zu sprechen und sagte, daß der Traum als Ganzes auf unendliche Macht und große Stärke deute.

Schließlich lenkte ich seine Aufmerksamkeit auf den Zweck des Hustens, wie er sich in dem direkten Hinweis auf die Trennung des Liebespaares zeigte, und sagte, eine Phantasie dieser Art müsse nun unbewußt mit meiner Person assoziiert sein. Er hatte gesagt, daß er mich nicht mit einer langen Erzählung des Traumes langweilen werde. Dann kam ich auf die Geschichte mit »König und Königin« zu sprechen und äußerte die Vermutung, daß diese Allmachtsphantasie ihre Wurzeln in seiner frühen Kindheit habe, als es ihm nämlich möglich gewesen war, seine Eltern in ihrem Tun zu unterbrechen oder zum Aufhören zu bewegen.

Nun zog ich eine Verbindungslinie zwischen allen Assoziationen zum Thema Aggression und folgerte, daß er die Geburt weiterer Kinder hatte verhindern wollen; daß dann tatsächlich keine weiteren Kinder geboren worden waren, hatte seine aggressiven Allmachtsphantasien noch weiter verstärkt und damit die Furcht vor seiner Mutter als einer rächenden Gestalt noch vergrößert. Dann sprach ich von meiner Überzeugung, daß er die Genitalien seiner Mutter gesehen und Rachephantasien auf sie projiziert hatte, die dann in einen Zusammenhang mit den aggressiven Phantasien rund um seinen Penis als einem beißenden und bohrenden (to bore = bohren, aber auch langweilen; Anm. d. Übers.) Ding bzw. rund um die Macht seines Wassers gebracht werden mußten. All dies, so sagte ich, war der eigentliche Sinn des Masturbierens, das der Traum repräsentierte.

Jetzt möchte ich noch ganz kurz auf die wichtigsten Punkte im Zusammenhang mit den beiden darauffolgenden Sitzungen zu sprechen kommen.

Am nächsten Tag sagte der Patient, daß er beim Heraufkommen heute zwar nicht gehustet, wohl aber einen leichten kolikartigen Schmerz empfunden habe. Das brachte ihn auf die Anfälle von Diarrhö, die er als Kind gehabt hatte, und auf den Gedanken, daß Koliken oft mit explosionsartigen Blähungen einhergingen. »Ich möchte doch wissen«, sagte er, »ob der Husten in Wahrheit Blähungen und Durchfall bedeutete?« Ich erwiderte: »Jetzt haben Sie seine Bedeutung selbst entdeckt.« In dieser Sitzung beschäftigte ihn das Problem, daß es ihm beim Tennisspielen oft nicht gelang, den Ball so zu schlagen, daß er seinen Gegner in Schwierigkeiten brachte.

Am darauffolgenden Tag erzählte er mir, daß er gestern beim Verlassen des Hauses einen kolikartigen Schmerz verspürt habe. Dann sagte er, daß er sein Auto nicht habe benützen können, weil die Werkstatt eine notwendig gewordene Reparatur noch nicht ausgeführt hatte. Der Mechaniker sei ein so netter und freundlicher Mann; man könne ihm einfach nicht böse sein. Allerdings hätte er sein Auto gar zu gern zurück. Nicht, daß er das Auto im Augenblick unbedingt brauchte – er benötigte es nicht dringend, aber er wollte es so gern haben, er mochte es eben.

An diesem Punkt zog ich einen Vergleich zwischen dem netten und freundlichen Mechaniker, dem er nicht böse sein konnte, und seinem Vater. Das, so sagte der Patient, drücke ganz genau die Gefühle aus, die er beim Gedanken an seinen Vater habe. Und nun war es mir endlich möglich, mich mit den libidinösen Wünschen zu befassen (»nicht, daß das Auto nun eine Notwendigkeit wäre – aber er wollte es eben«). Ich hatte sehr lange auf die Gelegenheit warten müssen, diese Deutung anzubringen. Hier endlich kam ein libidinöser Wunsch zum Ausdruck. Am folgenden Tag mußte der Patient etwas beichten: Zum ersten Mal seit seiner Kleinkinderzeit hatte er im Schlaf sein Bett benäßt.

In diesen drei analytischen Sitzungen bestanden die körperlichen Manifestationen also der Reihe nach aus dem Husten, dem kolikartigen Schmerz und dem Bettnässen. Mit diesem zuletztgenannten Geschehen hatten wir den ersten wirklichen Kontakt zu der Rivalität hergestellt, die er als kleines Kind seinem Vater gegenüber empfunden hatte.

In dieser Sitzung konnte ich den Patienten von der Vaterübertragung, wie sie in der Analyse deutlich geworden war, und von den aggressiven Rivalitätsphantasien gegenüber dem Vater überzeugen, die in seiner Kindheit auf körperlichem Wege zum Ausdruck gekommen waren.

An einer Stelle habe ich die Gelegenheit verpaßt, mir weitere Informationen zu beschaffen – eine eindeutige Unterlassung, obwohl ich gerade diesen Patienten nicht häufiger unterbreche, als dies für den Fortgang der Dinge unbedingt notwendig ist. Ich meine hier das Traumelement »Tschechoslowakei«.

Am Ende nun wird der Leser verstehen, warum ich so wenig sagte, warum ich nur wenige und noch dazu recht »einsilbige« Fragen dazwischenschob. Der Grund dafür wird im Traum des Patienten und in der Bemerkung deutlich: »Die Frau ergriff die Initiative. Wenn die Frau nur die Initiative ergreift, dann ist das eine große Hilfe für mich« – was nichts anderes heißt, als daß der Patient das Problem seiner frühkindlichen Aggression wieder einmal beiseite schiebt. Wenn ich diesem Patienten helfen will, dann muß ich bei solchen Gelegenheiten *ihn* die Initiative ergreifen lassen, soweit ich das ermöglichen kann.

Dem geschilderten Traum folgten zwei weitere Träume, in denen eindeutige Vaterfiguren auftraten. In der Woche, die auf die hier besprochene analytische Sitzung folgte, machte sich sein Tennispartner, gegen den er angetreten und von dem er geschlagen worden war, über sein armseliges Spiel lustig. Mein Patient packte seinen Peiniger am Hals, hielt ihn zum Spaß im Würgegriff und warnte ihn davor, ihn jemals wieder in dieser Weise zu reizen. Bisher war es ihm, seit er erwachsen ist, niemals möglich gewesen, einen anderen Mann auch nur spielerisch zu berühren – geschweige denn, seine physische Kraft zu demonstrieren.

6 Spezielle Probleme der Traumanalyse

1. Ein charakteristischer Affekt als Vorläufer eines Traumes, der eine verdrängte Erinnerung wieder ins Bewußtsein hebt
2. Träume, die (a) verdrängte Erinnerungen, (b) Phantasien verkörpern
3. Der Vorteil, den Traumreiz zu kennen, der (a) außerhalb der Analyse, (b) innerhalb der Analyse liegt

Dieses Kapitel soll einer Reihe spezieller Fragen und Probleme im Zusammenhang mit der Traumanalyse gewidmet sein.

Unbewußte Konflikte, die verdrängt worden sind, können verschiedener Art sein: 1. Konflikte im Zusammenhang mit Dingen, die wir, angetrieben von unseren kindlichen Liebes- und Haßimpulsen, gern getan hätten, aber nicht getan haben und nicht tun konnten; 2. Konflikte im Zusammenhang mit Unglücksfällen, die sich in unserer Kindheit zugetragen haben und die wir aufgrund unserer Haßimpulse unbewußt unserer infantilen Allmacht zugeschrieben haben – also etwa der Tod eines Elternteils, eines Bruders oder einer Schwester oder Krankheiten und Mißgeschicke, die diese Personen betroffen haben; 3. Konflikte im Zusammenhang mit Dingen, die uns in unserer Unwissenheit schrecklich erschienen, es aber in Wirklichkeit gar nicht waren – beispielsweise die weiblichen Genitalien oder die Menstruation. Solche ganz natürlichen Erscheinungen können infolge der Schuldgefühle, die das Kind wegen seiner Aggressivität empfindet, als schrecklich angesehen werden; 4. Konflikte im Zusammenhang mit Dingen, die wir zu einem vergangenen Zeitpunkt tatsächlich getan haben. Diese Konflikte sind mit den Liebes- und Haßempfindungen der Kindheit verwoben, so daß all die verschiedenen Arten von schrecklichen und unseligen Ereignissen, die ich erwähnt habe – die phantasierten wie die realen –, in ihrer Mehrzahl völlig harmlos waren. Ich neige dazu, das Schwergewicht auf die *tatsächlichen* Erfahrungen des Patienten zu legen, also beispielsweise auf schmerzhafte und angenehme Körpersensationen jeder Art und auf reale Geschehnisse als Reaktionen auf einen inneren oder äußeren Stimulus. Manchmal müssen wir uns zunächst den Phantasien des Patienten zuwenden, um an die verdrängten wirklichen Erfahrungen heranzukommen; in anderen Fällen ist dieser Umweg nicht nötig. Wir müssen das Material so nehmen, wie es kommt, aber selbst die kindlichen Allmachtsphantasien, die den erwachsenen Patienten daran hindern, wirklich zu arbeiten, haben ihren Ort in einer realen Situation in der Kindheit, um die herum eine Phantasie Wurzeln geschlagen hat, die dem realen Leben des nun erwachsenen Patienten niemals ausgesetzt worden ist. Ich will damit sagen, daß ein kleines Kind gelegentlich tatsächlich imstande ist, seine Eltern auseinanderzubringen und im Interesse seiner eigenen unmittelbaren Bedürfnisse gewissermaßen Kontrolle über sie auszuüben.

Allmachtsphantasien, die im Unbewußten verankert sind, können die Antriebskraft dafür bilden, daß der Mensch in seinem realen Leben erfolgreiche Arbeit leistet; ich beschäftige mich hier allerdings mit der terrorisierenden Wirkung des Allmachtsdenkens, die den Lebensenergien entgegenarbeitet und sie vernichtet. In dem schon geschilderten Fall hoffe ich, zu guter Letzt eben nicht nur die Phantasie von einer Trennung der Eltern zu finden, sondern auch irgendeine praktische Grundlage dafür, etwa Bettnässen oder Schreien, die eine wirkliche, eine physische Trennung mit sich brachten. Das Verhalten der Eltern bei solchen Gelegenheiten, das sich an ihren eigenen psychischen Reaktionen ausbildet, stellt einen »Umweltfaktor« dar, der die Furcht des Kindes vor seiner vermeintlichen Allmacht je nachdem vergrößert oder abschwächt. Ich suche eigentlich immer nach den sinnlichen Übungen und Erfahrungen des Kindes, nach seinen Aktivitäten und nach den Zusammenhängen, die zwischen all diesem und den Phantasien bestehen, welche sich in jener fernen Periode der Realität bildeten.

Phantasie und Realität sind, wenn wir das entsprechende psychologische Moment finden können, zwei Seiten einer ganzheitlichen Erfahrung, und wir dürfen weder das eine noch das andere außer acht lassen, wenn wir die ganze Wahrheit in Erfahrung bringen wollen.

Nun kann bei der Analyse eines Traumes das Hauptergebnis der Sitzung gelegentlich darin bestehen, daß eine Kindheitsphantasie aufgetaucht ist; aber selbst diesem Ergebnis würde ich nur einen teilweisen Wert zumessen. Mit den Assoziationen des Patienten bekommen wir Hinweise auf reale Situationen. Der Anreiz zum Traum, das sollten wir festhalten, ist ein realer und »tagesfrischer« Stimulus, der in irgendeiner Weise mit der frühkindlichen Situation übereinstimmt, da das Leben sowohl mit einem äußeren als auch mit einem inneren Stimulus beginnt. Wenn die Sitzung im wesentlichen damit ausgefüllt ist, daß eine bestimmte Phantasie auf dem Weg über einen Traum zurückkehrt oder erhellt wird, dann behalte ich also die noch ungelöste Frage im Sinn, wo und wie diese Phantasie mit wirklichen, aber verdrängten Situationen verknüpft ist und wie das Ganze hier in der Übertragung von neuem in Szene gesetzt wird.

Ich werde jetzt ein praktisches Beispiel dafür schildern, daß eine verdrängte affektive Erinnerung ins Bewußtsein zurückkehrt. Die Patientin erzählte den folgenden Traum:

> Sie sah einen riesigen Ozeandampfer im Dock, und neben ihm befand sich ein sehr großes Luftschiff.

Sie sagte, von der Couch aus erscheine ihr mein Kaminvorleger sehr groß; wenn sie aber aufstehe und von oben darauf schaue, dann sei er viel kleiner. In dieser analytischen Sitzung erinnerte sie sich an ein Handelszeichen (trade symbol): ein Schiff mit einem darunter befindlichen Dreieck, dessen Spitze nach oben zeigte und das Schiff berührte. Sie sagte: »Ich sehe keinen Zusammenhang zwischen dem Dreieck und dem Schiff.« Ich wies darauf hin, daß in ihrem Traum Schiff und Luftschiff Seite an Seite gelegen, also nicht in Verbindung miteinander gestanden hatten, daß aber in dem wirklichen Handelszeichen durchaus eine solche Verbindung bestand. Man konnte auch von einer Wunscherfüllung sprechen, denn in ihrem Traum hatte sie zwei »Symbole« Seite an Seite liegen lassen, während in Wirklichkeit doch eine Verbindung zwischen ihnen bestanden hatte. Sie sagte sehr erfreut: »Ja, ich verstehe«, und stimmte mir zu: »Sehr gescheit von meinem Geist, die Dinge so anzuordnen.«

Diese Sitzung ist gewissermaßen vorbereitender Art. Ich merke mir, daß sie in der Tat ein Handelssymbol gesehen hat, das ein Schiff und die Spitze eines Dreiecks in Verbindung miteinander zeigte. Nur ein verrückter Analytiker würde der Patientin sagen, daß sie, weil sie dieses Handelssymbol gesehen hat, wohl einst ihre Eltern beim Geschlechtsverkehr beobachtet habe. Immerhin: ihr Traum leugnet, was das wirkliche Symbol bestätigt. Meine Folgerung lautet, daß ich bei dieser Patientin ganz besonders auf die Verleugnung der Realität achten muß, weil sie so intensiv mit der Realität befaßt ist.

Eine Woche später gestaltete sich die Sitzung völlig anders. Die Patientin lag erschöpft auf der Couch. Sie klagte über große Müdigkeit. Seit Tagen schon war sie so matt, fand aber keine Erklärung für diesen Zustand. Tatsächlich war sie letzthin sogar früher zu Bett gegangen als gewöhnlich. Sie hatte ihre Regel, aber die Regel »hat mir niemals so große Schwierigkeiten gemacht. Sie ist immer lästig, aber sie hat mich nie so umgeworfen wie in den letzten beiden Monaten. Sie kommt jetzt immer pünktlich, während sie früher zu spät einsetzte, aber gerade die Pünktlichkeit läßt sie mich viel stärker empfinden; ich bin einfach zu nichts zu gebrauchen.« Wie sie so dalag, wirkte sie ungewöhnlich träge. Lustlos überlegte sie, daß sie vielleicht morgen abend zum Essen ausgehen könnte. Sie spielte mit einem Knopf und erinnerte sich dann daran, daß an dem Mantel, den sie morgen abend tragen wollte, ein Knopf fehlte. Das würde X überhaupt nicht gefallen, wenn sie einen Mantel anhätte, an dem ein Knopf fehlt. Er war nämlich stets makellos gekleidet. Ihre Stimme wurde immer leiser; sie gähnte, streckte sich, seufzte und lag schließlich ganz still da, ein Bild der Erschöpfung. Eine Zeitlang sagte ich gar nichts. Dann kam ein trockener kleiner Husten, den ich sehr gut kenne, ein Husten, der nichts mit Erkältung, Katarrh oder Heiserkeit zu tun hat. Immer wieder einmal gab sie diesen Husten von sich. Um die Pause nicht zu quälend werden zu lassen, sagte ich: »Heute fällt es Ihnen schwer.« Sie erwiderte: »Mir fällt einfach nichts ein, worüber ich sprechen könnte, außer daß ich so furchtbar kaputt bin.« »Manchmal ist in einem solchen Fall ein Traum in Vergessenheit geraten«, sagte ich. Auf diese Bemerkung folgte ein wahrer Hustenanfall. Schließlich rief die Patientin: »Ja, natürlich, ich habe ja wirklich geträumt; hoffentlich kann ich mich auch daran erinnern. Es war ganz kurz.

> Ich war auf dem Land. Dort gab es Gras und ein weißgetünchtes Gebäude. Es ragte hoch auf, und ich war drin, ich glaube oben; ein komischer Ort, so als ob in der Mitte des Fußbodens ein Loch gewesen wäre.«

Jetzt waren noch zwanzig Minuten von dieser Sitzung übrig. In diesen zwanzig Minuten hustete die Patientin fast jedesmal, bevor sie einen Satz herausbrachte. Als Ergebnis ihrer zwanzigminütigen Arbeit schälte sich heraus: Das hochaufragende Gebäude war ein Speicher in der Nähe des Dorfes, in dem sie als kleines Mädchen einmal ihre Ferien verbracht hatte. Dann erinnerte sie sich, mit einem der Dorfjungen dort einmal Äpfel in einem Obstgarten gepflückt zu haben. Zuvor hatten sie mit einem anderen Jungen gerauft und ihn schließlich weggejagt. Dann versteckten sich die beiden Missetäter in dem Speicher und hielten sich dort lange Zeit auf. Hier hustete die Patientin energisch. Dann sagte sie: »Ich erinnere mich, daß er meine Hand in seine Hose steckte, aber ich kann mich nicht erinnern, seinen Penis gefühlt zu haben. Anschließend faßte er mir unter meine Kleider und betastete mein Leibchen, wissen Sie, so ein Leibchen, wie kleine Mädchen es tragen. Er sagte: ›Du hast aber viele Knöpfe da dran, wozu sind die gut?‹, und ich schämte mich entsetzlich.«

Jetzt half ich ihr. Ich wollte nicht riskieren, daß sie mich anlog, und ich wollte nicht, daß sie sich selbst um den Triumph brachte, endlich einmal ihre Widerstände zu überwinden. Mir fiel ein, daß das speicherartige Gebäude »weiß getüncht« gewesen war, und zugleich erinnerte ich mich an ihr Leugnen, als es in der letzten Woche um den Traum vom Luftschiff und vom Schiff und um das Handelssymbol gegangen war: »Ich sehe keinen Zusammenhang zwischen ihnen.« Ich wußte, sie würde mir nicht glauben, daß es irgendeine »Verbindung« zwischen ihren Eltern gab, solange sie reale Situationen aus ihrem eigenen Leben einfach auslöschte. Deshalb sagte ich: »Sie sind in den letzten Tagen so müde gewesen, weil es in Ihrem Innern einen Kampf um diese Erinnerung gegeben hat. Sie wollte mit aller Macht erkannt und zugegeben werden, aber der strafende und verurteilende Teil in Ihnen hat versucht, sie zurückzuhalten. In diesem Kampf sind alle Ihre Energien draufgegangen.«

Ich verwies auf ihre Bemerkungen über Knöpfe und darüber, daß X keineswegs begeistert sein würde, wenn an ihrer Kleidung ein Knopf fehlte. Er war so perfekt, so makellos. Ich sagte – und dies war keine bloße Vermutung (Vermutungen spreche ich ohne Zögern aus, wenn ich mir einer Sache gerade *nicht* ganz sicher bin) –: »Eines Tages, dessen bin ich sicher, werden Sie imstande sein, diese Erinnerung mit allen Einzelheiten aufzufüllen. Tatsache ist, daß Sie seinen Penis gefühlt haben und er auch Ihre Scham.« Vorsichtig fragte sie: »Haben Sie das aus dem Traum?« Ich erwiderte: »Sie haben mir doch erzählt, daß in dem Speicher ein Loch in der Mitte des Fußbodens war, oder nicht?« Sie antwortete: »Das ist immer so bei solchen Speichern«, und ich sagte: »Und immer auch bei kleinen Mädchen, Sie denken nur aus irgendeinem Grund immer bloß an Knöpfe.« Gegen Ende der Sitzung kam ich darauf zu sprechen, daß sie gerade ihre Periode hatte und meiner Meinung nach irgendwelche phantastischen Gründe für das Bluten sowohl mit dem geschilderten Vorfall als auch mit anderen Geschehnissen verknüpft worden seien, die uns noch nicht bekannt seien.

Die analytische Arbeit in dieser Sitzung erbrachte eine Vielzahl von Hinweisen dafür, daß hier eine wirkliche Erinnerung dabei war, ins Bewußtsein vorzudringen. Auf den Traum, in dem es um »Schiff und Luftschiff« gegangen war, folgten zunächst zwei oder drei Sitzungen, in denen überhaupt nichts von Bedeutung an die Oberfläche kam – ganz offensichtlich nahm der Widerstand der Patientin noch zu, und ich mußte eben geduldig auf den günstigen Augenblick warten. Dann kamen die körperliche Müdigkeit, der Husten und noch eine weitere Erscheinung, die ich hier übergangen habe: eine plötzliche Reizung und Entzündung der Augen, als die Patientin mir den Traum erzählte.

Am nächsten Tag war die Patientin so lebhaft wie immer. Die physischen Erscheinungen waren ebenso verschwunden wie die Depression, die sie empfunden hatte. Das ist typisch für diese Patientin. Ich weiß, wann eine verdrängte Erinnerung ins Bewußtsein zurückkehrt, aber ich glaube nicht, daß es nur für sie allein typisch ist. Immer und immer wieder stelle ich fest, daß Phasen der Ermüdung, der Lustlosigkeit, der Unfähigkeit, sich an ganz gewöhnliche Dinge zu erinnern, der Unfähigkeit, überhaupt etwas zu finden, worüber man sprechen kann, gewissermaßen das Vorspiel dazu abgeben, daß affektive Erinnerungen sich in einen Traum und in das wache Bewußtsein emporkämpfen. Wenn solche Phasen des Widerstandes eintreten, dann sollte man daran denken, daß dieser innerpsychische Kampf natürlich Kräfte kostet und je nach der Person des Patienten mehr oder weniger Zeit in Anspruch nimmt.

Ich bin oft gefragt worden, wie man eine Phantasie, die ins Bewußtsein eintritt, von einer wirklichen Erinnerung unterscheiden kann. Muß man sich um diese Unterscheidung wirklich Gedanken machen? Wenn man der Phantasie, also des unbewußten Wunsches, habhaft werden kann, hat man dann nicht auch die Dynamismen der Situation vor Augen? Gewiß gibt es dynamische Phantasien, die niemals Realität sein könnten, aber ich denke doch, daß selbst die allerphantastischsten Vorstellungen, sofern sie wirklich dynamisch sind, mit irgendeiner sinnlichen Erfahrung zusammenhängen. Im Fortgang der Analyse versuche ich immer, die reale Basis der Phantasien des Patienten zu finden, wobei mir seine Übertragung gewissermaßen das Bindeglied zwischen dem heutigen Tag und der langvergangenen Situation des kleinen Kindes liefert. So kommt die wirksame emotionale Entladung zustande. Ich will jetzt zeigen, auf welche Weise ich mir Klarheit darüber verschaffe, ob ich es mit einer Phantasie oder aber mit dem Vorspiel zu einer Erinnerung zu tun habe.

Eine Patientin träumte von *einer Tür in einer Gartenmauer*. In ihren Assoziationen erschien eine wirkliche Tür in einem Garten, an den sie sich erinnerte. Von dieser Erinnerung ausgehend, konstruierte die Patientin dann eine Phantasie von einem Gärtner, der sich entblößte. Nun mag das reine Phantasie gewesen sein, und wenn es so war, dann handelte es sich um die Inszenierung eines Wunsches. Es kann auch echte Erinnerung gewesen sein, aber die Patientin konnte sich auf eine derartige Szene nicht besinnen. Wenn nun hier eine verdrängte Erinnerung ganz allmählich ins Bewußtsein zurückkehrt, dann könnte man sicher sein, daß über kurz oder lang dieser Garten und diese Tür immer wieder in den Träumen und Assoziationen der Patientin auftauchen werden. Dazwischen können unter Umständen längere Pausen eintreten, aber die entsprechenden Hinweise würden unweigerlich wiederkehren, wenn es ein verdrängtes reales Geschehen gegeben hätte, das mit Tür und Gartenmauer verknüpft war.

Wenn das Thema »Tür in der Gartenmauer« dagegen nicht wiederkehrt, dann würde ich folgern, daß »der Gärtner, der sich entblößte« eine Phantasie ist, aber ich würde auch damit rechnen, auf irgendeine reale Basis für diese Phantasie zu stoßen. Wir wollen uns dazu die beiden folgenden Beispiele ansehen: Zwei Patientinnen träumten im Verlauf von zwölf Monaten mehrfach von »Sand«. Diese Träume führten in beiden Fällen zu Gedanken an den Anblick eines Penis und an Wasserlassen, aber es tauchte keine wirkliche Erinnerung auf. Dennoch veranlaßte mich die bloße Wiederkehr dieser Träume immer gleichen psychologischen Inhalts zu dem Schluß, daß hier Erinnerungen an wirkliche Geschehnisse verdrängt worden waren. Der Traum bringt ein über das andere Mal das gleiche Thema, bis die Lösung gefunden ist.

Sehen wir uns noch ein weiteres Beispiel für verdrängte Erinnerungen an. Eine Patientin träumte, *sie habe einen runden Gegenstand unter einem Kissen gefunden.* Ihre Assoziationen führten die Patientin zu der Bemerkung, daß der Gegenstand »innen rot und außen weiß« gewesen sei. Die Patientin befand sich in einem Angstzustand. Sie beschrieb ihre Gefühle als »bloody«. Schließlich sagte ich im Blick auf die in dieser Sitzung geleistete Arbeit, meiner Überzeugung nach habe sie irgendwann einmal eine aufgerollte Damenbinde angefaßt und sei dann sehr erschrocken über das, was sie da gefunden hatte. Die Patientin war nicht zufrieden. »Warum sagen Sie, daß das eine Erinnerung ist – wo wir doch meinten, dies und jenes könnte erinnert sein und könnte genausogut nicht erinnert sein? Warum sagen Sie, daß gerade das eine Erinnerung ist?«

Daß ich in diesem Fall fest bei meiner Meinung blieb, hatte seinen Grund nicht darin, daß dieser Traum schon viele Male geträumt worden war. Vielmehr war es so, daß sie sich früher immer geweigert hatte, ihre Binden irgendwie zu befestigen; sie haßte es nämlich, etwas am Körper festzubinden. So bestand also immer die Gefahr, daß die Binde einmal herunterfiel, und eines Tages passierte das tatsächlich: Sie ließ etwas fallen, das andere erschrecken mußte, so wie sie einst selbst erschreckt worden war.

Ich habe oft die Erfahrung gemacht, daß ein Patient die Sitzung mit einem wahren Angstausbruch, mit explosiven Zornesäußerungen, mit Anschuldigungen, Kritik und Selbstkritik beginnt und daß sich das hier im Spiel befindliche Problem erst anhand eines Traumes erhellen läßt, der dann zu einem späteren Zeitpunkt in der Sitzung zur Sprache kommt. Ich denke jetzt nicht an Ängste, von denen man schon im voraus sagen kann, daß sie auftauchen werden, weil man die Probleme kennt, die gerade zutage gefördert werden. Was ich meine, ist die Begegnung mit einem verdrängten, in sich abgeschlossenen affektiven Geschehen oder einer affektiven Situation, die sich aufgrund der im Zusammenhang mit den Widerständen geleisteten analytischen Arbeit nun schon nahe an der Schwelle des Bewußtseins befinden, soweit es die Erinnerung angeht – nur daß der zugehörige Affekt zuerst da ist. Wenn der Traum dann erzählt wird und die Erinnerung an ein Geschehen wieder vorhanden ist, das großen Zorn oder Kummer hervorgerufen hat, stellt man fest, daß die heftige Angst und der Zorn, wie sie gegenüber dem Analytiker entladen worden sind, im Grunde die Affekte sind, die dem eigentlichen Geschehen zugehören, das nun in der Analyse wieder heraufgeholt worden ist. Bei sehr spontanen Patienten, die zuerst fühlen und erst dann denken und sich erinnern, stellt man im Prozeß des Wiederheraufholens früher affektiver Geschehnisse fest, daß es einem solchen Patienten zumindest eine Zeitlang überhaupt nicht möglich ist, in dem Analytiker jemand anderen zu sehen als die ganz bestimmte reale Person, die in der Kindheit des Patienten an ebendiesem Vorfall beteiligt war. Hier möchte ich die Aufmerksamkeit des Lesers wiederum auf den Traum lenken. Ein richtiger Angstausbruch, der sich zu Beginn einer Sitzung ereignet und nicht ganz folgerichtig auf die analytische Arbeit des vorangegangenen Tages zurückzuführen ist, kann zweierlei bedeuten: (1) Irgendein Stimulus vom gegenwärtigen Tage, der die Angst des Patienten noch verstärkt, muß dem Analytiker erst noch mitgeteilt werden; (2) ein emotionales Geschehen aus der Vergangenheit ist zugänglich geworden und in einen Traum eingegangen, der noch erzählt werden muß.

Ich spreche hier nicht von langanhaltenden Angstzuständen, bei denen wir frühe Phantasien und reale Erfahrungen des Patienten miteinander durcharbeiten müssen, sondern von plötzlich auftretenden und wiederkehrenden Angstausbrüchen.

Die Beobachtung der Urszene und Geschehnisse aus der allerfrühesten Kindheit sind Dinge, die man nur rekonstruieren kann und deren Rekonstruktion nur Gültigkeit beanspruchen darf, wenn die Träume und Assoziationen des Patienten, seine Übertragung, seine Affekte und Verhaltensweisen in der Außenwelt uns so viele Anhaltspunkte an die Hand geben, daß eine definitive Interpretation gewagt werden kann. In der Regel ist keine wirkliche Erinnerung an die früheste Lebensphase vorhanden. Oft stelle ich sogar fest, daß affektive Erinnerungen noch an das vierte oder gar das fünfte Lebensjahr aus Traummaterial, Phantasien und den in der Übertragung sichtbar werdenden Affekten rekonstruiert werden müssen. Erinnerungen, die aus noch späteren Jahren stammen, werden selbstverständlich verdrängt, aber wenn sie freigesetzt sind, kommen sie eher als ganzer und abgeschlossener Vorfall zurück. Die Art von Rekonstruktion, an die ich hier denke, geht folgendermaßen vor sich: In den Träumen einer meiner Patientinnen erschien immer und immer wieder »Sand«. Eine Zeitlang stellte ich dann fest, daß neuerdings in ihren Träumen auch von »steps« (Stufen, Schritten) die Rede war. Dann folgten »Räder«. Alle diese Elemente besaßen zwar ihren eigenen – symbolischen oder im Zusammenhang mit der analytischen Sitzung auch realen – Wert, aber es kam schließlich der Tag, an dem sie alle – Sand, Stufen, Räder – in eines verschmolzen, nämlich in einen Badekarren, und in diesem Augenblick war ich imstande, ein wirkliches verdrängtes Geschehen »vorauszusagen«, das mit dem Badekarren assoziiert war.

Nun möchte ich ein paar Träume anführen, die eindeutig auf zugrundeliegende Phantasien verweisen. Eine Patientin berichtete, daß sie

> im Traum einen gepflasterten Hof überquerte, wobei sie den Kopf gesenkt hielt und die Arme über der Brust gekreuzt hatte. Sie war ganz erfüllt von einer ruhigen Verzückung und sagte still zu sich selbst: »Ich will mich huldvoll dazu herablassen, unser aller Mutter zu sein.«

Hier handelt es sich um eine Madonna-Phantasie. Die Träumerin will sich »huldvoll herablassen«, vorausgesetzt, sie ist Gottes Mutter, nicht aber Josephs Weib.

Ein weiterer Traum lautete folgendermaßen:

> Die Patientin war im Traum ein Kind, das langsam den Korridor eines großen Herrenhauses entlangging. Sie hatte gehört, daß ein berühmter Held aus dem Krieg zurückgekehrt war. Er lag in einem der Zimmer in ihrem Bett. Sachte schob sie den Riegel von der Tür und schaute in das Zimmer, einen

reich ausgestatteten Raum, an dessen äußerstem Ende das Bett stand. Sie konnte den Helden sehen, der aufrecht im Bett saß und sehr schön und edel aussah. Sie mußte einfach näher herangehen, und so schlich sie sich ganz langsam und leise auf Zehenspitzen durch das Zimmer, bis sie schließlich am Fußende des Bettes stand und den Helden voll Ehrfurcht durch das Gitter anstarrte.

In diesem Fall ließ sich der Hintergrund der Phantasie unschwer ausmachen. Die Gestalt des Helden, die schloßartigen Räume, der Gedanke, einen edlen Fremden zu beherbergen – all dies war leicht auf Bilder und Geschichten zurückzuführen, die die Patientin als Kind gekannt hatte. Das Traumkind liefert uns zudem ein perfektes Bild der normalen Ödipussituation.

Ein weiteres Beispiel: Der Patient stand im Traum in einem Zimmer einem Hexenmeister von Angesicht zu Angesicht gegenüber. Den Hexenmeister konnten wir in einem Märchenbuch aufspüren, das der Patient als Kind besessen hatte. In der Analyse bekam ich eine genaue Beschreibung dieser Gestalt und konnte im einzelnen verfolgen, wie es zugegangen war, daß der Traum-Hexenmeister der mit Leben erfüllte Buch-Hexenmeister war. Er hatte etwas Drohendes an sich, und, so sagte mein Patient, »der Hexer war immer der Feind des Prinzen, der ihn schließlich tötete.«

Die Bedeutung dieser Phantasie war in ihrer Symbolik durchaus klar, aber erst als der Patient mir eine tatsächliche Begebenheit vom Tag zuvor erzählte, konnte ich eine einigermaßen sinnvolle Interpretation liefern. In diesem Fall waren Traumreiz und Traumbedeutung identisch. Der Patient hatte seiner Frau beim Zubettgehen geholfen, und ihr Nachthemd hatte sich dabei nach oben verschoben. Er zog es wieder glatt, aber dann hob er es, einem plötzlichen Impuls folgend, wieder hoch, beugte sich über sie und sagte: »Hallo, Hexlein.«

Dies fiel ihm erst gegen Ende der Sitzung ein, und als ich das Wort »Hexlein« fragend wiederholte, sagte er: »Ach, ich habe niemals wieder daran gedacht, aber natürlich sind Hexer und Hexen so etwas wie Geister, Dämonen. Ich denke jetzt an meinen Vater. Ich nehme an, das ist der Traum von dem Hexenmeister im Zimmer.«

Dies führt mich zu einem anderen Sachverhalt im Zusammenhang mit der Traumanalyse, der wert ist, beachtet zu werden, nämlich zum Traumreiz vom heutigen Tage. Ich bezweifle sehr, daß man sich den Reiz als etwas völlig Indifferentes vorstellen darf. Es mag sich dabei tatsächlich um eine Lappalie handeln, um etwas, dem wir gar keine bewußte Aufmerksamkeit schenken, aber ein Stimulus ist nun einmal deshalb ein Stimulus, weil er psychologische Signifikanz besitzt. Die Fälle sind nicht zu zählen, in denen der Traumreiz gar nicht ans Licht kommt, aber wenn er es tut, dann leistet er meiner Meinung nach gute Dienste bei der Klärung des Traumes. Denken wir nur an dieses letzte Beispiel, das ich soeben zitiert habe, und an die so rasche und schlüssige Deutung, nachdem der Patient mir von dem plötzlichen Impuls berichtet hatte, »Hallo, Hexlein« zu sagen.

Auch im folgenden Beispiel ist es der Traumreiz, der in die analytische Arbeit mit einem Schlag Leben bringt. Die Patientin *träumte, daß sie im Zoo war, und »da war irgend etwas mit einem Essen.«* Natürlich erinnerte sie sich zunächst an Besuche im Zoo, die sie als Kind unternommen und bei denen sie zugesehen hatte, wie die Tiere gefüttert wurden. Manchmal durfte sie bei der Fütterung nicht zusehen, und überhaupt gab es vieles, was ihre Mutter ihr nicht zu sehen und zu tun erlaubte. Die Patientin hielt sich lange mit der Aufzählung all der Dinge auf, die ihre strenge Mutter ihr damals nicht erlaubt hatte, und sagte am Ende ganz plötzlich: »Und Elefanten? Haben wir denn auch Elefanten gesehen, sind wir auf Elefanten geritten?« Es folgte eine Pause, und dann sagte sie: »Gestern abend, das war richtig lustig, ich habe mit dem Wasserschlauch herumgespritzt, wie es mir gerade einfiel, und das Wasser überall hingespritzt und dann versucht, aus dem Schlauch zu trinken.«

In diesem Stimulus haben wir den Sinn des Traumes, und zwar ganz lebendig und real, und die gestrenge Mutter hat den Platz freigemacht für das Bild eines lebhaften und rebellischen

Kindes, gar nicht zu reden von den Phantasien, die dieses Spiel vom Abend zuvor dann weiter entstehen ließ.

Die Stimuli, die aus unserem gegenwärtigen Leben stammen und in unseren Träumen eine Rolle spielen, lassen sich mit weit zurückliegenden Stimuli und unseren frühen Reaktionen auf die Außenwelt vergleichen. Nehmen wir als typisches Beispiel jene Patientin, die zu Beginn der Sitzung sagte, sie sei sehr übler Laune, und dann alle möglichen Ärgernisse aufzählte – daß sie ihren Platz in der Hotelhalle nicht hatte einnehmen können, daß man ihr das Frühstück nicht zur gewohnten Zeit gebracht hatte, und so weiter. Nach solchen Stimuli für die Träume unserer Patienten brauchen wir nicht lange zu suchen. Sie sind rasch enthüllt, weil die Provokation jeweils von einer anderen Person ausgeht. Ich meine aber auch, daß so mancher unergiebige Traum, so manche unklare analytische Sitzung ihre Bedeutung erkennen lassen, sobald wir einen Stimulus im Zusammenhang mit einem aktuellen Geschehen gefunden haben, bei dem der Patient bewußt oder unbewußt selbst die Ursache der Provokation gewesen ist oder doch gewünscht hat, die Ursache zu sein. Der aktuelle Stimulus, die aktuelle Handlung oder Wunschvorstellung werden verdrängt, weil die verdrängten Wünsche, Handlungen und Gefühle noch nicht erkannt sind und nicht zugegeben werden.

Ich habe mich bisher ausschließlich mit Reizen beschäftigt, die von außerhalb der Analyse an den Patienten herankommen, denn schließlich führt der Patient sein Leben ja in der Außenwelt und agiert und reagiert dort als individuelle Entität. Aus diesem Grunde spielen die äußeren Reize eine so große Rolle. Wenn wir die äußeren Stimuli finden, dann bringen wir jene emotionalen Situationen und jene Lebensschwierigkeiten in die Analyse zurück, wie sie im Gefolge unbewußter Probleme eintreten.

Die Analyse selbst ist in ihrem einen oder anderen Aspekt ein ständiger Anreiz für Träume. Manchmal wird das durch die Analyse zutage geförderte Material zum Traumreiz; manchmal ist es auch der Analytiker. In der Regel lassen sich Stimuli dieser Art leichter aufdecken als die der Außenwelt entstammenden. Ich führe hier ein Beispiel für einen solchen »analytischen« Traumreiz an. Die Patientin träumte folgendes: *»Ich sah eine heilige Frau, in der sich das Kreuz spiegelte.«* Auf die Wiedergabe dieses Traumes folgte eine langweilige und absolut unergiebige halbe Stunde. Die Patientin sprach davon, daß sie so gerne »Ordensschwester« wäre, und berichtete von ihrer Teilnahme an sogenannten Einkehrtagen. Nach einer längeren Pause sagte sie plötzlich: »Ich sehe mir gerade wieder diese Flügelfenster hier bei Ihnen an. Gestern habe ich das auch schon gemacht, und heute mache ich dasselbe wie gestern. Es ist komisch. Das Glas ist ganz durchdrungen von Licht, und das Holzwerk in der Mitte und quer herüber ist so dunkel. Aber wenn ich die Augen schließe, dann ist das, was erst hell war, ganz dunkel, und das Holz ist strahlend hell und bildet ein Kreuz. Es ist, als hätte ich das Kreuz in den Augen, wirklich seltsam, denn dort ist es so groß, und doch habe ich das ganze Bild in den Augen.« Hier nahm sie die Brille ab, und ich sagte: »Sagen Sie mir, was sich mit der Brille für Sie ändert. Sehen Sie mit der Brille deutlicher?« Zu meinem großen Erstaunen sagte sie: »Nein, ich sehe auch ohne Brille sehr gut. Ich trage sie nur, um mir das Leben zu erleichtern. Ohne Brille komme ich mir so groß vor, viel zu groß und gewaltig gegenüber anderen Menschen. Wenn ich die Brille aufhabe, dann habe ich das Gefühl, normal groß zu sein.«

Der aus der Analyse stammende Traumreiz muß ein genaues Gegenstück zu den Tagen der Säuglingszeit gewesen sein, der Periode halluzinatorischer Wunschbefriedigung. Es geschieht nicht oft, daß sich die physische Grundlage des psychischen Mechanismus der Introjektion so deutlich wie hier darstellt (»die heilige Frau, in der sich das Kreuz spiegelte«).

Manchmal liefert uns ein körperliches Symptom den Schlüssel zu einem Traum. Die Klage des Patienten, daß er sich hungrig oder leer fühlt, wirft in der Regel Licht auf seinen Traum. Die Patientin, von der ich soeben sprach, begann eine unserer Sitzungen mit der wiederholten Mitteilung, daß sie starke Kopfschmerzen habe. Es war ihr offenkundig sehr wichtig, daß ich wußte, wie sehr sie litt und wie elend sie sich fühlte. Schließlich rief sie aus: »Es ist ein mörderisches Kopfweh!« Sie hielt sich lange bei dieser Mitteilung auf, aber schließlich fiel ihr ein Traum ein.

> »Ein solcher Traum«, sagte sie, »kam mir letzte Nacht. Es war ein Mord begangen worden, und man konnte den Mörder nicht finden.«

Mir liegt also sehr daran, den Leser auf die wichtige Frage nach dem Traumreiz hinzuweisen, und zwar nicht so sehr als etwas, nach dem man ungeachtet aller übrigen Probleme, die in derjeweiligen Sitzung auftauchen, suchen sollte, sondern vielmehr als Faktor, der neben allen übrigen ebenfalls zu beachten ist. Wenn man den Stimulus findet, dann hilft er bei der Klärung des Traumes, bei der Gestaltung der analytischen Arbeit und bei der Beschäftigung mit den augenblicklichen Schwierigkeiten des Patienten im Hinblick auf sein Leben in der Außenwelt. Werden die Traumreize vom Patienten über lange Zeit hinweg stets und ständig vergessen oder übergangen, dann muß der Analytiker sich mit diesem Problem des verdrängten Materials und mit den Gründen beschäftigen, aus denen der Patient es zurückhält.

Ich komme nun auf einen weiteren Aspekt des Traumes zu sprechen. Ein langer und verworrener Traum sagt uns schon, daß wir uns von ihm kaum sehr viel Hilfe für die analytische Sitzung versprechen können, es sei denn, er enthielte ein ganz bestimmtes Element, das so merkwürdig ist, daß es mit einiger Sicherheit Assoziationen weckt.

Der Folkestone-Traum war recht lang und dennoch nicht schwierig zu analysieren. Er gab seine Bedeutung im Verlauf der Stunde preis. Aber die Arbeit dieser Sitzung war dennoch nur vorbereitender Natur. In der Analyse jenes Tages kam es nicht etwa zu einem »Aha, ich verstehe«. Die Patientin zeigte sich meiner Interpretation gegenüber aufgeschlossen, weil sie sie verstandesmäßig interessierte. Die Analyse deckte keine Ängste auf und erweckte keine neuen Ängste, und sie warf auch nicht etwa Licht auf irgendein Problem, dessen die Patientin sich bewußt gewesen wäre. Wir waren noch gar nicht bis zu ihren Problemen vorgestoßen.

Vergleichen wir nun diesen langen Traum einmal mit dem »Speicher«-Traum der gleichen Patientin, von dem ich in diesem Kapitel berichtet habe. Auf diese Weise kann man feststellen, welche Fortschritte in der Analyse gemacht worden sind. Diese Patientin wird auch weiterhin lange und unzusammenhängende Träume haben, aber in Zukunft wohl weniger häufig. Beim »Speicher«-Traum ging es in der Analyse entschieden vorwärts. Wenn es in der Analyse vorwärtsgeht, dann sind die Träume in der Regel kürzer und gedrängter, aber auch besonders verwirrend und entstellt. Andererseits sind solche Träume die inhaltsträchtigsten. In ihrem manifesten Inhalt sagen sie wenig aus. Gelegentlich bekommt man nach langem Widerstand einen »offenen« Traum geliefert, der genau jenes Problem zum Ausdruck bringt, dem der Widerstand gegolten hat. Wenn wir uns dem Bollwerk der Verdrängung nähern, müssen wir immer damit rechnen, auf Probleme zu stoßen, die unsere Geduld stark strapazieren. Am Ende einer langwierigen Analyse sind die Träume oft schwieriger, kürzer und widerspenstiger denn je, aber – so könnte man hinzufügen – auch so wertvoll wie nie zuvor. In den Pausen zwischen den analytischen Sitzungen, also während der Ferien und an den Wochenenden, sind die Träume oft ergiebiger als unmittelbar vor und nach einer einzelnen Sitzung. Wenn es in der gleichen Nacht zu einer ganzen Sequenz von Träumen kommt, dann kann man sagen, daß hier ein störender affektiver Inhalt auf große Anstrengungen zu seiner Bewältigung trifft und daß der letzte Traum aus dieser Reihe in der Regel weniger verschleiert ist als die übrigen. Tatsächlich geschieht es häufig, daß der Patient durch diesen letzten Traum aufgeweckt wird. In der Analyse würde ich meine Aufmerksamkeit besonders auf den letzten Traum aus einer solchen Traumsequenz richten.

7 Beispiele für Träume, die während psychischer und physischer Krisen auftreten

1. Träume, die etwas über den psychischen Zustand des Patienten zu Beginn der Analyse aussagen
2. Ein Traum, der einen psychischen Zusammenbruch ankündigte
3. »Feuer«träume und ihre Bedeutung
4. Ein Traum, der einen physischen Zusammenbruch ankündigte
5. Ein Traum, der die Bewältigung einer Krisensituation vorführt

Dieses Kapitel möchte ich der Betrachtung ganz bestimmter Träume widmen, die mir meine Patienten zu Zeiten mehr oder weniger ausgeprägter seelischer Krisen erzählten. Diese Träume sind typisch, was ihren symbolischen Gehalt angeht, und können daher dem angehenden Praktiker durchaus von Nutzen sein.

Den »Musiktraum«, der in Kapitel 1 als erster Traum wiedergegeben wurde, erzählte mir eine Patientin im Frühstadium ihrer Analyse. Sie litt unter dem Schock, den ihr der Tod eines nahestehenden Menschen versetzt hatte. Die beglückenden Bilder in ihren nächtlichen Träumen bildeten einen extremen Gegensatz zur Öde und Verzweiflung ihres realen Lebens. Diese Patientin schlief manchmal während der Sitzung ein und saugte dabei an einem Kissenzipfel. Später erbrachte die Analyse eine ausgeprägte Konversionshysterie, die sich schon frühzeitig im Leben der Patientin manifestiert hatte.

Meine Bewertung des »Musiktraumes« lautet in Anbetracht der Schwere der Neurose und angesichts weiterer äußerer Traumata, die sich parallel zur Analyse einstellten, daß er für diese Patientin so etwas wie eine Verheißung bedeutete, sie werde den ihr durch innere und äußere Ursachen auferlegten Belastungen seelisch schon standhalten. In dem Traum haben wir so etwas wie die halluzinatorische Rückkehr zu den ursprünglichen Quellen der Befriedigung, die ja auch in dem Saugen am Kissen ihre Dramatisierung erfuhren. Es handelt sich um einen Lusttraum, in dem die Triebe in ganz normaler Weise sich auf die Wunschobjekte der oralen Stufe richten. Die Patientin durchlebte nacheinander Perioden der exzessiven Angst und Beunruhigung, der tiefen Depression, der Selbstmordphantasien und der physischen Krankheit. Wenn ich in diesem Traum, in dem ja eine Regression auf orale Befriedigung enthalten ist, auch das Versprechen der Wiedererlangung psychischen Wohlbefindens entdecke, dann habe ich dabei auch den Umstand im Auge, daß die Patientin selbst in Zeiten der schwersten Belastung die routinemäßigen Verrichtungen des täglichen Lebens niemals vernachlässigte und in gewissem Umfang auch ihrem erlernten Beruf weiter nachging.

Zu Beginn der Analyse waren das wiederholte Einschlafen und das Saugen am Kissen Eigenheiten, mit denen die Patientin einen Heilungsprozeß einleitete und die sich tatsächlich mit dem Saugen des Neugeborenen an der Brust der Mutter vergleichen lassen. Daß die Analytikerin sich hier in keiner Weise einmischte und das Ende dieser Phase in aller Ruhe abwartete, legte den Grundstein zu einer tiefreichenden positiven Übertragung. Auch die Selbstmordtendenzen fanden in dieser Periode eine sehr milde und harmlose Repräsentation in dem Umstand, daß die Patientin in meiner Gegenwart einschlief. Nichteinmischung ist deshalb schon als ein Schutz vor der Ausbildung gefährlicherer Formen solcher Tendenzen ratsam.

Eine Patientin träumte innerhalb weniger Wochen mehrmals, daß *sie ein sehr kleines Kind im Kinderwagen sei und von ihrer Mutter an einem herrlichen Strand spazierengefahren werde.*

Dieser Traum ist ebenso wie der Musiktraum in seinem ungetarnten Wunsch ganz eindeutig. Die verschiedenen psychischen

Mechanismen unternehmen keine Anstrengung, den Wunsch zu verschleiern, und es kommt auch kein entgegengesetzter Wunsch zum Ausdruck. Jene psychischen Kräfte, die für den Widerstand gegenüber einem Wunsch sorgen, sind hier auf ihrem Tiefststand. Meine Patientin befand sich zu der Zeit, als sie diesen Traum hatte, in einer kritischen Phase, in der es ihr große Mühe bereitete, wie bisher weiterzuleben und zu arbeiten. Die psychische Krise, die sie soeben durchmachte, bildete den Höhepunkt einer schon länger anhaltenden Analyse, in deren Verlauf eine fixe Wahnvorstellung verschwunden war. Durch diese gewissermaßen in sich verfestigte Wahnvorstellung war sie imstande gewesen, eine gewisse Normalität zu wahren und damit auch weiter an ihrem Arbeitsplatz zu bleiben, so beschwerlich und mühsam das auch war. Mit dem Abbau der Wahnvorstellung kam die Aufgabe der Neuverteilung der psychischen Energien, die bisher im Dienste der Wahnvorstellung gestanden hatten und damit also gebunden gewesen waren. In ihrem Wahn hatte die Patientin eine Reihe aggressiver sexueller Handlungen auf einen Mann projiziert. Der Wahn selbst war die teilweise Wiederkehr eines verdrängten und dissoziierten sexuellen Traumas aus ihrer Kindheit. Die analytische Arbeit in Verbindung mit dem frühen Trauma ermöglichte die Freisetzung der eigentlichen ödipalen Wünsche mit der parallel dazu auftretenden Feindseligkeit gegenüber der Mutter. Zugleich kamen nun Erinnerungen an gewisse Handlungen und Phantasien des Kindes, die zeigten, wie heftig nicht nur die aggressiven Phantasien, sondern auch die tatsächlichen Versuche gewesen waren, der kleinen Schwester, die als Rivalin empfunden wurde, etwas anzutun. Der Traum, den ich oben wiedergegeben habe, bedeutete nun so etwas wie eine Aussetzung der Strafe für die gefürchteten aggressiven Impulse. Indem die Patientin träumte, sie sei das einzige Kind ihrer Mutter, brachte sie sich selbst in die Lage dessen, der es nicht nötig hat, eifersüchtig zu sein, und sich deshalb auch nicht vor aggressiven Impulsen fürchten muß. Im Gegenteil, die Mutter kümmerte sich um sie und beschützte sie, und also war sie sicher. Man könnte diesen Traum als Repräsentation des Wunsches betrachten, sich mit der Mutter zu versöhnen. Meine Prognose einer günstigen Entwicklung dieses Falles stützt sich außer auf den Sinngehalt des Traumes auch auf die folgenden Überlegungen: Die Patientin hatte den Kontakt mit der Außenwelt mit Hilfe einer fixen Wahnvorstellung aufrechterhalten; die wahnhafte Vorstellung selbst verschwand allmählich, und zugleich kamen dynamische Liebes- und Haßimpulse gegenüber bestimmten Personen sowie entsprechende spezifische Situationen aus der Kindheit ans Licht; die Sublimierungen, die der Patientin gelangen, waren nicht nur heilsam in bezug auf das Verhältnis zu ihrer Mutter, sondern stellten auch symbolisch Kanäle für die Befriedigung fundamentaler Triebbedürfnisse bereit. Wohl repräsentierte der Traum den sehr ausgeprägten Wunsch, wieder ein Kind zu sein, wir können ihn aber auf Grund all der hier von mir angestellten Überlegungen doch auch als ein günstiges Anzeichen betrachten.

Als nächstes folgt ein Traum, der eine Krise voraussagte. Die Frau, die ihn träumte, war zu dieser Zeit sehr stark in ihren akademischen Beruf eingespannt. Ihre Arbeitsbelastung wirkte sich auf ihr körperliches Wohlbefinden aus, und daneben schlug sie sich mit seelischen Konflikten herum, die in der Folge aufgedeckt werden konnten. Zur Zeit des Traumes war sie sich einer psychischen Erkrankung nicht eigentlich bewußt. Sie war nur erschöpft und ging nicht mit dem gewohnten Schwung an ihre Arbeit. Das Interesse daran würde sich schon wieder einstellen, so meinte sie, wenn sie den dringend benötigten Urlaub erst einmal genossen hätte. Der Traum lautete:

> »Ich nahm meine Uhr zur Hand, um zu sehen, wie spät es war, und da war das Zifferblatt so mit Papierstreifen bedeckt, daß ich die Uhrzeit gar nicht erkennen konnte.«

Wenig später mußte die Frau, nachdem sie eine Woche lang so gut wie keinen Schlaf gefunden hatte, ihren Arbeitsplatz verlassen und einen längeren Urlaub nehmen. In dieser Zeit unterzog sie sich einer Analyse, die schließlich ihre Psychoneurose ans Licht brachte.

Wir haben es bei diesem Beispiel mit einem Traum zu tun, der einen physischen und psychischen Zusammenbruch ankündigte. Der Traum wiederholte sich während der analytischen Behandlung, als die Patientin sich bereits auf dem Wege der Besserung befand. Die neue Version lautete:

»Ich wollte sehen, wie spät es war, und drehte mich nach meiner Uhr um, aber sie war nicht da. Dann fiel mir ein, daß ich sie auf das Regal gelegt hatte. Ich nahm sie herunter, und das Zifferblatt war ganz klar, so daß ich die Zeit ablesen konnte.«

Ich mache hier nicht den Versuch einer Interpretation dieses spezifischen Traumbildes. Im Augenblick geht es mir darum, die Aufmerksamkeit des Lesers auf den allgemeinen Sinngehalt eines Traumes zu richten, auf den wenig später ein Zusammenbruch folgte. Ein sachkundiger Zuhörer, dem die Frau diesen Traum erzählt hätte, würde ihr wohl geraten haben, sich sofort um psychische Hilfe zu bemühen – so wie man jemandem, der einen Ausschlag hat, empfehlen würde, unverzüglich zum Arzt zu gehen. Die so eventuell bewirkte Verminderung der psychischen Belastung hätte den vollständigen Zusammenbruch verhindern können.

Ein weiterer »Krisen«traum von allgemeinem Interesse wurde mir von einer fünfzehnjährigen Patientin erzählt, die wegen plötzlicher psychogener Taubheit die Schule hatte verlassen müssen. Sie war in einer sehr unglücklichen Verfassung, weil die Zukunft recht düster für sie aussah, falls sie taub werden sollte. Der Traum dieses Mädchens zeigte *eine Eisenbahnstation, in der alle Züge zum Stillstand gekommen waren.* Kein Zug kam mehr herein, und kein Zug verließ den Bahnhof. Die Lokomotiven arbeiteten nicht mehr. Deshalb war auch kein Ton zu hören.

Die Analyse dieser Patientin war von Erfolg. Ihr gefestigter psychischer Zustand hält seit nunmehr fünfzehn Jahren an, und heute ist sie glücklich verheiratet. Vom Standpunkt des Analytikers betrachtet, war der Traum aus folgendem Grunde hilfreich: Er enthielt einen unmittelbaren Hinweis auf Sinn und

Zweck der psychogenen Taubheit. »Nichts zu hören« hatte die Bedeutung, daß auf magische Weise die Maschinen dazu gebracht worden waren, ihre Arbeit einzustellen. Die gesamte sich anschließende Analyse dieser Patientin war im Grunde die Analyse ihres Traumes. Das analytische Vorgehen hatte zur Wirkung, daß das Unbewußte die mit dem Maschinensymbol assoziierten Bedeutungen und auch die Ursachen erkennen ließ, welche die Maschinen auf magische Weise zum Stillstand gebracht hatten. Als wir soweit gekommen waren, gewann die Patientin ihr Hörvermögen zurück.

Ich möchte jetzt drei Träume anführen, die mir von drei verschiedenen Patientinnen erzählt wurden und in denen das Element »Feuer« eine wichtige Rolle spielte.

a) *»Ich sah ein brennendes Haus.* Drinnen befanden sich eine Frau und ihre Kinder. Ein Mann lief hinein, um sie zu retten, kam aber nicht wieder heraus, also muß er ebenfalls verbrannt sein.«

b) *»Das Haus, in dem ich mich befand, brannte.* Ich hatte große Angst und wollte gerade hinauslaufen, aber da fiel mir mein kostbarster Besitz ein, ein Bild, an dem ich gerade gemalt hatte. Es war noch nicht fertig, und ich wollte es doch zu Ende bringen. So lief ich in mein Atelier, nahm das Bild von der Staffelei und hastete damit aus dem brennenden Haus.«

c) *»Ich setzte meine Kleidung in Brand und wachte im gleichen Augenblick auf.«*

Diese drei Träume gingen sämtlich mit einer psychischen Krise einher. Der manifeste Inhalt allein ist eine Betrachtung wert.

Jede dieser Patientinnen stand unter der psychischen Belastung, wie sie durch die aggressiven Impulse gegenüber der eigenen Mutter hervorgerufen worden war. Der Grund für die aggressive Haltung war die in der frühen Kindheit empfundene Eifersucht, weil die Mutter ein weiteres Kind vom Vater empfangen hatte. Im ersten Traum haben wir es nur mit der schlichten Feststellung zu tun, daß Mutter und Kinder im Feuer umkommen und schließlich auch der Vater verbrennt, der ihnen zu

Hilfe kommen wollte. Dieser Traum verursachte der Patientin längst nicht jenes Maß an bewußtem Schmerz, das die zweite Patientin erfuhr. Zum Teil liegt dies am Mechanismus der Projektion. Er kommt im ersten Traum in der Tatsache zum Ausdruck, daß das »Ich«, das Ego, hier nur Zuschauer ist, obwohl das Drama innerhalb der Psyche inszeniert wird. Das Ego ist nicht beteiligt. Ein solcher Traum ist sehr nützlich für den Analytiker, der sich ein Bild davon machen möchte, welches Maß an Belastung die Psyche des jeweiligen Patienten zu ertragen vermag. Diese Patientin ist ein Typ, der bei allzu großer Belastung eher dazu neigt, sich in ein von äußeren Kräften verursachtes Unheil hineinziehen zu lassen, als selbst irgendein Unglück herbeizuführen. Als Kind war diese Patientin beispielsweise einmal völlig kopflos mitten auf die Fahrbahn gerannt und von einem Auto zu Boden geschleudert worden.

Auch die zweite Patientin sieht sich dem Problem konfrontiert, wie sie mit ihren aggressiven Impulsen fertigwerden kann. Ihr Traum war mit sehr viel mehr Angst verbunden als der Traum der ersten Patientin. Das Ego ist hier weit stärker beteiligt, denn in ihrem Traum befindet die Patientin sich ja *innerhalb* des brennenden Hauses. Der Projektionsmechanismus ist weniger stark ausgeprägt als im ersten Traum. Dort symbolisierte das Haus den Körper der Mutter mit den darin befindlichen Kindern. Die Träumerin hielt sich in einer gewissen Entfernung davon auf. Im zweiten Traum symbolisierte das Haus, in dem die Träumerin sich aufhielt, zwar auch den mütterlichen Körper, aber im Gegensatz zum ersten Traum war die Träumerin hier eben *in* diesem Körper, und Gefahr für die eine hieß automatisch Gefahr für beide. Die Libido ist allerdings stärker als alle Haßimpulse, der Wunsch zu retten ist stärker als das Verlangen nach Zerstörung. Man kann also wohl schließen, daß diese zweite Patientin ihr psychisches Gleichgewicht trotz der quälenden Angst wahren wird, und im Traum kommt dann auch die Sublimierung sowohl der aggressiven als auch der libidinösen Impulse zur Sprache: Die Patientin war Malerin.

Der dritte Traum deutet auf eine psychische Krise, die am

Ende dazu führen kann, daß die Träumerin sich tatsächlich etwas antut. Der Projektionsmechanismus fehlt in diesem Traum völlig. Statt des »brennenden Hauses« haben wir hier »Ich legte Feuer an mich«. Das Ego ist dem aggressiven Wunsch ganz und gar ausgeliefert. Ein solcher Traum kann unter Umständen Vorbote eines Versuchs der Selbstverletzung oder, im extremen Fall, der Selbsttötung sein. Immer sollte er den Analytiker dazu veranlassen, die Situation mit aller Sorgfalt abzuwägen.

In einem derartigen Fall sollte man unter anderen den folgenden Überlegungen und Fragen Beachtung schenken: Der Analytiker muß sich ein einigermaßen treffendes Bild von der Ichstärke seines Patienten machen. Das typische Verhalten des Patienten bei früheren emotionalen Krisen kann ihm einen entsprechenden Hinweis geben. Hat der Patient solche Krisen in der Regel dadurch bewältigt, daß er geflohen bzw. aus seiner Arbeit und seinen Beziehungen »ausgestiegen« ist? Ein weiteres Kriterium, das wir in der Analyse selbst beobachten können, ist der plötzliche Übergang von Offenheit zu Heimlichtuerei, so als ob der Patient über irgendeinem Plan brütete. Auch ein Aspekt aus dem Leben des Patienten kann uns helfen, die Eventualitäten richtig einzuschätzen – nämlich seine allgemeine Situation in der Realität. Wenn sein Interesse an der Arbeit nachläßt, wenn er keine direkten und indirekten libidinösen Befriedigungen mehr erlangt, wenn seine Kontakte zu anderen Menschen allmählich einschlafen oder ihm nur Ärger einbringen, dann sollte man in einem Traum wie dem hier als drittem angeführten eine sehr gewichtige Botschaft erkennen. Fassen wir zusammen: Wenn der Patient, der solche Träume hat, nicht über ein wohlintegriertes Ego verfügt, wenn er frühere emotionale Störungen mit dem Abbruch seiner Arbeit und seiner Freundschaften oder mit plötzlicher Flucht beantwortet hat, wenn seine gesamte reale Situation zur Zeit des Traumes von libidinöser Versagung und unkanalisierter, unartikulierter Aggression gekennzeichnet ist, wenn der Patient zudem anfängt zu grübeln und sich zu verschließen, dann kann man mit Recht folgern, daß irgendein Versuch der Selbstzerstörung zumindest möglich ist. In diesem Fall müssen zunächst Maßnahmen zur Bewältigung der Krise ergriffen und so lange fortgesetzt werden, bis die Krise vorbei ist.

Der folgende Traum ist insofern interessant, als er das Vorspiel zu einer körperlichen Erkrankung war. Die Frau, die ihn träumte, hatte angestrengt gearbeitet, obwohl sie sich sehr matt und zerschlagen fühlte. Da sie aber keine eindeutigen physischen Symptome hatte, zögerte sie, einen Arzt aufzusuchen. Sie träumte, *daß sie sich mit aller Kraft an einem Fenstersims festklammerte, am Ende aber erschöpft in die Tiefe fiel.* Zwei Tage später erlitt sie eine Ohnmacht – die erste Ohnmacht ihres Lebens – und fiel um. Der herbeigerufene Arzt stellte fest, daß sie schon seit einiger Zeit an einer Blasenentzündung gelitten haben mußte. Es vergingen drei Monate, bis die Patientin endgültig wiederhergestellt war.

Ich möchte einen weiteren Traum zitieren, der anzeigt, wie eine leichte Krise gehandhabt und bewältigt wurde. In diesem Fall hatte die Patientin schon beträchtliche Erfahrung mit analytischer Behandlung. Die psychische Belastung, die sie auf Grund ihrer aggressiven Impulse empfand, zeigte sich in aller Regel darin, daß sie von einem stürmischen und aufgewühlten Meer träumte. Gewöhnlich verfolgten die Wellen sie und drohten über ihr zusammenzuschlagen und sie unter sich zu begraben. Der hier zitierte Traum stellte sich ein, als die Patientin soeben eine vaterähnliche Figur durch den Tod verloren hatte. Sie *träumte, daß sie sich im tiefen Wasser befand. Das Wasser war allerdings so salzhaltig, daß es sie gut trug und sie vor der Gefahr des Ertrinkens sicher sein konnte.* Die Assoziation zu »Salzwasser« waren sofort »salzige Tränen«, und bereits im nächsten Augenblick zitierte die Patientin eine Zeile aus Tennysons »In Memoriam«:

»Let Love clasp Grief, lest both be drowned.«
(Laßt Liebe den Schmerz umklammern, damit nicht beide ertrinken müssen.)

In dieser psychischen Situation ist das Ego nicht bedroht. Eine andere Patientin, die ich in Behandlung hatte und die die schwierige Zeit im Anschluß an den Verlust eines ihr nahestehenden Menschen ebenfalls bewältigte, schrieb:

Leave me my grief. Thus, undisturbed
By clamorous help, I still may weep.
While tears can flow
Love is not dead.
(Laßt mir den Schmerz. So, ungestört
von lautem Trost, kann ich doch weinen.
Die Liebe ist nicht tot,
solange Tränen fließen.)

8 Der Traum als Spiegel der psychischen Besserung und Wiederherstellung des Patienten

1. Träume, die den in der Analyse erreichten Fortschritt veranschaulichen
2. Folgerungen aus dem manifesten Inhalt von Träumen, die parallel zur Analyse berichtet werden, in bezug auf inzwischen eingetretene psychische Veränderungen
3. Träume, die auf die sexuelle Entwicklung verweisen
4. Träume, die eine Modifikation des Überich andeuten
5. Charakteristische Merkmale einer Traumanalyse, aus der die Fähigkeit des Patienten zur wirksamen Bewältigung seiner psychischen Schwierigkeiten hervorgeht

Im Verlauf einer Analyse, die längere Zeit in Anspruch nimmt, werden die psychischen Veränderungen des Patienten und seine Neuanpassungen hin und wieder auch in seinen Träumen erkennbar. Tatsächlich haben wir schon in der Art der Träume ein Kriterium für die Beurteilung der Frage, wieweit es dem Patienten möglich ist, mit seinen psychischen Schwierigkeiten selbst fertigzuwerden. Ich möchte hier anhand von Traummaterial zeigen, wie die eingetretenen Veränderungen sich manifestieren.

Zunächst will ich drei Träume wiedergeben, die mir von drei verschiedenen Patienten im Laufe ihrer Analyse berichtet wurden. Der erste Traum lautete folgendermaßen:

»Ich befand mich in einer U-Bahn-Station und war mir nicht sicher, ob ich in den Zug einsteigen sollte. Schließlich tat ich es dann doch, und nach einer Weile hielt der Zug an einer Station, die ›Bentley‹ hieß. Ich stieg aus und sah, daß der Bahnhof sich nicht unter der Erde (underground), sondern oben (above board) – ich meine über der Erde (above ground) befand« (above board = offen, ehrlich; Anm. d. Übers.).

Dieser Traum deutete auf eine Umorientierung in der Psyche des Patienten und auf eine bestimmte Stufe, die wir in der Analyse erreicht hatten. Die Station »Bentley« erinnerte den Patienten daran, daß er als kleines Kind seinen älteren Bruder »Bentley« genannt hatte, als er das Wort »beastly« (brutal, roh, gemein, abscheulich) noch nicht aussprechen konnte. Der Traum kündigte also das Auftauchen verdrängter emotionaler Einstellungen und spezifischer Verhaltensweisen gegenüber dem älteren Bruder an. Die »Station« war nicht länger unter der Erde, sondern »above board«.

Den zweiten Traum hörte ich von einer jungen Patientin. Er lautete:

»Douglas Fairbanks und ich saßen zusammen auf einem Sofa und liebten uns. Nach einer Weile war er plötzlich mein Bruder, und ich bekam Angst und wachte schließlich auf, aber es war, als ob Stimmen um mich herum sagten: ›Armes Kind‹.«

In der Analyse dieses Traumes wurde deutlich, daß mit Douglas Fairbanks sowohl der Vater als auch der Sohn gemeint war. (Es gab zwei bekannte Filmschauspieler mit Namen Fairbanks, Vater und Sohn; Anm. d. Übers.). Als mithin der Filmschauspieler zum Bruder der Träumerin wurde, war auch ihr Vater in ihren Traumgedanken und -wünschen. Das »Liebesspiel« auf dem Sofa hatte einen spezifischen Bezug zur Übertragungssituation in der Analyse. Ebenso bezogen sich die »Stimmen« im Raum, die im Traum »Armes Kind« sagten, auf die Analytikerin als »Stimme«.

Dieser Traum deutete auf Fortschritte in der psychischen Orientierung und auf ein ganz bestimmtes Stadium der Analyse. Die unbewußten ödipalen Wünsche und ihre Übertragung auf die Analytikerin sind im Traum artikuliert worden. Die Modifizierung des Überich wird in den mitfühlend-wohlwollenden »Stimmen« deutlich.

Der dritte Traum stammt aus der Analyse einer Patientin, die an schwerer Konversionshysterie litt. Beim Erzählen dieses Traumes sagte sie:

»Der Traum hat etwas Theatralisches an sich, so als wäre es eine Aufführung, und die Menschen darin wären Puppen. Das Bühnenbild und ein Schild, das da stand, deuteten auf eine verlassene Straße. Das Schild trug den Namen eines Schlachtfeldes aus dem letzten Krieg, und das bedeutete also, daß alles von Grund auf noch mal getan werden mußte. Dann war da noch die Gestalt eines Mannes in Weiß, wie ein Koch.«

Dieser Traum deutete ganz klar auf einen Kampf in der Psyche der Patientin: entweder »alles von Grund auf nochmals« tun, das heißt ein neuerliches Auftreten der Konversionssymptome, oder die Rückkehr ins gesunde Leben. Die Konversionssymptome waren repräsentiert durch die Gedanken von »theatralisch, Aufführung, Kochen, alles von Grund auf nochmals tun«. Die Patientin erkannte dies selbst, und mithin ist dieser Traum ein Anzeichen für die psychische Neuorientierung. Die Situation klärte sich dann während der analytischen Sitzung durch die folgende Erzählung der Patientin: »Gestern habe ich meine Freundin angerufen und sie gefragt, wie es ihr in ihrer neuen Arbeitsstelle gefällt. Sie sagte mir, daß sie sie gar nicht angetreten hat, weil sie krank geworden ist. Ich sagte: ›Pech, aber du kommst ja wieder in Ordnung, und das passiert nicht noch einmal – das nächste Mal klappt es.‹ Sie antwortete: ›Ich denke schon‹, aber sie sprach das so zögernd aus, als ob ihr gar nichts daran läge, daß es klappt, als ob sie gar keine Lust hätte, das Kranksein aufzugeben.« Im Anschluß an diese Erzählung fiel der Patientin selbst auf, daß die Bemerkungen über ihre Freundin ja in bezug auf sie selbst und vor dem Hintergrund des Traumes von Belang waren. Sie lernt sich allmählich selbst kennen, und die Lösung der Konflikte, die die körperlichen Symptome produzieren, ist in Sicht.

Es gibt noch eine andere Methode, sich Klarheit über die psychischen Veränderungen zu verschaffen, die im Laufe der analytischen Behandlung bisher eingetreten sind. Aus der Analyse eines meiner Patienten wähle ich drei Träume aus, die mir in großem zeitlichen Abstand berichtet wurden.

Der erste Traum lautete: »*Ich befand mich mit meiner Frau in einem Zimmer auf dem Meeresboden.*« Dieser Traum war dem Patienten zu Beginn der Analyse gekommen. Mir geht es hier nicht um die Signifikanz der verwendeten Symbole und auch nicht um die Assoziationen, die der Patient lieferte und die noch während der Stunde, in welcher der Traum mir erzählt wurde, eine Deutung ermöglichten.

Ich möchte vielmehr diesen Traum in seinem manifesten Inhalt mit einem zweiten Traum vergleichen, der einige Monate später folgte. Er lautete:

> »Ich sah, wie eine große Eidechse, die ich zunächst für einen Teil der Rinde eines Baumes gehalten hatte, sich langsam entrollte und von dem Baum wegstrebte. Am Baumstamm war eine Vertiefung, in die sie genau hineinpaßte. Nachdem sie sich von dem Baum fast gelöst hatte, so als wollte sie sich ganz und gar befreien, überlegte sie es sich anders, rollte sich wieder zurück und wurde wieder eins mit dem Baum.«

Dieser Traum ließ in der analytischen Sitzung auf dem Weg über die Assoziationen des Patienten etwas von der Bedeutung seines *latenten* Inhalts und damit von der Signifikanz der Symbolik erkennen. Der Analytiker kann aber aus der vergleichenden Beobachtung des manifesten Inhalts aus dem ersten und dem zweiten Traum auch gewisse Schlüsse in bezug auf die psychische Arbeit ziehen, die inzwischen durch die Analyse geleistet worden ist. Die Neurose, an der der Patient litt, gehörte dem Typ an, den man gewöhnlich als narzißtisch bezeichnet. Der erste Traum repräsentiert in dem Bild des völligen Abgeschnittenseins von der Welt die narzißtische Verfassung des Patienten sehr anschaulich. Der zweite Traum spielt sich über der Erde in einer bewohnbaren Welt ab, wenngleich der Träumer einen Teil seiner selbst als riesigen »Parasiten« darstellt, der sich vor der Verselbständigung fürchtet. Der Patient erwachte aus diesem Traum mit dem Gefühl von Angst und Beunruhigung, was schon in sich ein Zeichen dafür ist, daß die narzißtische Abwehr geschwächt ist.

Der dritte Traum, der nach einer längeren Pause folgte, lautete:

»Ich befand mich in der Halle eines Hotels, als wir plötzlich durch die Nachricht aufgeschreckt wurden, daß das Haus auf der gegenüberliegenden Straßenseite brannte. Manche liefen hin, um sich an den Rettungsarbeiten zu beteiligen. Ich schloß mich ihnen zunächst an, aber an der Tür kehrte ich um und ging in die Halle zurück.«

Auch dieser Traum erbrachte wieder ganz spezifische Assoziationen noch während der Stunde, in der er mir erzählt wurde, und meine Interpretationen richteten sich an diesen Assoziationen aus. Als Analytiker kann man darüber hinaus aber auch die allmählichen psychischen Veränderungen ermessen, die durch die analytische Arbeit zustande kommen, indem man nämlich den manifesten Inhalt dieses Traumes mit dem des zuvor berichteten vergleicht. Der Patient stellt sich jetzt nicht länger als Eidechse dar. Er ist ein Mann, wenn auch Insasse einer Halle (»lounge lizard« = Salonlöwe). Auch hier unternimmt er einen Versuch, die Sicherheit seines Aufenthaltsraumes hinter sich zu lassen, kehrt aber dann zurück. Da es jedoch *sein* Geist war, der diesen Traum inszeniert hat, sind die Männer, die sich zu den Rettungsarbeiten melden, ebenfalls Aspekte seiner selbst. Es steht zu hoffen, daß die weitergehende Analyse den Patienten zu gegebener Zeit noch auf jene Stufe bringt, auf der er dann imstande sein wird, sich seinen in dem brennenden Haus angedeuteten aggressiven Impulsen, gegen die er die narzißtische Abwehr errichtet hat, zu stellen und sie schließlich zu bewältigen.

Die hier von mir zu diesen drei Träumen abgegebenen Kommentare dürfen nicht etwa als *Analyse* der Träume betrachtet werden. Ich habe dem Leser nichts von der analytischen Arbeit in diesem Zusammenhang mitgeteilt und andererseits den Patienten die hier angestellten Überlegungen nicht wissen lassen. Als ich diese drei Träume auswählte, ging es mir darum zu zeigen, daß der Analytiker sich durch Gegenüberstellung und Vergleich des manifesten Inhalts aufeinanderfolgender Träume ein Bild von den psychischen Veränderungen machen kann, die durch die tägliche analytische Arbeit bewirkt werden.

Als nächstes führe ich eine Reihe von Träumen an, die im Laufe einer sich lange hinziehenden Analyse in einem gewissen Abstand aufeinanderfolgten. Auch hier geht es mir nicht um die eigentliche Interpretation des Materials, das die Patientin mir jeweils zu den Träumen lieferte. Ich will die Aufmerksamkeit des Lesers nur eben auf die Veränderungen im manifesten Inhalt lenken, die ihrerseits ja darauf deuten, daß die Orientierung der Patientin sich im Laufe der Analyse veränderte.

Die erste Version des Traumthemas bestand in einem Alptraum, der mehrmals in der gleichen Form auftauchte. Diese Version lautete:

> »Ich fand ein Stückchen Watte in meinem Mund und wollte es herausziehen. Nachdem ich lange daran gezogen hatte, traute ich mich nicht, noch länger zu ziehen, denn ich merkte, daß es an irgendeinem inneren Organ hing, das dann vielleicht mit herauskommen könnte. Ich wachte in großem Entsetzen auf.«

Die nächste Variante des Traumes bestand darin, daß es nun nicht mehr um Watte, sondern um Haare ging. Noch später handelte es sich um eine dickflüssige Substanz, an der die Träumerin fast erstickte. Nach zweijähriger Analyse lautete die vierte Fassung folgendermaßen:

> »Ich sagte zu Ihnen, daß ich den Prozeß der Introjektion nur verstehe, wenn ich an die Muskeln denke, die im Augapfel zusammenlaufen und ihn bilden.«

Die letzte und abschließende Version lieferte *ein Traum, in dem die Patientin sich wiederum ein Haar aus dem Munde zog. Es kam ganz leicht heraus, es hing mit nichts anderem zusammen, und im Traum wurde keine Angst empfunden.*

Diese Träume enthalten Hinweise auf die wichtigsten Sachverhalte im Zusammenhang mit der Neurose der Patientin. Man könnte die ganze Analyse als den Versuch der Klärung ihres latenten Inhalts ansehen. Elemente wie etwa »Watte«, »Faden«, »Haar« hatten nicht nur eine immense unbewußte symbolische Bedeutung, sondern bildeten zugleich gewissermaßen die Brücke zwischen den unbewußten Phantasien auf der einen Seite und den realen Erfahrungen der Patientin vom frühesten Säuglingsalter bis in die späte Kindheit hinein. Äußere Situationen, die Angst hervorriefen, wurden mit dem alles beherrschenden Gedanken des »Fadens« verbunden. Ich habe auf diesen nahezu ausschließlichen Gebrauch nur eines einzigen Symbols bereits in Kapitel 2 aufmerksam gemacht und dort auch schon von der Patientin gesprochen, die mir diese Träume erzählte.

Für den Analytiker sind die Veränderungen im manifesten Inhalt dieser Träume ein Anzeichen dafür, daß auch die innerpsychischen Abläufe sich ändern, und der abschließende Traum zeigt dann, daß das Problem gelöst und die Angst, die es hervorgerufen hatte, beseitigt ist.

Ich möchte nun noch einmal auf die Wasserträume zurückkommen, die ich im vorangegangenen Kapitel schon angeführt habe. Neben der spezifischen Interpretation, die sich an die Assoziationen des Patienten im Zusammenhang mit einem einzigen Traum hält, in dem Angst vor Wasser empfunden wird, kann der Analytiker sich anhand wiederkehrender Träume dieser Art auch ein Bild von dem Fortschritt machen, der in der Bewältigung der Angst erzielt worden ist. Wenn beispielsweise ein Patient, der in Zeiten besonderer Belastung immer von drohenden Wassermassen träumt, nach einer gewissen Periode der analytischen Behandlung auf schmerzliche innere Stimuli so reagiert, daß er träumt, er treibe ganz ruhig auf dem Wasser dahin und werde mit Sicherheit nicht ertrinken, dann kann der Analytiker mit Recht schließen, daß eine ausreichende psychische Neuorientierung Platz gegriffen und den Patienten in den Stand gesetzt hat, mit seinen Problemen nun selbst fertigzuwerden.

Es gibt noch eine andere Möglichkeit, sich anhand der Träume des Patienten vom Fortgang seiner inneren Neuorientierung zu überzeugen. Meiner Erfahrung nach haben Patienten, die an melancholischen Störungen und schwerer Konversionshysterie leiden, über lange Zeiten hinweg Träume, in denen entweder Teile von Objekten vorkommen, die für Körperteile stehen, oder in denen ebendiese Körperteile direkt, ohne alle Symbolik, enthalten sind. Eine solche Patientin beispielsweise erinnerte sich bruchstückhaft an ihre Träume, und die erinnerten Fragmente betrafen etwa einen Riß in einer Wand, Bodenfliesen, zwischen denen Gras wuchs, ein Stück eines Baumes mit drei Auswüchsen, eine Konsole an einer Mauer, einen Teil des Körpers einer Frau mit bloßliegenden Genitalien, den entblößten Penis eines Mannes, die Rundung der weiblichen Brüste, die größeren Rundungen der Gesäßbacken, runde Scheiben, die den Anus symbolisierten, vertikale engstehende Linien, welche die Vagina symbolisierten, und horizontale Linien als Symbol des Mundes.

Wenn Träume dieser Art über lange Zeiten hinweg immer wieder auftauchen, dann unterhält der Patient Beziehungen nur zu Partialobjekten – das heißt, seine Objektbeziehungen gehören der oralen und der analsadistischen Entwicklungsstufe an, und Konflikte, die sich in jener Zeit verfestigt haben, sind niemals aufgelöst worden.

Falls die Analyse sich mit dem frühkindlichen Problem befassen kann, wie es in der Übertragung von neuem zur Aufführung gelangt, wird sich die Natur der Träume des Patienten ändern. Anstelle von Träumen, deren einziger Inhalt ein »Teil eines Ganzen« ist, haben wir dann Träume, in denen ganze Personen auftreten, deren »Teile« wichtig sind. Daneben werden Situationen zwischen »ganzen« Personen dramatisiert, und diese Situationen werden nicht ausschließlich auf dem eigentlichen neurotischen Konflikt aufgebaut sein, also der Furcht vor den aggressiven Impulsen, der Furcht vor der Aggression des Objekts und den unterschiedlichen Formen der Abwehr gegen beide. So hatte beispielsweise die Patientin, der ich auch den Traum von dem Baum mit den »drei Auswüchsen« verdanke, zunächst eine ganze Reihe von Träumen der soeben beschriebenen Art und träumte dann schließlich, daß sie einer Frau, die krank gewesen war, Blumen überreichte. Die Signifikanz der drei Auswüchse war stark überdeterminiert, und die vielen verschiedenen Bedeutungen interessieren hier nicht. Nur eine Bedeutung »paßt«: Die drei Auswüchse standen für drei Kinder ihrer Mutter, die gestorben waren. Wenn man sich nun diesen Traum zusammen mit jenem anderen ansieht, in dem die Träumerin »lebende« Blumen an eine Frau verschenkte, die krank gewesen war, und dessen Bedeutung völlig klar ist, dann erkennt man, daß hier eine psychische Entwicklung in Gang ist, daß nämlich die Liebesimpulse nicht mehr so stark von den aggressiven Empfindungen unterdrückt werden.

Auch dort, wo die psychische Störung nicht so tiefgreifender Natur ist, wie es die eben angeführten Träume erkennen ließen, kann die allgemeine Richtung, in welche die Träume des Patienten gehen, dem Analytiker etwas über die Art der »psychischen Fortbewegung« sagen, die durch die Analyse bewirkt wird. Zum Beispiel kann es vorkommen, daß ein Patient über lange Zeiten hinweg immer wieder Träume hat, in denen sich anale Phantasien und entsprechende Situationen aus der Kindheit, die zugehörigen Verhaltensweisen des Kindes und die Verhaltensweisen der Umgebung gegenüber dem Kind dartun. Am Ende aber wird sich die Natur der Träume ändern, und die oralen und genitalen Interessen werden die Oberhand gewinnen. Entsprechend kann die herausragende Gestalt in den Träumen lange Zeit die (Analytiker-)Mutter, dann wieder der (Analytiker-)Vater, der (Analytiker-)Bruder oder die (Analytiker-)-Schwester sein, und die zugehörige emotionale Haltung ist dann ebenfalls vorhanden.

Eine Folge von homosexuell getönten Träumen wird schließlich den nachdrängenden heterosexuell getönten Träumen weichen. Dies zeigt an, daß in der Analyse ein Fortschritt erreicht worden ist. Träume spiegeln übrigens auch das Auf und Ab der versuchsweise unternommenen Neuorientierungen innerhalb der Psyche, lange bevor es zu einer wirklichen Stabilisierung kommt. Es wird so aussehen, als schreite der Patient nicht vorwärts, sondern zurück, und als verfalle er wieder in die alten und eigentlich überwundenen Haltungen, dann aber macht sich die Neuorientierung wieder geltend, und diesmal mit mehr Nachdruck.

Träume, in denen sich ein Nachlassen der Strenge des infantilen Überich andeutet, sind ein willkommener Beweis für die psychische Weiterentwicklung. Drei Beispiele seien hier genannt:

1. »Ich fuhr mit meinem Auto, und irgend etwas geschah, ich weiß nicht was, aber beinahe hätte ich einen Unfall gehabt. Ich weiß, daß es meine Schuld war, und ich sah den Polizisten und war sehr aufgeregt. Zu meiner Überraschung schien er sehr freundlich.«
2. »Ein Kind benahm sich sehr unartig. Irgend jemand war sehr ärgerlich auf das Kind, und ich war es eigentlich auch, aber anstatt mit ihm zu schimpfen, ging ich hin und sprach dem Kind gut zu.«
3. »Ein Kind hatte den Fußboden benäßt und war darüber sehr erschrocken. Ich ging zu ihm hin und half ihm beim Aufwischen.«

Jeder dieser Träume rief spezifische Assoziationen hervor, die teils ganz aktuellen Ängsten, teils auch längst vergangenen Situationen zugehörten und dann Gegenstand der analytischen Sitzung waren. Parallel dazu war für den Analytiker aber aus diesen Träumen auch abzuleiten, daß es zu einer inneren Neuorientierung auf größere Milde hin, in Richtung auf Entgegenkommen und Toleranz, gekommen war.

Ich möchte noch einen weiteren Aspekt anführen, der eine derartige Neuorientierung der Psyche anzeigt. Eine Patientin, die an einer tiefverwurzelten Konversionshysterie litt und bestimmten äußeren Reizen nicht aus dem Weg gehen konnte, wurde körperlich krank, mußte das Bett hüten und war auf den Arzt und die Hilfe einer Pflegerin angewiesen. Nach anderthalb Jahren und einer in dieser Zeit nicht unterbrochenen Analyse traf sie erneut auf diese äußeren Stimuli. Sie empfand außerordentlich starke Ängste, konnte aber ihr gewohntes Leben weit besser fortsetzen als nach dem ersten derartigen Vorkommnis. Sie träumte, *»daß Herr X im Pflegeheim war«*. Dieser Traum macht die psychischen Fortschritte deutlich: Erstens und vor allem *träumt* sie von Krankheit, anstatt selbst wirklich körperlich krank zu sein. Zweitens hat sie die Krankheit auf Herrn X, einen Vater-Ersatz, projiziert. Mit andern Worten: In dem Konflikt hinsichtlich ihrer unbefriedigt gebliebenen libidinösen Wünsche und der daraus entspringenden Mischung aus Feindseligkeit und Furcht, die ihr Verhältnis zu dem Vater kennzeichnet, der sich ihren Wünschen entgegengestellt hat, verkörpert sie nun nicht mehr den kranken und sterbenden Mann, *ist* nicht länger er (womit sie sich ja selbst bestrafen würde), sondern hat sich von ihm getrennt. Am Ende ist er »externalisiert«. Wenn diese Patientin es weiterhin schafft, ihre Ängste in bezug auf die feindseligen Wünsche, wie sie im Gefolge der Frustration aufgetreten sind, zu ertragen, und wenn diese Ängste durch die Analyse modifiziert und schließlich aufgelöst werden, dann wird der Rückgriff auf wirkliche körperliche Symptome nicht mehr nötig sein.

Eine meiner Patientinnen, die an Wahnvorstellungen litt, träumte immer wieder davon, daß ein Mädchen ihrer Altersstufe bitterlich weinte. Die Träumerin sah sich selbst, wie sie versuchte, das Mädchen zu trösten und aus ihm herauszubringen, was denn der Grund seines Kummers war. Aber diese Versuche schlugen fehl. Der Traum wiederholte sich während der drei ersten Jahre der Analyse mehrfach. Die fixe Wahnvorstellung verschwand ebenso wie das statische Bild, das die Patientin mir von ihrer Kindheit und dem zugehörigen immer gleichen Fächer ihrer Emotionen und äußeren Interessen lieferte. Als die Analyse allmählich der Wahrheit hinsichtlich der Umgebung des Kindes und seines emotionalen Lebens in dieser Umgebung näherkam, kehrte der geschilderte Traum nicht mehr wieder. Daß ein ganz spezifischer und bisher häufig wiederkehrender Traum schließlich für immer ausbleibt, kann dem Analytiker also anzeigen, daß ein verdrängter psychischer Konflikt aufgelöst worden ist.

Bei Patienten wiederum, die sich oft alkoholischen Exzessen hingeben, habe ich festgestellt: Sobald sie von Trunkenheit *träumen*, anstatt sich tatsächlich von neuem zu betrinken, ist eine Stufe erreicht, auf der die psychischen Ursachen dieser Gewohnheit zugänglich werden und mithin gute Aussichten bestehen, daß man sie auch beseitigen kann. Das gleiche gilt, wenn ein Fetischist von seinem Fetisch träumt, und wenn ein Mensch, der im Wachzustand zwanghaft masturbiert, im Schlaf vom Masturbieren träumt.

Schließlich möchte ich noch von einem Traum sprechen, der meiner Ansicht nach recht deutlich darauf hinweist, daß die Analyse soeben die Stufe erreicht, auf der man bereits an die Beendigung der analytischen Arbeit denken kann.

Der Traum lautete:

> »Ich war bis ganz oben geklettert und mußte nun wieder hinunter, aber zunächst schien das ganz unmöglich. Immerhin, ich war schließlich heraufgekommen, und wenn ich das tun konnte, dann konnte ich selbstverständlich auch zurück. Also fing ich an; zuerst war die Entfernung nach unten erschreckend, aber schließlich kam ich an das letzte Stück, wo man den Fuß nirgends hinsetzen konnte, und so mußte ich es durch einen Sprung überwinden, was übrigens nicht schwierig war – es ging ganz leicht.«

Der Patient, der diesen Traum hatte, war schon sehr lange in Analyse gewesen, und ich schloß aus seinem Traum, daß er eine Stufe erreicht hatte, auf der man das Gespräch darauf bringen konnte, daß die Analyse nun wirklich zu Ende ging.

Der äußere Anreiz zu diesem Traum war der Umstand, daß der Patient eine bezahlte Ganztagsbeschäftigung zugunsten einer Teilzeitarbeit aufgegeben hatte, weil er sich eine eigene psychoanalytische Praxis aufbauen wollte. Er besaß kein Vermögen, so daß sein Vorhaben durchaus ein Risiko darstellte, denn er hatte eine Familie zu ernähren. Daß er diesen Schritt getan hatte, war schon in sich ein Beweis dafür, daß sein Selbstvertrauen gewachsen war. In der eigentlichen Analyse war es uns schon geraume Zeit vor diesem Traum gelungen, gewisse anale Phantasien des Patienten und anale Formen der Abwehr gegenüber seinen Kastrationsängsten aufzudecken. Die Rivalität und die Feindseligkeit, die er auf der genitalen Ebene gegen den Vater empfand, waren bereits erkannt und bearbeitet worden. In der Realität hatte das zur Folge, daß der Patient seine Routinearbeit aufgab und sich auf neue Rivalitäten einließ, indem er nämlich durch den Aufbau seiner eigenen Praxis notwendig in Konkurrenz mit anderen trat. Zweifel an seiner Potenz und mit ihnen die unbewußten Ängste in bezug auf die weiblichen Geschlechtsorgane kamen ans Licht, die ihrerseits auf Phantasien aufbauten, die weiblichen Genitalien seien ein gefährlicher Ort, nämlich eine Wunde, die durch einen Angriff verursacht worden war.

Am Tag vor dem Traum hatte der Patient im Verlauf der analytischen Arbeit gesagt: »Dr. X sagt übrigens, es sei gefährlich, mit einer Frau analytisch zu arbeiten, wenn sie sich in einem depressiven Zustand befindet.« Mit Hilfe der Assoziationen des Patienten konnte ich noch vor Ende der Sitzung folgendes klären: Vor allem sollte diese Bemerkung die Ängste des Patienten hinsichtlich des psychoanalytischen Vorgehens zudecken, auf das er sich ja soeben – als selbständiger Analytiker – einlassen wollte, und zum zweiten hatten diese Ängste unbewußt auch mit den Phantasien in bezug auf die Vagina zu tun. Als er beispielsweise sagte: »Wenn man während der Depression weiterarbeitet, dann macht man die Frau unter Umständen noch böser«, drückte er unbewußt seine Furcht im Zusammenhang mit dem Geschlechtsverkehr aus – die auf die Phantasien von der Vagina als einer Wunde zurückging. Am nächsten Tag erzählte der Patient mir den Traum, den ich schon wiedergegeben habe. Die Assoziationen im Laufe dieser Sitzung waren analytisch von großer Bedeutung. Sie erbrachten historisches Material, aus dem ganz eindeutig hervorging, an welchen Orten er während seiner ersten drei Lebensjahre vermutlich Gelegenheit gehabt hatte, die weiblichen Geschlechtsteile zu sehen. Daß er schon frühzeitig Erektionen gehabt hatte, ließ sich aus diesem Material ebenso ableiten wie daß er als kleines Kind masturbiert hatte. Das Haus, an dem er im Traum emporgeklettert war, stand für den weiblichen Körper, und an den

Assoziationen über seine Säuglings- und Kleinkinderzeit fiel die häufige Erwähnung von Mutter und Schwestern auf. Während er in der Sitzung über den Traum nachdachte, sagte er unter anderem: »Ich war hochgestiegen und mußte nun wieder hinunter, aber ich glaube, das eigentliche Problem ist die Frage, wie man von neuem hinaufkommt. Ich meine, bei unserer Geburt kommen wir aus der Mutter heraus und von ihr herunter, aber wir kommen doch niemals wieder ganz in den Schoß zurück. Nur ein Teil unseres Körpers kehrt beim Geschlechtsverkehr des Erwachsenen wieder dorthin zurück.«

Vor Ende dieser Sitzung sagte der Patient: »Und ich weiß, daß meine Analyse jetzt aufhören muß. Meine Ausbildung nähert sich ihrem Ende, und wenn ich dann Patienten bekomme, wird das einen weiteren Schritt in Richtung auf das Ende bedeuten.«

Der Traum dieses Patienten ist eine Masturbationsphantasie; er ist auch ein Selbstberuhigungstraum, aber die Beruhigung ist wohlbegründet. Analytisch betrachtet, zeichneten die Assoziationen sich durch große Plastizität aus, sie reichten vom gegenwärtigen Tage bis zu den frühesten Erfahrungen des Kindes zurück und waren untereinander zu einem Ganzen verbunden. Die gleiche ruhige Gewißheit kam in den Gedanken zum Ausdruck, bei denen es um Geburt, anales Verhalten und genitale Kraft ging. Wenn diese gleichermaßen in der inneren Verfassung wie in der Einstellung zu den Dingen zu beobachtende ruhige Gewißheit auch gegenüber Erfahrungen zum Ausdruck kommt, die – wie durch einen Traum angezeigt wird – von der frühesten Kindheit bis zum gegenwärtigen Tag reichen, wenn der Patient seine Zukunft mit Optimismus plant und in dieser Hinsicht auch Risiken auf sich nimmt, um seine Ziele zu erreichen, dann kann der Analytiker sich zu Recht sagen, daß die Analyse nun bald ihren positiven Abschluß finden wird. Das gilt um so eher, wenn der Patient selber diesen baldigen Abschluß ahnt, weil er das Gefühl hat, daß die Loslösung vom Analytiker (der hier beide Eltern repräsentiert) nun eigentlich fällig ist, und sich ganz offensichtlich darauf vorbereitet.

Und schließlich gibt es noch einen letzten Aspekt der

Traumanalyse, der dem Analytiker eine Vorstellung davon vermittelt, daß und welche Neuorientierungen zustande gekommen sind. Der Patient gelangt jetzt zu einer Art Perspektive, was sein bisheriges Leben angeht. Die Assoziationen zu seinen Träumen sind nicht länger samt und sonders Ausdruck stereotyper Einstellungen und enthalten nicht mehr die immer gleichen statischen Erinnerungen. Wenn das archaische Überich demontiert wird, verliert auch der Teufel seine Macht. Die Eltern werden in dem Maße wirklichkeitsgerechter – nämlich als menschliche Wesen – gesehen, wie der Patient »menschlich« wird. Den neuen Ton zu erleben, den er jetzt anschlägt, wenn er Erinnerungsbilder ins Gedächtnis zurückholt, hat etwas Faszinierendes. Es ist, als ob sich die endlich befreite Libido sowohl nach rückwärts als auch nach vorwärts bewegte. Plötzlich hört man Äußerungen wie: »Welche Geduld Nannie doch mir gegenüber aufgebracht hat. Heute kann ich das sehen«, oder – als wäre das nie zuvor erkannt worden –: »Das war ein herrlicher Garten, den wir damals hatten. Ich bin froh, daß ich meine Kindheit dort verbracht habe.« Auf diese Weise wird der Patient auch in der Lage sein, die wirklichen Ungerechtigkeiten und Härten, denen er als Kind ausgesetzt war, mit größerer Gelassenheit und Toleranz zu betrachten. Frühere Lieben, vergangene Freuden, verdrängte Haßgefühle werden der Vergessenheit entrissen und bereichern die Seele. Darin besteht für mich eines der Kriterien für eine erfolgreich verlaufene Analyse. Die Libido, der wahre Phönix, ersteht neu. In dieser Erneuerung steckt zweierlei: Zum einen sind die Ängste in bezug auf die eigenen Aggressionen und die phantastischen Befürchtungen im Zusammenhang mit der Sicherheit des eigenen Körpers gemindert und abgeschwächt, zum anderen sind die libidinösen Strebungen von einst nun der Vergessenheit entrissen und in eine neue, einheitlichere positive Lebenseinstellung eingeschmolzen.

9 »Analysierte« Personen und ihre Träume

1. Träume erfüllen für »analysierte« wie für »nichtanalysierte« Menschen den gleichen Zweck
2. Traumberichte »analysierter« Personen und die veränderte affektive Einstellung zum Traum, wie sie durch die Analyse bewirkt worden ist
3. Träume »normaler« nichtanalysierter Personen
4. »Analyse« und »Synthese«

Der »analysierte« Mensch, auf den ich mich in diesem Kapitel beziehe, hat durch die Analyse nicht nur zur Ichstabilität gefunden – das heißt, er kann sein Leben jetzt durchaus selbständig führen –, sondern er bezieht aus der direkten Triebbefriedigung wie aus der Sublimierung nun wirklich Lebensfreude und ein Gefühl des Wohlbefindens. Ich beschäftige mich hier mit den Träumen von Menschen, die diesen Zustand auf dem Weg über die analytische Arbeit tatsächlich erreicht haben; Fälle, in denen die Analyse noch kein derartiges Ergebnis erbracht hat, sind dagegen hier nicht aufgenommen.

Der »analysierte« wie der »nichtanalysierte« Mensch träumt natürlich weiterhin. Mit der Analyse wird nicht etwa das »Unbewußte« hinweganalysiert. Die Triebe bleiben erhalten. Unsere fundamentalen infantilen Wünsche sind so zeitlos wie das ererbte Triebleben. Die Träume des »Analysierten« sind – nicht weniger als die des »Nichtanalysierten« – Versuche der Psyche, mit den inneren und äußeren Stimuli fertigzuwerden, die Angst und Beunruhigung hervorrufen. Der Traum leistet dem »Analysierten« wie dem »Nichtanalysierten« den gleichen Dienst. Seine Funktion besteht darin, den Schlaf aufrechtzuerhalten, indem er störende Elemente in erfüllte infantile Wünsche umwandelt, wobei eine Reihe unterschiedlicher Traummechanismen für die entsprechende »Verkleidung« sorgen. Von diesem Gesichtspunkt aus gibt es überhaupt keinen Unterschied zwischen den Träumen »nichtanalysierter« und »analysierter« Personen. Die unbewußten Wünsche sind die gleichen, es werden die gleichen Mechanismen zur Verzerrung und Entstellung dieser Wünsche angewandt, und zwar so, daß die Forderungen des Es wie des Überich miteinander versöhnt sind. Der Unterschied liegt also weder in den Traummechanismen noch in den fundamentalen unbewußten Wünschen.

Als nächstes will ich nun untersuchen, welcher Art der Unterschied zwischen den Träumen der beiden verschiedenen Gruppen ist, und zu diesem Zweck ein spezifisches Beispiel anführen. Wenn ein Mensch in Analyse ist, dann zeigt sich, daß Ereignisse aus der Kindheit, die mit dem analen Funktionieren und den analen Phantasien zu tun haben, von Gefühlen wie Scham und Zorn begleitet sind. Träume, die mit solchen Phantasien und Erinnerungen zu tun haben, sind in der Regel stark entstellt, und es braucht einen erheblichen Aufwand an analytischer Arbeit, ehe die zugehörigen hochgradigen Affekte an Intensität verlieren und überhaupt verständlich werden.

Eine »analysierte« Patientin, die sich mit mir über die Unterschiede zwischen den Träumen vor und nach ihrer Analyse unterhielt, sagte: »Vor der Analyse oder in ihren frühen Phasen hätte der Traum, den ich letzte Woche hatte, mir die schmerzlichsten und unangenehmsten Empfindungen eingetragen, obwohl er in verkleideter Form auftrat. *Ich träumte, daß ich ein kleines Kind war, das auf der Toilette saß und eine große Menge Stuhl produzierte.* Der Unterschied besteht darin, daß zunächst einmal der Traum selbst nicht verkleidet und sodann der Affekt ein anderer war. Als mir mein Traum am nächsten Morgen wieder einfiel, mußte ich in mich hineinlächeln über dieses fleißige Kind. Später lief mir dann den ganzen Tag lang die Arbeit gut von der Hand, und ich hatte das angenehme Gefühl, tatsächlich etwas zustande gebracht zu haben.«

Eine andere »Analysierte« erzählte mir einen Traum, der ihr, wie sie sagte, mit seinem Sinngehalt den ganzen folgenden Tag über gewiß die Stimmung verdorben hätte, wenn sie ihn vor oder während der Analyse geträumt hätte. Der Traum besagte, *daß sie ein kleines Kind war, das im Zimmer herumtanzte, um sein wunderschönes Kleid vorzuzeigen.* Der Kommentar der Träumerin lautete: »Ich erkannte den Traumreiz vom Vortag, der mir dann aber an diesem Tag nicht wieder ins Gedächtnis kam. Der Tag verlief in angenehmer Stimmung, nichts war nach irgendeiner Richtung hin übertrieben. Abends, als ich zu Bett ging, dachte ich, daß ich meinen Gästen eine unterhaltsame und amüsante Gastgeberin gewesen war. Dann fiel mir der Traum wieder ein.«

Hier ein dritter Traum einer »analysierten« Person:

»Ich träumte, daß Herr und Frau X sich scheiden ließen und daß das nichts anderes zur Folge haben könnte, als daß ich Herrn X heiraten würde.«

Der Kommentar dazu lautete: »Die Anregung zu diesem Traum lieferten wohl die Blumen, die ein befreundetes Ehepaar, Herr und Frau A., mir ins Haus schickten. Herr X ist in dem Traum älter als ich. Er spielte in meiner Kindheit eine wichtige Rolle für mich und war ganz eindeutig ein Vaterersatz. Die infantile Vaterübertragung wurde durch das Geschenk – die Blumen – stimuliert, so daß der Wunsch, das Ehepaar X, die Elternfiguren im Traum also, auseinanderzubringen und dann Herrn X zu heiraten, jetzt in der Gegenwart in »zeitgenössischem« Gewand, nämlich in der unbewußten Phantasie auftaucht, Herrn A. von seiner Frau zu trennen und ihm sein Kind zu gebären.« Ich fragte: »Welche Gefühle erweckte dieser Traum?« Die Antwort lautete: »Jedenfalls keine irgendwie störenden. Ich erkannte den Stimulus, die Bedeutung des Traumes, und sagte mir: ›Aha, da haben wir's, immer die gleiche alte Geschichte, jetzt in der neuesten Fassung.‹ Es schockierte oder entsetzte mich nicht. Herr A. ist ein sehr anziehender Mann. Oh, übrigens, ich habe den Artikel für die ... Zeitung fertig. Ich glaube, er ist gut geworden, und ich bin sicher, daß sie ihn nehmen werden.«

Diese drei Träume und der jeweilige Kontext bzw. das jeweils parallel dazu verlaufende reale Leben der Träumer verdeutlichen gewisse Kennzeichen der Träume »analysierter« Personen besonders gut. Die Signifikanz der primitiven Impulse wird akzeptiert, es wird nichts zurückgewiesen. Was analysiert und damit modifiziert worden ist, das ist die Strenge des Überich, die zuvor ja nicht nur die direkte Befriedigung, sondern auch die Sublimierungsprozesse behindert und vereitelt hat. Das Körperich und das psychische Ich sind nun besser miteinander integriert, und die einzelnen Phasen der Entwicklung sind wohlverknüpft. Das kleine Kind beispielsweise, das seinen Stuhl mit Liebe und Stolz »hergibt«, macht in seinen unbewußten Phantasien den Eltern damit ein ganz wunderbares Geschenk. Auf ebendiesem fundamentalen Muster basiert dann auch das Vermögen des Erwachsenen, aufgrund willentlich unternommener Aktivitäten zu Erfolgen zu gelangen.

Eine Patientin, die an psychogener Taubheit litt und von der ich in Kapitel 7 bereits gesprochen habe, brachte mir im Laufe der Analyse eine Reihe von Träumen, in denen der verdrängte Wunsch, im Mittelpunkt der Aufmerksamkeit zu stehen, auf vielfältige Weise zum Ausdruck kam. In Wirklichkeit war diese Patientin damals sehr scheu und gehemmt. Wenn sie gerade einen Traum der angedeuteten Art gehabt hatte, war es ihr nicht möglich, ein öffentliches Speiselokal zu betreten, und sie nahm dann ihre Mahlzeiten am liebsten allein ein. In der Analyse wurde dieses tatsächlich vorhandene exzessive Bedürfnis nach Zurschaustellung der eigenen Person modifiziert, weil die Beweggründe dafür erkannt wurden, aber am Ende fand der natürliche Impuls doch ein befriedigendes Ventil: Jahre später war diese Patientin am Vorlesungspult ganz zu Hause und hatte keine Schwierigkeiten im Umgang mit ihren zahlreichen Studenten.

Im Fall des »exhibitionistischen« Traumes der »analysierten« Patientin, von dem ich weiter oben sprach (das Kind, das im Zimmer herumtanzte, um sein Kleidchen bewundern zu lassen), wurde der primitive Impuls erkannt und akzeptiert, und der zugehörige Affekt war angenehm; die Sublimierung, in Form eines lebhaften und interessanten Gesprächs im geselligen Kreis, erfolgte dagegen *un*bewußt.

Nach dem »Ödipus«-Traum (Herr und Frau X lassen sich scheiden) empfand die (»analysierte«) Patientin keinen störenden Konflikt, wie er doch wohl in irgendeiner Weise auftreten würde, wenn die Träumerin nicht analysiert worden wäre, besonders wenn sie zudem kein befriedigendes Liebesleben und keine Möglichkeit der Sublimierung durch eine geeignete Tätigkeit gehabt hätte. Wie der Fall aber tatsächlich liegt, ist klar zu erkennen, daß zwar die unbewußten infantilen Wünsche unzerstörbar sind, daß aber die infantile Forderung nach Erfüllung dieser Wünsche in der Realität, also nach der tatsächlichen Trennung zweier Menschen, welche die Eltern repräsentieren, nicht nur weniger zwingend geworden, sondern überhaupt aufgegeben worden ist. Der infantile Wunsch, dem Vater ein Kind zu gebären, ist sublimiert worden. Nachdem sie den Traum erzählt hatte, machte die Sprecherin durch ihre Bemerkung über den abgeschlossenen Artikel und die Aussicht, daß er von der Zeitung angenommen werden würde, sofort klar, daß und wie die entsprechende Kanalisierung ihrer Energien hier zu einer symbolischen Erfüllung der infantilen Wünsche geführt hatte, die sich mit dem Ichideal vereinbaren ließ und realer Natur war.

Was ich bisher zu den Träumen »analysierter« Menschen angemerkt habe, führt mich nun unmittelbar zur Beschäftigung mit den allgemeinen Kennzeichen dieser Träume – im Gegensatz zu den Träumen »nichtanalysierter« Menschen – und zu den Gründen für diese allgemeinen Kennzeichen.

»Analysierte« Personen, die vor der Analyse ausgiebig träumten, stellen hinterher fest, daß ihre Träume zahlenmäßig stark nachgelassen haben. Menschen, die entweder gar nicht träumten (das heißt, sich nicht an ihre Träume erinnerten) oder denen nur selten einmal ein Traum im Gedächtnis blieb, stellen fest, daß sie im Verlauf der Analyse und danach leichter Zugang zu ihren Träumen finden. Ausgiebiges Träumen deutet auf ein erhebliches Maß an ungelösten inneren Konflikten. Die Träume sind Versuche, damit fertigzuwerden. Umgekehrt läßt die vollständige Abwesenheit von Träumen auf irgendeine Fehlfunktion im psychischen Apparat schließen. Der »analysierte« Mensch findet in seinen Träumen einen Schlüssel zu der Angst und emotionalen Beunruhigung, die er im Leben unweigerlich erfährt. Er ist nun mit Hilfe dieser Träume imstande, äußere störende Ereignisse mit unbewußten Impulsen, Wünschen und Phantasien zu korrelieren und so die damit verbundenen Affekte in erheblichem Umfang entsprechend zu kontrollieren und zu bewältigen. Er wird selten oder gar keine Alpträume haben und ebenso selten Träume, in denen Tiere die animalische Natur des Träumers repräsentieren.

Der »Analysierte« macht auch nicht die Erfahrung des ständig wiederkehrenden Traumes, und er hat in der Regel auch keine ausgedehnten Traumserien, in denen Teile von Dingen für Körperteile stehen. Insgesamt sind seine Träume fast immer sehr viel kürzer als vor der Analyse; der lange und komplizierte Traum ist ebenso selten wie der ausgesprochen schöne Traum. Hauptgrund dafür ist der Umstand, daß die Analyse größere Befriedigungen in der Realität mit sich gebracht hat, und zwar sowohl im Blick auf das direkte Triebleben als auch auf die Sublimierung. Ein Mensch also, dessen Taten und Leistungen zuvor hauptsächlich im Traum stattfanden und nicht in der Realität vollbracht wurden, wird mit einiger Wahrscheinlichkeit auf seine erfreulichen nächtlichen Träume nun verzichten müssen; er wird aber zugleich feststellen, daß die Behinderungen, unter denen seine wirkliche Arbeit in der Realität bisher zu leiden hatte, verschwunden sind.

Ich habe hier auf die wichtigsten Unterschiede zwischen den Träumen hingewiesen, wie sie vor bzw. nach einer Analyse auftreten. Die Träume von Menschen vor Beginn der Analyse unterscheiden sich nicht sehr von denen »normaler« Menschen.

Der grobgefaßte Begriff der Normalität, an den ich hier denke, umfaßt die Fähigkeit, ein Leben zu führen wie die meisten anderen Menschen auch, in dem Liebe, Arbeit und Erholung ihren Platz haben. Aber dieser grobgefaßte Standard deckt sehr unterschiedliche Grade der psychischen Stabilität ab. Auch für sehr gefestigte Menschen bedeutet ein von außen hereinbrechendes Unglück eine psychische Belastung, die sich in störenden Träumen manifestieren kann. Menschen von durchschnittlicher Stabilität haben häufiger Alpträume oder wiederkehrende Angstträume. Solche Träume bewirken einen unangenehmen Affekt im Wachzustand. Häufig wird dann die Schuld daran dem Essen vor dem Schlafengehen zugeschoben, während der unangenehme Affekt, der den ganzen Tag über anhält, mit irgendeiner belanglosen Begebenheit vom selben Tage in Zusammenhang gebracht, das heißt rationalisiert wird. Wenn »normale« Menschen »eingeschnappt«, »schlechter Laune«, »ungeduldig« oder »trübsinnig« sind, dann hat das den gleichen Hintergrund wie die Neurosen derjenigen, die selbst wissen, daß sie psychisch krank sind.

Die Träume »normaler« Menschen kommen sehr selten so unverschleiert daher wie diejenigen, die ich von »analysierten« Menschen erfahren und hier zitiert habe. Die Gesetze der Traumbildung schaffen einen manifesten Trauminhalt, der die eigentlichen Quellen des den Traum hervorbringenden Konflikts geschickt maskiert.

Traumanalyse bedeutet eine Demontage des manifesten Inhalts, mit dem Ziel, an die Emotionen und Erinnerungen heranzukommen, die das Ich von sich gewiesen hat: Die Verdichtungen werden erkundet und bearbeitet, der Affekt wird durch die Aufdeckung des Elementes, von dem aus er verschoben worden ist, freigesetzt, die Symbolik wird offengelegt, verdrängte Erinnerungen und Phantasien werden ans Licht gebracht. Aber wenn diese Technik auch als »Analyse« bezeichnet wird und die damit zusammenhängende Therapie als »Psycho-Analyse« bekannt ist, dürfen wir doch die Tatsache nicht außer Betracht lassen, daß es eben gerade die »Analyse« ist, die dann eine entsprechende Synthese in Gang bringt. Analyse und Synthese sind untrennbar. Bei den inneren Mechanismen, die das unbewußte psychische Material in eine präsentable Form bringen, handelt es sich um dem Menschen angeborene psychische Prozesse, die von der geschickt durchgeführten Analyse in keiner Weise berührt werden. Die Analyse des Trauminhaltes, die Freisetzung des Affektes und das bewußte Verständnis der hier waltenden Zusammenhänge ermöglichen es diesen angeborenen Prozessen, in größeren Bereichen unseres Innenlebens anzusetzen – zum Vorteil unseres psychischen Ich in der Realität. Sublimierung ist nur durch erfolgreiche Verschiebung und Symbolisierung in der äußeren Welt möglich. Das Auseinandernehmen des Traumes mit Hilfe der psychoanalytischen Technik gehört zu jenen Prozessen, durch die unsere inneren Kräfte in den Stand gesetzt werden, eine neue Synthese hervorzubringen. Wenn wir diese Technik als Psychoanalyse bezeichnen, heben wir damit die Geschicklichkeit des Technikers besonders hervor. Insgeheim allerdings erkennen wir an, daß die neue Synthese durch Kräfte herbeigeführt worden ist, die innerhalb der Psyche walten. Die wiederherstellenden Kräfte liegen in uns. Der Techniker entfernt durch die Analyse alles, was ihnen im Wege steht.

10 Ein »letzter« Traum

Ich möchte als letzten Traum in diesem Buch einen solchen wiedergeben, der in Wahrheit ein »letzter« Traum war, denn die Träumerin erzählte ihn drei Tage vor ihrem Tod. Nach diesem Bericht gelangte sie nicht wieder zum vollen Bewußtsein. Die Patientin war sehr lange krank gewesen und hatte körperlich sehr gelitten. Ihr Traum lautete:

> »Ich sah alle meine Krankheiten vereinigt, und als ich genauer hinsah, waren es nicht länger Krankheiten, sondern Rosen, und ich wußte, die Rosen würden gepflanzt werden und würden wachsen.«

Zu diesem »letzten« Traum will ich nur eine kurze Bemerkung machen, denn dem Psychoanalytiker wird es nicht schwerfallen, entsprechend seinem allgemeinen und besonderen Einblick in dem manifesten Trauminhalt Bedeutungen zu erkennen.

Lassen Sie mich dieses Buch statt mit einer Interpretation lieber mit einem Blick auf die Grundlagen unserer Überzeugung von der Nützlichkeit der Psychoanalyse abschließen.

Die Frau, deren Traum ich oben wiedergegeben habe, war 81 Jahre alt. Sie hatte in ihrem langen Leben viele Schicksalsschläge hinnehmen müssen, von denen jeder einzelne ausgereicht hätte, einen weniger stabilen Charakter am Leben verzweifeln zu lassen. Ihre geistigen Fähigkeiten hatten nicht im mindesten gelitten. Noch im hohen Alter teilte sie die Interessen und Anliegen der Jugend, und ihr Herz wie ihr Verstand fühlten sich gleichermaßen angesprochen von allen Bewegungen, die das Leben für die Menschen schöner und besser zu gestalten versprachen – also auch von der Psychoanalyse. Der Traum enthüllt den Ursprung der niemals versiegenden Hoffnung, von der die Träumerin sich im Leben hatte tragen lassen und die ihr im Angesicht des Todes Trost bedeutete.

Allein Eros *weiß*, daß Rosen gepflanzt und daß sie wachsen werden.

Traumregister

Seite	Traumthema	Wesentliche Gesichtspunkte
20:	Über »Musik«	Sprachfiguren. Wunscherfüllung im Augenblick der Verlassenheit
23:	Über »ein Stück Seide«	Metonymie. Verschiebung von der Person auf den mit ihr assoziierten Gegenstand
24:	Über den »Stuhl an Deck«	Verschiebung (Metonymie)
27:	»K OH« und »SOS«	Onomatopöie
32:	Über den »Hof« (courtyard)	Phonetische Ähnlichkeiten
34:	Über ein tranchiertes »sirloin»	Ableitungen des Kindes von der ihm bekannten Anrede »Sir«
35:	Über »Fledermäuse«	Datierung einer Angstneurose parallel zu einer Grippeerkrankung des Kindes. Die Bedeutung der Silbe »flu« für das Kind
40:	Über das »Feuerschiff mit dem Walroßkopf«	Verdichtung
45:	Über das »Schwimmen in X«	Verschiebung mit dem Zweck der Neutralisierung von Angst
47:	Über die »Frau am offenen Fenster«	Verschiebung durch Umkehrung
48:	Über das »Spiel mit den Näpfen«	Verschiebung
48:	Über den »gepunkteten Schal«	Verschiebung des Affektes vom Objekt auf dessen Bedeckung
49:	Über »die Moldau«	Unglückliche Erinnerungen und Affekte werden durch glückliche Erinnerungen kompensiert. Wünsche werden enthüllt. Sekundäre Bearbeitung soeben erst zustande gekommen
50:	Über die »Babyschuhchen«	Der »Teil« anstelle des »Ganzen«. Synekdoche
51:	Über die »Gefahr des Fallens«	Symbolisierung körperlicher Erfahrungen: Erektion und anschließende sexuelle Entspannung; Ausscheidung von Kot
51:	Über »Hughes' Kind« (»wessen« Kind?)	Wortspiel. Umkehrung

Seite	*Traumthema*	*Wesentliche Gesichtspunkte*
52:	Über »Silberpapier«	Verdichtung. Verschiebung
56:	Über den »Zug«	Symbolisierung
59:	Über »Daphne«	Ambivalenz. Konflikt wegen der empfundenen Todeswünsche. Allmachtsgedanken in bezug auf Zerstörung und Wiedererweckung
60:	Über den »Kakadu«	Dramatisierung der verschiedenen Aspekte der Psyche
61:	Über das »andere Haus«	Bewältigung der Angst durch Projektion auf das »andere Haus«, d. h. Körpersymbolik
62:	Über den »Hexer«	Bedeutung des Stimulus für den Traum
70:	Über »Stelzen«	Übertragung eines verdrängten Traumas aus der Kindheit auf die Analytikerin
73:	Über den »Auftritt vor der Filmkamera«	Erinnerung an die Urszene, die von den Augen und den Ohren erfaßt wurde
76:	Über das »geglückte intime Zusammensein«	Hier ist die Suche nach den latenten Gedanken besonders wichtig.
77:	Über das »Im-Kinderwagen-gefahren-Werden«	Die Bedeutung dieses Wunsches
77:	Über »Züge usw., die zum Stillstand kamen«	Der erste Traum eines Mädchens, das an psychogener Taubheit litt
77:	»Bequemlichkeitsträume«	Somatische Erfahrungen im Schlaf
83:	Über das »Blumenpflücken«	Masturbation
83:	»Ich lief auf der einen Seite . . .«	Verdrängte Erinnerungen des Kleinstkindes daran, daß es urinierte und gleichzeitig den Vater urinieren sah
84:	Über »an Ort und Stelle bleiben und dennoch in Bewegung sein«	Urinieren
84:	»Eine Flut von Wasser strömte herein«	Angst in Assoziation mit der Erfahrung des Urinierens und der eigenen Geburt
84:	»Ich befand mich in einem Aufzug«	Erinnerung an körperliche Sensationen
85:	»Ein Auto fuhr in die Garage«	Verdrängte Erfahrungen des Kindes

Seite	Traumthema	Wesentliche Gesichtspunkte
85:	»Ein langer Gang wurde aufgewischt«	Ohrenbeschwerden des sehr kleinen Kindes
87:	Über die Frage, »wie man die Gäste über Nacht unterbringen könnte«	Verdrängte Erinnerungen des Kleinstkindes daran, daß es das elterliche Bett beschmutzte
89:	»Fünf Tage«	Deutet auf sexuelle Spiele der Partner, die nicht zum eigentlichen Geschlechtsverkehr führten. Deshalb ist Fortpflanzung nicht wahrscheinlich.
95:	»Folkestone«	Deutet auf ödipale Wünsche des Kindes bei einer ganz bestimmten Gelegenheit
104:	Über die »schwarz umwickelte Frau«	Verdrängte Erinnerungen, Angst im Gefolge von aggressiven Wünschen, die durch den Anblick des weiblichen Körpers in der Kindheit und/oder der Säuglingszeit geweckt wurden
110:	Über den »Wunsch nach Wein«	Ödipale Situation, oral dargestellt
115:	»Ich betrat eine Kirche«	Eifersucht des kleinen Kindes auf das neue Baby und auf die Mutter, die es »hervorgebracht« hat
119:	Ahnentafeln und Multiplikationstabellen	Verschiebung von Phantasien im Zusammenhang mit der Zeugung
129:	»Reise um die Welt«	Potenzphantasien in einem Masturbationstraum. Verborgene ödipale Wünsche
148:	Über den »Ozeandampfer und das Luftschiff«	Träumerin leugnet, daß der Anreiz zu diesem Traum aus der »Realität« stammt
150:	Über das »speicherartige Gebäude«	Eine Erinnerung steigt ins Bewußtsein empor
154:	Über einen »runden Gegenstand unter dem Kissen«	Verdrängte Erinnerung, die ein Verhalten der erwachsenen Patientin erklärt
156:	»Unser aller Mutter«-Sein	Madonna-Phantasie
156:	»Helden«-Traum	Ödipus-Phantasie
158:	»Essen im Zoo«	Die Bedeutung des Stimulus vom vergangenen Tag
160:	»Die heilige Frau«	Visuelle Erfahrung, Introjektion
161:	Über einen »Mord«	Körperliche Schmerzen

Seite	*Traumthema*	*Wesentliche Gesichtspunkte*
166 f.:	»Uhren«-Träume	Prophezeiung eines »Zusammenbruchs« und Darstellung einer teilweisen Genesung
168:	»Feuer«-Träume	Unterschiedliche mentale Mechanismen, unterschiedlich gelagerte psychische Situation
171:	»Erschöpfung« und Absturz	Prophezeiung eines körperlichen Zusammenbruchs
171:	Über das »aufgewühlte Meer« und das »tiefe Wasser«	Angst im Gefolge aggressiver Wünsche. Daneben wird in der Hervorhebung der emotionalen Aspekte eine gewisse psychische Elastizität deutlich
174:	»above board« (oben; offen und ehrlich)	Fortschritt in der analytischen Arbeit
175:	Über die »Aufführung«	Hinweis auf eine psychische Neuorientierung
176:	Über den »Meeresboden«	desgl.
176:	Über die »Eidechse«	desgl.
177:	Über die »Hotelhalle«	desgl.
178:	»Watte, Faden, Haar«	desgl.
182:	»Ich fuhr mit meinem Auto«	Versuch der Modifizierung des Überich
182:	»Ein Kind benahm sich unartig«	desgl.
182:	»Ein Kind hatte den Fußboden benäßt«	desgl.
182:	»Herr X war im Pflegeheim«	Projektion der Introjektion. Psychische Veränderung in einem Fall von Konversionshysterie
184:	Über das »Hinauf- und Herunterklettern«	Ein Beruhigungstraum
189:	»Das kleine Kind auf der Toilette«	Von »analysierten« Personen stammende Träume, die nicht zurückgewiesen werden und keinen Affekt auslösen. Im Wachzustand gingen die Träumer ihrer jeweiligen Tätigkeit mit Schwung und Energie nach.
190:	Das Kind, das »sein Kleidchen stolz herzeigt«	
190:	»Herr und Frau X lassen sich scheiden«	
196:	Ein »letzter« Traum	Die Kraft zu lieben, der Wunsch, etwas Gutes zu schaffen, stützen das Ich in der Realität und sind Trost im Angesicht des Todes.

Literaturverzeichnis

Freud, S. (1900): Die Traumdeutung. In: Gesammelte Werke, Bd. II. Frankfurt a. M. (S. Fischer Verlag), S. 335.

– (1920): Jenseits des Lustprinzips, a. a. O., Bd. III, S. 29.

Groddeck, G. (1966): Der Sinn der Krankheit. In: Psychoanalytische Schriften zur Psychosomatik. Wiesbaden (Limes Verlag).

Jones, E. (1961 a): Papers on Psycho-Analysis. Boston (Beacon Press), Kap. VII, S. 154.

– (1961 b): A. a. O., S. 204.

Klein, Melanie (1932): Die Psychoanalyse des Kindes. Wien (Int. Psychoanalyt. Verlag).

Lacan, J. (1964): Les quatre concepts fondamentaux de la psychanalyse. Le Séminaire, livre XI. Paris. Dt.: Die vier Grundbegriffe der Psychoanalyse. Olten – Freiburg (Walter), 2. Aufl. 1980.

Lincoln, J. St. (1935): The Dream in Primitive Cultures.

Lowes, J. L. (1927): The Road to Xanadu. London (Constable).

Prescott (1912): »Poetry and Dreams«. In: Journal of Abnormal Psychology, Bd. VII, Nr. 1 u. 2, April u. Juni 1912.

Quiller-Couch, Sir A. (1916): On the Art of Writing. The Difference between Prose and Verse. London (Cambridge University Press).

Rank, O. u. H. Sachs (1965): Die Bedeutung der Psychoanalyse für die Geisteswissenschaften. Amsterdam (Bonset), S. 12.

Weekley, E. (1912): Romance of Words. London (Murray).

Willis, G. (1920): Philosophy of Speech. London (Allen & Unwin).

Personenregister

Sachregister